应用技术型高等院校物流管理与工程学科统编系列教材

国际物流操作实务

（第2版）

主　编　田振中　孙红霞
副主编　薛　珂　武金彩

中国财富出版社有限公司

图书在版编目（CIP）数据

国际物流操作实务 / 田振中，孙红霞主编 .—2 版 .—北京 ：中国财富出版社有限公司，2020.12（2024.1重印）

（应用技术型高等院校物流管理与工程学科统编系列教材）

ISBN 978 - 7 - 5047 - 7300 - 5

Ⅰ.①国… Ⅱ.①田…②孙… Ⅲ.①国际贸易—物流—高等学校—教材 Ⅳ.①F252

中国版本图书馆 CIP 数据核字（2021）第 000020 号

策划编辑	黄正丽	**责任编辑**	白 昕 赵晓微	**版权编辑**	李 洋
责任印制	梁 凡	**责任校对**	杨小静	**责任发行**	敬 东

出版发行	中国财富出版社有限公司		
社 址	北京市丰台区南四环西路 188 号 5 区 20 楼	**邮政编码**	100070
电 话	010 - 52227588 转 2098（发行部）		010 - 52227588 转 321（总编室）
	010 - 52227566（24 小时读者服务）		010 - 52227588 转 305（质检部）
网 址	http://www.cfpress.com.cn	**排 版**	义春秋
经 销	新华书店	**印 刷**	北京九州迅驰传媒文化有限公司
书 号	ISBN 978 - 7 - 5047 - 7300 - 5/F·3402		
开 本	787mm×1092mm 1/16	**版 次**	2022 年 3 月第 2 版
印 张	16.5	**印 次**	2024 年 1 月第 2 次印刷
字 数	412 千字	**定 价**	59.00 元

应用技术型高等院校物流管理与工程学科统编系列教材再版编委会

宋之苓　河南牧业经济学院处级组织员　教授

张亚贞　郑州财经学院理事会办公室主任　副教授

张永奇　河南经贸职业学院

胡久贵　郑州财经学院管理学院副院长　副教授

袁　清　郑州财经学院管理学院党总支书记　副教授

高　詹　河南工程学院商学院院长　教授

潘娅娟　河南工业贸易职业学院经济贸易学院副院长　教授

应用技术型高等院校物流管理与工程学科统编系列教材再版编委会

宋之苓　河南牧业经济学院处级组织员　教授

张亚贞　郑州财经学院理事会办公室主任　副教授

张永奇　河南经贸职业学院

胡久贵　郑州财经学院管理学院副院长　副教授

袁　清　郑州财经学院管理学院党总支书记　副教授

高　詹　河南工程学院商学院院长　教授

潘娅媚　河南工业贸易职业学院经济贸易学院副院长　教授

第 2 版前言

本教材第 1 版于 2016 年 4 月出版，距今已有 5 年多了。

近年来，经济全球化的发展进一步推动了国际物流的发展，信息革命和电子商务的兴起，加快了世界经济一体化进程，促进了世界经济的发展，给国际物流的发展带来了更大的机遇与挑战。高速发展的通信技术与高水准的管理水平不断促使现代国际物流业将竞争着力点由价格竞争向物流和信息流的能力竞争转变。因此，市场迫切需要大量高水平人才。

本教材自第 1 版出版发行以来，受到了高等院校、企业及培训机构的广泛好评，销量持续增长。为了满足需求，本教材第 2 版紧跟时代发展前沿，结合企业发展需要，在保持本书原有体系特征的基础上，进行了修订。为了更具针对性，本次修订的重点是补充完善每一章节的内容，增加和更新必要的案例。具体为新增了中欧班列、2018 年以来我国关检融合相关政策和举措等内容。除此之外，对国际多式联运、租船订舱费用计算等内容进行了完善，并补充了课后习题的参考答案。

第 2 版由田振中和孙红霞担任主编，薛珂和武金彩担任副主编，具体分工如下：田振中（第一、四章）、孙红霞（第 2 版前言，第三、六章）、薛珂（第二、五章）、武金彩（第九、十章）、李娟（第七、八章）。课件的整理、制作和参考文献的汇总整理由各章节负责人具体完成。在第 2 版的修订工作中，河南省物流与采购联合会的秘书长李鹏为本书提供了许多有价值的信息，章佳斌、黄可欣、刘佳莉同学也参与了资料的整理工作，在此一并致以衷心的感谢。本教材在写作过程中参考了许多同类优秀书籍等资料，作者已尽可能详细地在参考文献中列出，在此对这些专家学者们表示深深的谢意。有可能存在引用了某一资料，但由于疏忽没有列出其出处的情况，在此表示万分歉意。

由于编者水平有限，加上国际物流本身的复杂性，对它的认识和研究都还有待进一步深入，因此书中难免出现谬误。编者真心希望读者提出建议、批评和意见，以便在今后的修订中改正。

编　者

2021 年 4 月

注：为保证教材良好的使用性，参考答案不附于本书，如有需要可同出版社进行联系。

第1版前言

随着全球经济一体化的快速发展和市场竞争的不断加剧，国际化战略成为很多企业提升其竞争力的首选策略，而国际化战略的有效实施必然以国际物流为依托。国际物流是企业参与全球市场竞争的重要基础和保障。因此，企业急需一批懂得国际物流业务的专业人才，特别是系统地掌握国际贸易术语、国际货物买卖合同条款、进出口合同的商定与履行相关内容以及从事基层实际业务操作的物流人员。

本书针对应用技术型大学人才教育的培养规格，以适应社会需求为目标，并结合全国外销员、单证员、采购师、国际货运代理从业人员等考试大纲中应具备的基本知识和技能的要求进行编写，力求突出实务与操作。

本书以国际物流的业务操作环节和操作技能为主线，兼顾保税物流、自由贸易区和E贸易（跨境电子商务）等新生知识点，内容全面、重点突出、深入浅出、通俗易懂。全书共十章，第一章主要介绍国际物流基本含义、国际物流系统以及我国国际物流的发展现状；第二、三、四章分别对国际物流海运、陆运和航空运输实务做了概括性的介绍；第五章介绍国际多式联运；第六章介绍国际物流仓储概况及保税仓库和自由贸易区等内容；第七章和第八章主要介绍国际货物的保险与报关实务；第九章对国际货运代理做了系统介绍；第十章主要介绍E贸易相关内容。

本书由田振中任主编，孙红霞任副主编。刘亚鑫、李娟、赵俊卿等老师承担了部分章节及相应章节课后习题的编写工作并提供了相关的案例资料。另外，河南省福都商业管理有限公司总经理王保祥也参与了本书的部分资料收集工作。

本书既可作为应用技术型大学物流管理专业、经贸管理类专业的教学用书，也可作为高职院校相关专业的教材和参考书目。同时，也可供企业物流管理人员、外贸从业人员自学参考。

由于编者的经验所限，书中难免存在不妥之处，热忱欢迎广大读者提出宝贵的建议和意见，以便进一步修改、修订、完善。

编　者

2015年9月

目 录

目　录

第一章 国际物流概述

学习目标

1. 掌握国际物流的含义及特点。
2. 掌握国际物流系统的构成及运作模式。
3. 了解国际物流的发展历程。
4. 了解我国国际物流的发展现状及存在的问题。

导入案例

河南"四路并进"打造现代国际物流中心

不靠海、不沿边的河南依次打通家门口的"四条路",世界"朋友圈"越来越大,已经同200多个国家和地区建立了贸易联系,127家世界500强企业也已在河南落户。

第一条是越飞越广的"空中丝绸之路"。2017年6月14日,国家主席习近平在人民大会堂会见卢森堡首相贝泰尔时强调,中方支持建设郑州——卢森堡"空中丝绸之路"。卢森堡货航连接东亚、欧洲两个经济圈,带动郑州机场在全球前20位货运枢纽机场中开通15个航点,初步形成覆盖全球主要经济体的国际枢纽航线网络,2017年其货运吞吐量首次跻身全球机场50强。郑州机场卡车航班运输网络覆盖全国70余座大中型城市,航空货运的"郑州价格"已成为影响全国航空货运市场的重要"风向标"。2018年,郑州机场完成旅客吞吐量2733万人次,同比增长12.5%,增速在全国2000万级以上前22个大型机场中排名第一;完成货邮吞吐量51.5万吨,货运规模继续稳居全国第7位。客货运规模继续保持中部地区"双第一"。

第二条是越跑越快的"陆上丝绸之路"。2013年7月18日开行直达德国汉堡、2017年8月21日开行直达慕尼黑的中欧班列(郑州),向西与丝绸之路经济带融合,实现每周"去程八班、回程八班"满载往返运行,覆盖欧盟、俄罗斯及中亚地区24个国家121个城市,综合指标在中欧班列中均名列前茅。

第三条是越来越便捷的"网上丝绸之路"。2012年9月12日,郑州市跨境贸易电子商务服务试点项目在河南保税物流中心启动,全国首创"网购保税1210服务"模式、"B2B2C(Business to Business to Customer,供应商到电子商务企业到消费者)的监管服务"方式、"跨境零售O2O(Online to Offline,线上到线下)现场提货"模式,快速完成

“世界—河南—中国”的贸易轨迹，2017年业务量占全国13个跨境电子商务综合试验区的1/3。

第四条是越行越远的“海上丝绸之路”。2015年5月15日，郑州至青岛港直通班列首发；2016年5月22日，郑州至连云港直通班列开行，发展铁海联运建设“无水港”，向东与21世纪海上丝绸之路连接，发展海铁联运，推进内河水运与沿海港口无缝对接，2018年以来已累计开行65列。

空中、陆上、网上和海上丝绸之路“四路并进”，正释放出“乘数效应”，形成河南发展国际多式联运的新优势，让“买全球、卖全球”成为现实。毋庸置疑，郑州将是中国未来的国际物流中心。

第一节　国际物流的含义与特点

一、国际物流的含义

国家标准《物流术语》（GB/T 18354—2021）中对国际物流（International Logistics）的定义是：跨越不同国家（地区）之间的物流活动。

对国际物流的理解有广义和狭义之分。广义的国际物流是指各种形式的物资在国与国之间的流入和流出，包括进出口商品、转运物资、过境物资、捐赠物资、援助物资、军用物资、加工装配所需物料、部件及退回物品等在国与国之间的流动。狭义的国际物流是指一国与另一国进出口贸易相关的物流活动，包括货物集运、分拨配送、货物包装、货物运输、申领许可文件、仓储、装卸、流通加工、报关、保险、单据交换等。本书所述的国际物流主要是指与国际贸易相关的国际商品流动，其运作流程如图1-1所示。

国际物流的实质是根据国际分工的原则，依照国际惯例，利用国际化的物流网络、物流设施和物流技术，实现货物在国际上的流动与交换，以促进区域经济的发展与世界资源的优化配置。国际物流的总目标是为国际贸易和跨国经营服务，即选择最佳的方式与路径，以最低的费用和最小的风险，保质、保量、适时地将货物从某一国的供方运到另一国的需方。

近年来，各国学者非常关注并积极研究国际物流问题，物流的观念与方法随物流国际化的发展而不断更新。从企业经营看，近十几年跨国企业发展得很快，不仅是国际化的跨国企业，即便是实力一般的企业也在推行国际战略。企业在全世界寻找贸易机会，寻找最理想的市场，寻找最好的生产基地，因此，企业的经济活动领域必然地从一个地区、一个国家扩展到国际领域。这样一来，企业的国际物流发展战略也被提到议事日程上来，企业必须为支持这种国际贸易战略更新自己的物流观念、扩展物流设施，按国际物流要求对原有的物流系统进行改造。

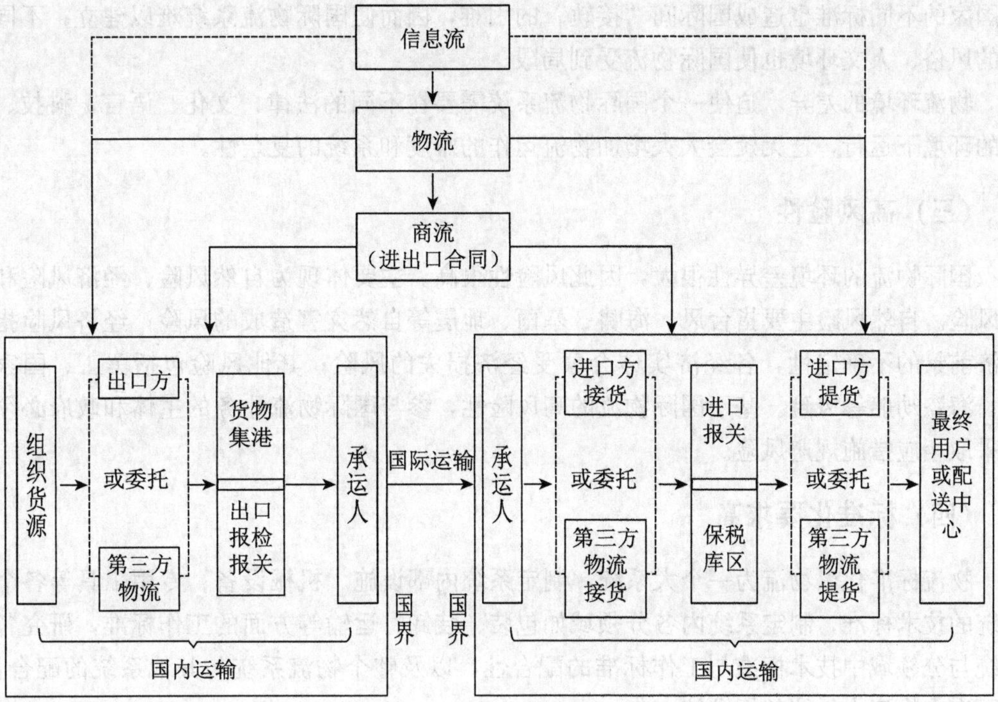

图 1-1 国际物流运作流程

二、国际物流的特点

(一) 物流市场广阔

1. 国际物流活动跨越国界

国际物流是跨国界的物流活动，市场广阔。全世界共有 200 多个国家和地区，人口总数超 75 亿，这样的范围和人口市场是任何一个国家的国内市场所不能比拟的。以我国为例，我国国际物流市场覆盖欧盟、美国、东盟、俄罗斯、日本、韩国、印度等众多国家和地区。

2. 国际物流需求层次多样

国际物流的需求层次多，包括以运输和仓储为主的简单物流需求，以附加流通加工、包装、装卸搬运、配送的增值物流需求及以附加物流信息咨询、物流方案设计、物流人才培训的一体化物流需求，这为各国国际物流业务的营销提供了多层次的市场。

(二) 环境差异性

国际物流一个非常重要的特点就是各国物流环境存在差异，尤其是物流软环境的差异。不同国家的物流适用的法律存在差异，这使得国际物流的复杂性远高于一国的国内物流，甚至会阻断国际物流；不同国家、不同的经济水平会造成国际物流处于不同科技条件的支撑下，甚至有些地区根本无法应用某些技术，而迫使国际物流系统整体水平下降；不同国家的不同标准也造成国际间“接轨”的困难，因而使国际物流系统难以建立；不同国家的风俗、人文环境也使国际物流受到局限。

物流环境的差异，迫使一个国际物流系统需要在不同的法律、文化、语言、科技、设施的环境下运行，这无疑会大大增加物流运作的难度和系统的复杂性。

（三）高风险性

国际物流的环境差异性很大，因此风险性很高。主要体现为自然风险、经济风险和其他风险。自然风险主要指台风、海啸、暴雨、地震等自然灾害造成的风险；经济风险指因经济前景的不确定性，各经济实体会蒙受经济损失的风险；其他风险包括罢工、国家战争、海盗劫船等风险。基于国际物流的高风险性，参与国际物流业务的主体和政府必须共同采取相应措施规避风险。

（四）标准化要求高

物流标准化以物流为一个大系统，制定系统内部设施、机械设备、专用工具等各个分系统的技术标准，制定系统内各分领域如包装、装卸、运输等方面的工作标准，研究各分系统与分领域中技术标准与工作标准的配合性，以及整个物流系统与其他系统的配合性，从而谋求物流大系统的标准统一。

国际物流对标准化要求非常高，例如，集装箱、托盘等运输工具和装卸桥、叉车等装卸工具必须有统一的技术标准，否则无法实现国际间的转运业务。

（五）以远洋运输为主，多种运输方式组合

与国内物流相比，国际物流以远洋运输为主，并将多种运输方式组合。国际物流涉及多个国家，地理范围更大，运输距离更长。因此需要合理选择运输路线和方式，尽量缩短运距和货运时间，加速货物的周转，降低物流成本。

运输方式选择和组合的多样性是国际物流的一个显著特征。海运是国际物流运输中最普遍的方式，国际贸易总运量的三分之二以上是利用海运来完成的，有的国家占 90%以上，特别是远洋运输更是国际物流的重要手段。谁能提高远洋运输效率，降低远洋运输成本，谁就能在国际物流竞争中处于优势地位。

知识链接

从物资输送方式看，国际物流的形式主要有以下六种。

（1）陆运物流（含公路和铁路联运物流）。陆地相邻国家，通常采取陆路运输的方式，运输工具主要有火车和卡车等。

（2）海运物流。国际物流中大部分的货运是通过海上运输完成的，运输工具主要是各种船舶。

（3）空运物流。为了争取时效，贵重和数量少的货物，往往采用专门的运输货机和普

通客机完成航空运输任务。

(4) 管道物流。这是一种借助高压气泵的压力将管道内的货物输送到目的地的运输方式。管道输送的介质已由常见的石油、天然气延伸到煤炭、铁矿石等。

(5) 国际多式联运物流。根据国家标准《物流术语》(GB/T 18354—2021)，国际多式联运是指按照多式联运合同，以至少两种不同的运输方式，由多式联运经营人将货物从一国境内的接管地点运至另一国境内指定交付地点的货物运输方式。

(6) 邮运物流。即以邮购包裹的方式对数量不多的国际货物采用的输送手段。其具体运输方式不定，但主要以航空、陆路运输为主。

三、国际物流的分类

根据划分标准的不同，国际物流主要可以分为以下三种类型。

(一) 根据货物在国与国间的流向分类

可以分为进口物流和出口物流。当国际物流服务于一国的货物进口时，即可称为进口物流；而当国际物流服务于一国的货物出口时，则可称为出口物流。由于各国在物流进出口政策，特别是海关管理制度上的差异，进口物流与出口物流之间，既有交叉的业务环节，也存在不同的业务环节，需要区别对待。

(二) 根据货物流动关税区域分类

可以分为不同国家间的国际物流和不同经济区域间的国际物流。区域经济的发展是当今世界经济发展的一大特征。如欧洲联盟国家实行关税同盟，其成员国之间的物流运作与欧洲联盟成员国同其他国家或经济区域间的物流运作在方式和环节上都有很大的差异。

(三) 根据跨国运送货物的特征分类

可以分为国际军火物流、国际商品物流、国际邮品物流、捐助或救助物资物流、国际展品物流和国际废弃物物流等。

第二节　国际物流系统

一、国际物流系统的概念

国际物流系统由商品的包装、储存、运输、物流信息等子系统构成。其中，储存和运输子系统是物流的两大支柱。国际物流通过商品的储存和运输，实现自身的时间和空间效益，以满足国际贸易活动和跨国公司经营的要求。

二、国际物流系统的构成

1. 国际物流运输子系统

国际物流运输子系统是国际物流系统的核心，创造物流的空间效益。通过国际货物运输实现商品由发货方到收货方的转移。国际货物运输是国内运输的延伸和扩展，同时又是衔接出口国货物运输和进口国货物运输的桥梁与纽带。相对于国内货物运输来说，国际货物运输具有路线长、环节多、涉及面广、手续繁杂、风险性大、时间性强、内外运两段性和联合运输等特点。现代物流业的迅速发展与运输业的技术革命紧密相关，特别是集装箱技术的推广和应用给国际物流业的发展带来了一场深刻的变革，极大地提高了国际物流系统的效率。

2. 国际物流商品储存子系统

商品流通是一个由分散到集中，再由集中到分散的流通过程。储存作业克服商品使用价值在时间上的差异，创造商品的时间价值。进出口商品的储存地点可以是生产厂成品库，也可以是流通仓库或国际转运站点，而在港口、站场储存的时间则取决于港口装运系统与国际运输作业的有机衔接。由于商品在储存过程中有可能降低其使用价值，而且需要消耗管理资源，因此必须尽量缩短储存时间，加快周转速度。

3. 国际物流商品装卸搬运子系统

在国际物流系统中，装卸搬运主要指垂直运输和短距离运输，其主要作用是衔接物流其他各环节的作业。货物的装、卸、进库、出库以及在库内的搬、倒、清点、查对、转运转装等都是装卸与搬运的重要内容。提高装卸搬运的作业质量和作业效率，可以有效地减少物流各环节之间的摩擦，提高物流系统的效率，降低物流成本。

4. 国际物流商品检验子系统

进出口商品的检验是对卖方交付商品的品质和数量进行鉴定，以确定交货的品质、数量和包装等是否与合同的规定一致的过程。我国商检机构的主要任务是：对重要进出口商品进行法定检验，对一般进出口商品实施监督管理和鉴定。在对外贸易中的商品检验，主要是以进出口商品的品质、规格、数量以及包装等实施检验，对某些商品进行检验以确定其是否符合安全、卫生的要求；对动植物及其产品实施病虫害检疫；对进出口商品的残损状况和装运某些商品的运输工具等也需进行检验。

5. 国际物流商品包装子系统

在国际物流系统中，商品包装的主要作用是保护商品、便利流通、促进销售。商品的商标与包装不仅反映了企业的经营水平与风格，也是一个国家综合科技文化水平的直接反映。在对出口商品包装进行设计及具体包装作业中，应对包装、储存、装卸搬运、运输等物流各环节进行系统分析，全面规划，实现现代化国际物流系统所要求的“包、储、运一体化”，从而提高整个物流系统的效率。

6. 国际物流通关子系统

国际物流的一个重要环节是货物需要跨越关境，必须办理商品的出入境通关手续。由于各国海关的规定不完全相同，严重影响了国际物流的效率，增加了物流成本。

7. 国际物流信息子系统

国际物流信息系统的主要功能是采集、处理和传递国际物流和商流的信息情报。没有功能完善的信息系统，国际贸易和跨国经营将比较困难。国际物流信息的主要内容包括进出口单证的作业过程信息、支付方式信息、客户资料信息、市场行情信息和供求信息等。国际物流信息系统的特点是信息量大、交换频繁、传递量大、时间性强、环节多、传递点多、接收线长。所以，要建立技术先进的国际物流信息系统。国际贸易中，EDI（Electronic Data Interchange，电子数据交换）的发展是一个重要的趋势，我国也应该在国际物流中加强推广 EDI 的应用，建设国际贸易和跨国经营的高速公路。

国际物流系统中的上述子系统应该与配送子系统及流通加工子系统等有机联系起来，统筹考虑，全面规划，从而建立适应国际竞争要求的国际物流系统。

知识链接

美国凯利伯物流公司是一家在世界范围内较有影响的专业化物流公司，该公司设立的公共型物流中心为客户提供如下服务。

（1）准时制物流计划。该公司通过建立先进的信息系统，为供应商提供培训服务及管理经验，优化了运输路线和运输方式，降低了库存成本，减少了人力成本，并且为货主提供了更多更好的信息支持服务。

（2）合同制仓储服务。该公司推出的此项服务减少了货主建设仓库的投资，同时通过在仓储过程中采用计算机辅助设计（Computer Aided Design，CAD）技术、执行相关标准、实行目标管理和作业监控来提高劳动生产率。

（3）全面运输管理。该公司开发了一套专门用于为客户选择优质承运人的计算机系统，使用该系统的客户可以得到如下权益：使运输方式尽可能经济，并在选定的运输方式中选择优质的承运人；可以获得与美国凯利伯物流公司关联的企业提供的服务，对零星分散的运输作业进行控制，减少回程车辆放空；可以进行电子运单处理；可以对运输过程进行监控等。

（4）生产支持服务。该公司可以进行如下加工作业：简单的组装、合并与加固、包装与再包装、准时制配送、贴标签等。

（5）业务过程重组。该公司使用的专业化业务重组软件，可以对客户的业务运作过程进行诊断，并提出专业化的业务重组建议。

（6）专业化合同制运输。该公司的此项功能可以为客户提供的服务有：根据预先设定的成本提供可靠的运输服务，提供灵活的运输管理方案，提供从购车到聘请司机直至优化运输路线的一揽子服务，降低运输成本。

（7）回程集装箱管理。公司提供的服务包括：回程集装箱的跟踪、排队、清洗、储存等，可以降低集装箱的破损率，减少货主的集装箱管理成本，保证货物安全，对环保也有好处。

三、国际物流系统网络

国际物流系统网络是由多个国际物流节点和它们之间的连线所构成的抽象网络，以及

行了经济结构和产业结构的重大调整，促进了国际贸易的发展，从而推动了国际物流的发展。特别是在以国际互联网为基础的电子商务的推动下，国际物流的发展更为迅速。

2. 供应链管理理念

供应链是以市场需求为导向，以客户需求为中心，以核心企业为盟主，以共赢模式将客户、研发中心、供货商、制造商、分销商、零售商、物流商等企业连在一起的多功能网链。供应链管理强调供应链上各节点企业是一个不可分割的有机体，它可以通过信息沟通、数据互换、工作协同改造和整合企业内外部业务流程，全面提升供应链的竞争力，从而为供应链上各企业带来收益。

在供应链管理模式下，企业竞争由原来的单个企业之间的竞争变成了供应链之间的竞争，构筑有竞争力的全球供应链已成为许多企业降低生产成本、提高综合服务水平、提高自身竞争力的重要手段。随着国际供应链管理理念的深入和推广，国际贸易得以迅速发展，从而推动了国际物流的进一步发展。

3. 全球运输与金融管制的解除

20世纪80年代由美国发起的解除运输管制措施如今已遍及全球，全球运输管制的解除使国外运输从业者可以通过战略联盟运营其他国家境内的以及不同国家之间的运输业务，大大提高了国际运输的灵活性，为“一站式”国际物流服务提供了可能。

同样，全球金融管制的解除使国际货币市场的电子自动交易系统与各国间的货币不再以黄金为交易手段，而采用浮动汇率，简化了国家间的货币流通流程。全球运输和金融管制的解除推动了国际物流向一体化和便捷化方向发展。

4. 信息技术与通信技术的进步

电子订货系统（Electronic Ordering System，EOS）、电子数据交换技术、条码技术、射频（Radio Frequency，RF）技术、地理信息系统（Geographic Information System，GIS）以及全球定位系统（Global Positioning System，GPS）等信息与通信技术在国际物流领域的应用为国际物流的发展提供了有利的技术支持。

在国际物流中，EOS可用于国内外零售商、批发商、制造商、供货商之间的订货作业和订货信息交换，覆盖从新商品资料说明到会计结算等所有商品交易作业，大大提高了物流系统整体效率。

在国际物流中，EDI技术用于外贸企业可实现国际贸易无纸化，用于运输能实现货运单证的电子化，用于仓储可加速货物的提取及周转，用于金融、保险和商检可实现对外经济贸易快速循环，用于通关和报关可实现货物通关自动化和高效化，用于税务可实现纳税申报自动化。

条码技术和射频技术的应用响应了物流大量化和高速化的要求，为物流的快速发展提供了有效的技术支持。

GIS物流分析软件集成了车辆路线模型、最短路径模型、网络物流模型、分配集合模型和设施定位模型等，为优化物流系统提供了强有力的技术支持。

GPS可实现车辆跟踪、动态调度、线路规划等功能，大大提高了物流尤其是国际物流的安全性和可控性。

总之，全球信息技术与通信技术的进步推动了国际物流向信息化和高效化方向发展。

三、国际物流发展历程

伴随着国际贸易和跨国经营的发展，国际物流的发展经历了以下三个阶段。

第一阶段，20 世纪 50 年代至 80 年代初。这一阶段物流设施和技术得到了极大的发展，一些国家建立了配送中心，并开始广泛运用电子计算机进行管理，自动化立体仓库也在此阶段出现，一些国家建立了本国的物流标准化体系等。物流系统的改善促进了国际贸易的发展，国际物流初露头角，但在这一阶段，物流国际化的趋势还没有得到人们的重视。

第二阶段，20 世纪 80 年代初至 90 年代初。这一阶段国际物流的突出特点是在物流量不断扩大的情况下出现了“精细物流”，物流的机械化、自动化水平有所提高。随着经济与技术的发展和国际经济往来的加强，物流国际化趋势开始成为全世界共同关注的问题。同时，伴随着新时代人们需求观念的变化，国际物流开始着力于解决“小批量、高频度、多品种”的物流，也因此出现了不少新技术和新方法。这使现代物流不仅覆盖了大量商品、集装杂货，而且也基本覆盖了所有物流对象。

第三阶段，20 世纪 90 年代初至今。这一阶段国际物流得到各国政府和外贸部门的普遍接受。一国的贸易伙伴遍布全球，必然要求物流国际化，即物流设施、物流技术、物流服务等的国际化。在这一阶段，网络技术、移动通信技术、GPS、物联网等在物流领域得到广泛的应用，极大地提高了物流信息化水平。世界各国广泛开展国际物流理论和实践方面的研究与探索，人们已经形成共识：只有广泛开展国际物流合作，才能促进世界经济繁荣，物流无国界。

四、国际物流的发展趋势

随着经济全球化步伐的加快，科学技术的飞速发展，企业跨国经营的迅猛发展所导致的全球化生产、全球化采购以及全球化消费趋势的加强，使国际物流的发展呈现出一系列新的趋势和特点。

1. 物流企业经营日益网络化、集约化和联盟化

伴随着世界经济全球化和跨国经营的发展，物流产业规模、服务标准和竞争格局将发生重大变革。要满足全球化的物流服务，企业的规模、服务范围必须扩大。具体的措施主要有以下三点。

（1）物流企业的跨区域投资扩张。物流企业以自身资源为基础，通过设立跨国、跨地区公司、分公司、办事处等，实现规模和网络的扩大。美国联邦快递公司投资 2 亿美元，在法国的戴高乐机场建设小件货物仓储运输设施，目的是将欧洲 38 个城市的空中物流和陆地物流连为一体，发展 38 个城市间的空中和陆地一体化快递服务。

（2）物流企业的兼并与合作。世界范围内各行业、各企业间的联合与并购，将会继续推动国际物流业加速向全球化方向发展。而物流全球化的发展走势，又必然推动和促进各国物流企业的联合和并购活动。随着国际贸易的发展，美国和欧洲的一些大型物流企业跨越国境，展开连横合纵式的并购，大力拓展国际物流市场，以争取更大的市场份额。如德国邮政公司在欧洲先后并购了丹沙公司、敦豪航空货运公司（DHL）、英国物流巨头英运

物流（EXEL）等物流企业，现已发展成为欧洲巨型物流企业。

（3）物流企业间战略联盟。由于商业运作的复杂性，单一的物流服务提供方往往难以实现低成本、高质量的服务，也无法给客户带来较高的满意度。通过结盟解决资金短缺和应付市场波动压力，进而增加服务种类、扩大企业的地理覆盖面，为客户提供"一站式"服务，从联合营销和销售活动中受益正成为许多具有一定实力的物流企业的发展战略。对物流企业而言，战略合作伙伴既可以选择其他的物流企业、货代企业、国际分销企业等，也可以选择信息系统企业、制造企业、设备租赁企业等。通过结盟，使企业得以在未进行大规模资本投资的情况下扩大业务范围，提升市场份额和竞争能力。

2. 不断加强国际物流标准化

国际物流的标准化是以国际物流为一个大系统，制定系统内部设施、机械装备、专用工具等各个分系统的技术标准；制定各系统内分领域的包装、装卸、运输、配送等方面的工作标准。以系统为出发点，研究各分系统与分领域中技术标准与工作标准的配合性；按配合性要求，统一整个国际物流系统的标准；最后研究国际物流系统与其他相关系统的配合问题，谋求国际物流大系统标准的统一。随着经济全球化的不断深入，世界各国都很重视本国物流与国际物流的衔接问题，努力使本国物流在发展的初期，其标准就与国际物流的标准体系相一致。若初期不这样做，以后不仅会加大与国际交流的技术难度，更重要的是，在现在的关税和运费本来就比较高的基础上，又增加了与国际标准不统一所造成的工作量，将使整个外贸物流成本增加。因此，必须加强对国际物流标准化问题的重视程度。目前，跨国企业的全球化经营正在极大地影响物流全球性标准化的建立进程。一些国际物流企业和协会，在国际集装箱和 EDI 技术发展的基础上，开始进一步推行有关物流的交易条件、技术装备规格，特别是单证、法律条件、管理手段等方面统一的国际标准，以使物流的国际标准更加深入地影响国内标准，使国内物流日益与国际物流融为一体。

3. 国际物流服务不断优化与深化

随着消费多样化、生产柔性化、流通高效化时代的到来，社会和客户对物流服务的要求越来越高。物流成本不再是客户选择物流服务的唯一标准，人们更多的是注重物流服务的质量。物流服务的优化和深化是物流业今后发展的重要趋势。现代国际物流优化和深化表现在众多方面，如反应快速化、功能集成化、服务定制化（系列化与个性化）、作业规范化、物流目标系统化等。

面对激烈的市场竞争和不断变化的市场需求，为客户提供日益完善的增值服务，满足客户日益复杂的个性化需求将成为现代物流企业生存和发展的关键。物流企业的服务范围将不仅限于一项或一系列分散的物流功能，而是更加注重客户物流体系的整体运作效率与效益。供应链的管理与不断优化将成为物流企业的核心服务内容。物流企业与客户的关系将越来越多地体现为一种风险共担的战略同盟关系，而不仅仅是现阶段一般意义上的买卖关系或服务关系。与上述物流发展理念相左的物流企业将逐渐被淘汰出局。随着个性化柔性服务体系的建立，国际物流的服务标准和目标日益系统化。现代化国际物流统筹规划了企业的各种物流活动，处理好了物流活动与商流活动及企业目标之间、不同物流活动之间的关系，在尽可能实现每个物流环节最优化的同时，追求整体物流活动的最优化。

4. 国际物流手段现代化

现代国际物流使用先进的技术、设备与管理方式为客户提供服务。生产、流通、销售的规模越大、范围越广，其技术、设备及管理越需要向现代化方向发展。计算机技术、通信技术、机电一体化技术、语音识别技术等得到普遍应用。世界上先进的物流系统运用了GPS、卫星通信、射频识别（RFID）装置、机器人等技术，实现了自动化、机械化、无纸化、智能化和信息化。由于计算机信息技术的应用，现代国际物流过程的可见性明显增加，物流过程中库存积压、延期交货、送货不及时、库存与运输不可控等风险大大降低，从而可以加强供应商、物流企业、批发商、零售商在组织物流过程中的协调、配合以及对物流过程的控制。例如，美国的物流效率之所以高，在于美国的物流模式善于将各种新技术有机融入具体物流运作中，因而能在世界上率先实现高度的物流集成化和便利化。这也使物流企业的利润和投资收益持续增加，进而诱发新的研究开发投资，形成良性循环。总之，融合了现代化手段的国际物流，对世界经济运行将继续产生积极的影响。

5. 电子物流需求强劲，快递业“冲锋陷阵”

全球电子商务市场在过去十多年中快速扩大，并且这种势头仍在持续。截至到2018年4月，全球网民人数已达41.57亿人，互联网普及率达54.4%。亚洲网民数占全球网民数的比重最高，达48.7%；全球已有7个国家网购用户数量过亿。中国是全球最大的互联网用户市场，网民规模达7.72亿人，互联网普及率达55.8%。2017年，全球网络零售交易额达2.304万亿美元，同比增长24.8%，占全球零售总额的比重由2016年的8.6%上升至10.2%。中国稳居全球规模最大、最具活力的电子商务市场地位。2018年，中国电子商务交易总额达31.63万亿元，同比增长8.5%，企业对消费者（Business to Customer，B2C）销售额和网购消费者人数均排名全球第一。

企业通过互联网加强了企业内部、企业与供应商、企业与消费者、企业与政府部门的联系沟通、相互协调、相互合作。消费者可以直接在网上获取有关产品或服务信息，实现网上购物。这种网上的“直通方式”使企业能迅速、准确、全面地了解需求信息，实现基于客户订单的按单生产（Build to Order，BTO）模式和物流服务。此外，电子物流可以在线跟踪发出的货物，实现投递路线的规划、物流调度以及货品检查等。可以说，电子物流已成为物流发展的大趋势。一方面，电子物流的兴起，刺激了传统邮政快递业的需求和发展；另一方面，新兴的快递业发展迅猛，触角伸向全球各地。

6. 国际物流活动的绿色化

现代物流在创造价值的同时，也会给社会环境带来不利的影响，如运输工具的噪声、污染排放、交通的堵塞等，以及生产及生活中废弃物的不当处理所造成的对环境的影响。为此，对物流提出了新的要求，即绿色物流。绿色物流包括以下两个方面：一方面是对物流系统污染进行控制，即在物流系统和物流活动的规划与决策中尽量采用对环境污染小的方案，如采用排污量小的货车车型、近距离配送、夜间运货（减小交通堵塞、节省燃料和减少排放）等；另一方面是建立工业和生活废料处理的物流系统，有的国家作出规定，电视机、电冰箱等大件废旧家用电器，由生产企业负责回收和再生利用。从环境的角度考虑，对现有的物流体系进行改进，需要形成一个环境共生型的物流管理系统，形成一种能促进经济和消费，同时健康发展的物流系统，即物流系统向环保型和循环型物流系统转变。

2. 物流产业整体属于粗放式经营，物流企业的经济附加值较低

尽管我国物流产业规模不断扩大，但同发达国家物流产业相比较，我国物流产业整体水平较弱，物流业务附加值较低、增值服务较少。多数从事物流服务的企业只能提供单一的运输或仓储服务，缺乏流通加工、物流信息处理、库存管理、物流成本控制等增值服务，特别是在物流方案设计以及全程物流服务等高附加值服务方面还没有全面展开，导致物流活动长期处于低水平的粗放式经营阶段。

3. 国际物流专业人才匮乏

随着信息技术和管理水平的提高，现代国际物流业的竞争已从低端的价格竞争转向高端物流和信息流的竞争。因此，国际物流业急需大批的现代物流人才。但是我国国际物流教育严重滞后于国际物流业的发展，造成现代国际物流人才的严重匮乏。目前国际物流业最为缺乏的人才就是高级物流管理人才，现在国际物流企业需要的高级物流管理人才不是仅会管理仓库或者懂得某种运输方式的、知识结构较为单一的人才，而是具有较为全面的物流操作和管理知识，可以同时胜任多个岗位的，能够对所执行作业进行全流程、全方位管控、优化和提升，并能够随着企业的发展而快速成长的复合型物流技术和管理人才。当前我国国际物流人才的匮乏，已经成为制约国际物流发展的瓶颈。

4. 物流信息化程度不高

物流信息化是提高物流行业效率和服务水平的基础，也是促进现代物流发展的核心。目前我国物流信息化发展水平还比较低，没有建立统一的物流信息化系统，从货物的分拣、扫描、运输、仓储、装卸、搬运以及配送等环节，没能完全实现自动化管理。有些小型物流企业甚至还在采用手工记录和分拣方式，出错率极高，客户满意度和服务效率难以提升。

三、促进我国国际物流发展的对策

1. 建立健全国际物流法律法规，与国际物流市场接轨

我国政府应发挥其宏观调控的作用，制定发展国际物流的政策、法律法规、相应的行业条例等，完善市场竞争秩序，建立和完善统一的标准体系，尽快与国际物流市场接轨，促进企业管理水平和行业服务水平的提高，对现行不适用的政策积极进行调整。国家相关主管部门应配合立法机构对我国国际物流行业现状进行调研，对于相关法律法规不健全的情况，尽快研究制定出各种与我国国际物流行业发展相适应的规章制度。

2. 完善服务功能，强化增值服务

在欧美国家，物流服务业功能全、水平高，企业和客户联系紧密，甚至成为战略合作伙伴。鉴于此，我国物流企业在提供基本服务的同时，要根据市场需求，不断细分市场，拓展业务范围，发展增值物流服务，广泛开展加工、配送、货代等业务，用专业化服务满足个性化需求，提高服务质量，以服务求效益；而且通过全方位的服务，也可与大客户加强业务联系，增强相互依赖性，发展战略伙伴关系。

3. 完善专业物流人才培养体系

要培养国际化的物流管理人才，首先，应借鉴欧美国家的经验，完善高等教育环节培养体系的同时加强入职后的培训。其次，加强校企合作，通过与国内外大型物流企业学习交流，培养学生的实践能力与管理创新能力，使之成为符合市场需求的复合型人才。最

后，进一步营造宽松的政策环境，引进国际化的物流管理理念、管理模式、竞争机制，招纳优秀的物流管理人才，满足我国国际物流发展的需要。

4. 加强基础设施建设

除加强主干线铁路的运输能力外，还应将铁路运输与公路运输相结合，完善交通运输网络；加强船舶现代化建设，船舶的型号选择要与实际运输量相适应。在港口建设上，既要注重满足集装箱规格，又要考虑可满足大批量集装箱的能源、物资的装卸需求；加强海陆空交通网络的结合，加快货物流转，降低运输成本；运用国外的资金、技术，加快我国物流运输系统的发展。

实　训

一、实训目的

通过实训，使学生熟练掌握国际物流运作流程。

二、实训内容

以郑州富士康产 iPhone X 手机为例，要求学生查询相关资料，分组规划出该手机从郑州生产基地到美国纽约店面的国际物流运作流程，并提交相应的流程图。

练习题

一、判断题

1. 广义的国际物流包括捐赠物资、援助物资等的物流。（　）
2. 国际物流涉及的活动比国内物流活动更为复杂、困难。（　）
3. 从 20 世纪 70 年代开始，国际物流的发展进入高峰期。（　）
4. 国际物流信息子系统是国际物流系统的核心子系统。（　）
5. 保管式仓储是指对保管物品以保持原样不变的方式进行仓储。（　）

二、选择题

1. 广义的国际物流是指（　　）。

A. 国际货物物流　　B. 贸易型国际物流

C. 非贸易型国际物流　　D. 贸易型国际物流与非贸易型国际物流

2. 不同国家的物流适用法律使国际物流的复杂性远高于一国的国内物流，这是由于国际物流的（　　）特点造成的。

A. 物流环境差异　　B. 物流系统范围广

C. 国际物流运输主要方式具有复杂性　　D. 国际物流必须有信息系统的支持

3. 国际物流系统的核心子系统是（　　）。

A. 国际物流信息子系统　　B. 国际物流运输子系统

C. 国际物流通关子系统　　D. 国际物流商品储存子系统

4. 下列有关国际物流的说法正确的是（　　）。

A. 国际物流发货流程与国内物流基本一致

B. 国内物流运送时间短，国际物流运送时间长

C. 国际物流也可以找货代进行发货

D. 国内物流运费差异小，国际物流运费差异大

5. 国际物流发展的推动力有（　　）。

A. 经济全球化　　B. 供应链管理理念

C. 全球运输与金融管制的解除　　D. 信息技术与通信技术的进步

三、简答题

1. 简述国际物流的特征。

2. 国际物流系统包含哪些子系统？

3. 简述我国国际物流的发展现状及存在的问题。

第二章　国际物流海上货物运输实务

学习目标

1. 掌握国际海上货物运输相关概念。
2. 掌握班轮运输和租船运输的区别。
3. 掌握班轮运输业务流程及单据。
4. 掌握租船运输业务流程。
5. 掌握班轮运输和租船运输运费计算方法。

导入案例

山东海运"逆袭"：一个地方企业如何做成全国"老三"

山东海运股份有限公司（以下简称"山东海运"）成立于2010年，公司用不到10年的时间，船队规模迅速扩张到62艘（含在建），2018年收入总额达62亿元，控制运力增至800万载重吨，航运主业盈利达到山东海运创建以来最好水平，跻身全国航运业"老三"的位置，在国际航运业市场并不景气的背景下山东海运实现了"逆袭"。

海运是国际物流中最主要的运输方式，是连通全球的重要纽带和桥梁。此前，国际贸易总运量中的2/3以上，我国进出口货运总量的90%以上都是通过海上运输完成的。每年航运市场运费规模也高达数千亿美元。正因为如此，前些年投资者纷纷涌进这个市场，水面上大大小小的运输船越聚越多。但随着全球贸易量走低，近年来航运市场迅速萎缩。由波罗的海航交所发布的波罗的海综合运费指数，是国际干散货运输市场走势的晴雨表，该指数从2008年5月16日历史最高的11459点急速下滑，2016年2月10日跌至历史最低的290点，截至2020年该参数仍在1000点左右低位徘徊。一位远洋轮船船长说，以前一艘18万载重吨船一天的租金可达10万美元，现在市场虽有起伏但依然比较低迷。

山东海运是在这种低迷的背景下诞生的，是由山东海洋集团作为控股股东发起设立的国有大型企业，注册资本30亿元，主要从事矿产、粮食、能源等大宗物资的海洋运输。山东海运成立前，山东省港航业总体发展水平不均衡，"港强航弱，大港小航"问题突出。作为铁矿石、煤炭、石油等原材料输出和输入大省，山东省能源和原材料运输缺乏支柱性航运企业支撑与保障。山东海运成立后，扭转了山东省港航业结构失衡的矛盾。25万吨级散货船"山东人和"轮就常年往返于中国和澳大利亚之间，将澳大利亚的铁矿石运往中国沿海多个港口，同时，像“山东人和”轮这样常年往返于中澳之间运送铁矿石的轮船就有4条。“海运是一个市场化、国际化程度高的服务性行业，是集物流、商流、技术流、资金流的融汇融合。”山东海运党委书记、董事长于冰介绍，山东海运依托海上运输服务，将商品、资金、技术、信息等吸纳到海运物流平台，将货主、融资租赁企业、造船企业等集聚在一起，共同发展海运事业，化解风险。例如，与世界500强企业、欧洲规模巨大的能源集团——德国莱茵集团签署了10艘18万载重吨干散货船长期期租合同，这是山东海运整合终端客户、金融机构、造船企业各方面优质资源，以轻资产方式运营的项目，实现了跨行业、多领域的国际合作。此外，山东海运还利用巴西淡水河谷公司、必和必拓公司、万华化学集团等直接货主的货源优势，以及德国莱茵集团、德国奥登道夫公司、博西玛（西班牙POSIMAT公司）等优质租家的经营优势，开展了长期包运、光租、期租、合资等多种经营业务。近年来，山东海运探索并推行“公司式”船舶管理和“三位一体”船舶管理模式，实施降本增效、管理提升和安全保障等方面的独创性措施达12项，累计降本增收达1000万元。

第一节　国际海上货物运输概述

一、国际海上货物运输的概念及特点

（一）国际海上货物运输的概念

国际海上货物运输是指使船舶通过海上航道在不同的国家和地区的港口之间运送货物的一种运输方式。

（二）国际海上货物运输的特点

1. 运输量大

国际货物运输是在全世界范围内进行的商品交换活动，地理位置和地理条件决定了国际海上货物运输是国际货物运输的主要手段。据统计，国际贸易总运量的三分之二以上是利用海上运输完成的，有些国家甚至达到90%以上。由于船舶向大型化发展，如50万～70万吨的巨型油船、16万～17万吨的散装船，以及集装箱船的大型化，使得船舶的载运能力远远大于火车、汽车和飞机的载运能力，成为运输能力最大的运输工具。

2. 通过能力大

国际海上货物运输利用天然航道四通八达的优势，不像火车、汽车要受轨道和道路的限制，因而其通过能力要超过其他各种运输方式。如果因政治、经济、军事等条件的变化，还可随时改变航线驶往有利于装卸的目的港。

3. 运费低廉

由于船舶的航道是天然形成的，船舶运量大、经久耐用且节省燃料，港口设备一般也均为政府修建，所以货物的单位运输成本相对低廉。海运运费一般约为铁路运费的1/5，

公路运费的1/10，航空运费的1/30，这为低值大宗货物的运输提供了有利的竞争条件。

4. 对货物的适应性强

由于上述特点，海上货物运输基本适用于各种货物的运输，如其他运输方式无法装运的石油井台、火车、机车车辆等超重大货物，船舶一般都可以装运。

5. 运输的速度慢

由于商船的体积大，水流的阻力大，加之装卸时间长等各种因素的影响，货物的运输速度比其他运输方式慢。较快的班轮航行速度也仅30海里/小时左右（1海里≈1.852千米）。

6. 风险较大

海洋环境复杂，气象多变，船舶海上航行随时都有遇上狂风、巨浪、暴风、雷电、海啸等人力难以抗衡的海洋自然灾害袭击的可能，遇险的可能性比陆地、沿海要大。同时，海上运输还存在着社会风险，如战争、罢工、贸易禁运等因素的影响。为转嫁损失，海上运输的货物、船舶保险尤其应引起重视。

二、国际海上货物运输船舶

（一）船舶的概念

《中华人民共和国海商法》（以下简称《海商法》）规定："本法所称船舶，是指海船和其他海上移动式装置，但是用于军事的、政府公务的船舶和20总吨以下的小型船艇除外。"此外，还规定"前款所称船舶，包括船舶属具"。

（二）船舶的性质

（1）船舶的整体性。船舶是由船体及各种附件和属具所构成的，是一种合成物。因此，船舶作为一个整体，在对其进行抵押、转让、继承、保险委付等活动行为时，都需把船舶各部分视为船舶的有机整体来处理。

（2）船舶兼有动产和不动产的性质。船舶从本质上来说是可以移动的财产，但在实际的处理中，各国的有关法律一般都把它作为不动产对待。

（3）船舶具有人格化性质。西方国家的法律对船舶实行拟人化，即把船舶视为自然人。船舶有它的出生日（下水日），还要上户籍（登记注册），有自己的姓名（船名）、国籍（船籍和船旗）、年龄（船龄）和体重（船的吨位）。因此，在英美法系中，可以对船舶本身进行诉讼。

（4）船舶的领土属性。按照国际法规规定，船舶是船籍国浮动的领土，受船籍国法律管辖和保护。因此，船舶具有领土属性。

（三）船舶的相关概念

1. 船籍与船旗

船籍是指船舶的国籍，由船舶所有人向本国或外国有关管理船舶的行政机关办理所有权登记后，取得本国或登记国国籍和船籍证书，才能够悬挂该国国旗，悬挂的国旗习惯上称为船旗。

船舶有义务遵守船籍国的法律和法令规定，并享受其法律的保护。船籍与船旗是船舶非常重要的社会属性和特征，其重要性在于它是解决船货等海事纠纷时，适用哪个国家法律法规的一项重要依据。在发生战争时船旗则是区分交战国、同盟国和中立国的标志。

按照国际法规的规定，商船是船旗国浮动的领土，无论是在公海还是在其他海域上航行，均需悬挂船籍国国旗，否则视为违反国际法规，其行为可与海盗船等同处理。

2. 开放登记国与方便旗船

允许其他国家的船舶在本国进行登记的国家称为开放登记国，如巴拿马、利比里亚、巴哈马、百慕大、索马里、新加坡和洪都拉斯等国家和地区。这种在外国登记，悬挂外国国旗的商船，叫作方便旗船。

3. 船级

船级是船舶质量的技术、性能指标，用以表示船舶航行安全和适于装货的程度，因而是判断船舶适航性的重要条件。

船级鉴定是由专门的船级检验机构按照船舶检验标准对船舶进行检验后所给出的鉴定结论。船舶经检验鉴定后确定其等级，并发给船舶所有人船级证书，有效期一般为四年，期满后再重新鉴定。船级鉴定检验机构在西方国家一般称为船级社，它是专门核定船级的组织。

在我国，根据《船舶检验管理规定》的规定，船级的入级检验由船舶、水上设施的所有人和经营人自愿申请，按照拟入级的船舶检验机构的入级检验技术规范，对船舶、水上设施进行的检验，并取得入级船舶检验机构的入级标识。船级在国际海上运输中有重要意义。通过船级，货方可以了解船方承运货物的安全程度和船舶的技术性能；租船人和托运人可以根据需要选择不同船级的船舶；船级也是保险人确定承接保险和确定保费的依据；同时还是国家对船舶技术进行监督的方法之一。

（四）船舶类型

常用的国际海上运输船舶主要有以下几种。

1. 杂货船（General Cargo Ship）

杂货船一般适用于装载带有包装的零星杂货。其吨位选择视航线、港口及货源而定。这种船舶本身有各种不同的货舱及装卸设备，能装载种类繁多的货物，而且航速较快，一般为20节以上。

2. 散装货船（Bulk Cargo Ship）

散装货船指供装运无包装的大宗货物，如粮食、煤炭、矿砂等的船舶。这种船舶一般舱容较大，舱内不设支柱，而且大都是单甲板，为防止货物在舱内移动而设有挡板，以保持船身平衡。这种船舶本身一般不带有装卸设备，机舱设于尾部，以便装卸操作。

3. 冷藏船（Refrigerated Ship）

冷藏船专门用于装载冷藏货物，船上有制冷装置及适合冷藏货物的冷藏舱。

4. 木材船（Timber Ship）

木材船用于装载原木，常在船舱设置1米左右的“舱墙”，以防止木材滑出舱外，同时可以提高装载能力。

5. 油轮（Tanker）

油轮又称油槽船，是指以散装方式运送原油和燃料的专用货船。油轮将船本身分隔成若干个储油舱，并有油管贯通各油舱，同时设有空气压缩装备，在装卸油料时，以空气压力将油料通过管道推送至各储油舱。油轮的油舱大多采取纵向结构，并设纵向舱壁，以防止未满载时，舱内液体随船倾侧而产生不平衡。

6. 集装箱船（Container Ship）

集装箱船是指专门用于装运集装箱货物的货船。其本身一般无装卸设备，装卸作业全凭码头专门设施。集装箱船航速较快，一般在20～26节，有的高达33节。集装箱船可分为全集装箱船（Full Container Ship）、半集装箱船（Semi Container Ship）及可变换集装箱船（Convertible Container Ship）等。

7. 滚装船（Roll-on/Roll-off Ship，Ro-Ro ship）

这种船舶可直接承接码头货物，无须吊机，船无货舱，只有纵贯全船的甲板，每层甲板间都有梯子上下装卸货物（滚装滚卸）。船本身无装卸设备，船尾或船侧有大的桥板连接码头，货车可以直接进入船上甲板。这种船舶最适宜运载车辆和大型机械，也适宜运载集装箱。其优点是不依赖码头机械、可快速装卸、灵活性大、大大缩短装卸时间；但缺点是亏舱较大，容易造成浪费。

8. 载驳船（Barge Carrier/Lighter Aboard Ship）

它又称母子船，是指在母船上搭载子船，子船内装载货物的船舶。这种船舶上设有巨型门吊或船尾升降平台，船舶到达港口后利用这些设施，把所载的驳船降入水中，驳船即可自行开抵或被拖至指定地点。载驳船不靠码头即可进行装卸，营运效率大幅提高，但这种船舶利用率相对较低，使用范围较窄。

9. 沥青船（Asphalt Ship）

沥青船属于特种船，是专门用来装载大宗沥青货物的专用船舶。它的有关技术要求和性能都比较高，需要配备专门的沥青装载机械和技术设备。

三、国际海上运输货物及分类

货物是进行国际海上运输的对象，可按不同的方式进行分类。

（一）按含水量划分

可分为干货（Dry Cargo）和湿货（Wet Cargo）。

（1）干货是指基本上不含水分或含水很少的货物。件杂货（General Cargo）大都属于此类货物。

（2）湿货是指散装液体货物（Liquid Cargo），如石油及液化制品、植物油、液体化学品等，还有如装运在金属桶和塑料桶中的流质货物也都属于此类货物。

（二）按包装形式和有无包装划分

可分为包装货（Packed Cargo）、裸装货（Nude Cargo）和散装货（Bulk Cargo）。

（1）包装货，如件杂货等。

（2）裸装货，如钢板、钢材等。

（3）散装货，是指不需要包装，散装在船舶甲板上或船舱中的大宗货物，如煤、粮食、矿砂和石油等。这类货物的装卸需要有相应的码头装卸设备，有的还需要特殊的运输工具，如油轮。

（三）按是否分件划分

可分为件杂货和大宗货。

（1）件杂货，指有包装的、可分件的、数量比较少的货物。

（2）大宗货，指数量比较多、规格比较一致的初级产品。

（四）按价值划分

可分为高值货（High-value Cargo）和低值货（Low-value Cargo）。

（1）高值货，指高价、贵重货物，如金、银、古董、艺术品、精密仪器等。

（2）低值货，指价值比较低的货物。大宗货多属于此类货物。高值货与低值货没有严格的界限，主要根据货物运费率的高低决定，一般以班轮运费率8级为分界线，1～8级的货物为低值货，9～20级的货物为高值货。

（五）按重量和体积比率划分

可分为重货（Weight Cargo）和轻泡货（Measurement Cargo）。

（1）重货，是指重量为1吨的货物，其体积小于1立方米。

（2）轻泡货，也称为体积货或尺码货，是指重量1吨的货物，其体积大于1立方米。

区分重货和轻泡货是现代海上运输制度的要求。海上货物的运费是以1立方米为计算标准的，凡重量吨货物体积大于1立方米，按货物体积计收运费；否则，按货物的重量计收运费。由于货物有重货和轻泡货的区分，货物在积载、装卸时，必须充分考虑货物的积载因数（Stowage Factor）。

货物的积载因数是指货物的体积与重量之间的比率。它的计算公式如下。

货物的积载因数＝货物的体积÷货物的重量

（六）按长度与重量划分

可分为超长货（Length Cargo）、超重货（Heavy Gargo）、超重超长货（Heavy and Length Cargo）。

货物是否为超长货、超重货和超重超长货，没有严格的界限。一般超过9米的货物为超长货，超过2吨的货物为超重货，运输超重、超长货要加收附加费。

（七）按其物化性能划分

可分为普通货（Ordinary Cargo）和特殊货（Special Cargo）。

（1）普通货是指没有特殊物化性能的一般货物。

（2）特殊货是指具有某种特殊物化性能的特质货物。

（八）按是否拼箱划分

可分为整箱货（Full Container Load，FCL）和拼箱货（Less than Container Load，LCL）。

（1）整箱货，是指托运人的货物能够装满一个整箱、按照一个托运单位进行托运的集装箱货物。通常由托运人自己装满整箱交运。

（2）拼箱货，是指托运人的货物不能够装满一个整箱，当货物交由承运人后，由承运人将该托运人的货物与其他托运人的货物拼装于一个集装箱内，组成一个托运单位进行交运的集装箱货物。

四、国际海上运输货物包装及标志

（一）货物包装分类

货物包装分为运输包装（也称外包装）和销售包装（也称内包装）。国际海上运输所涉及的包装是指货物的运输包装。货物运输包装的作用是在运输过程中，便于装卸、搬运、堆放、运输和理货等作业，同时也可保护货物本身质量和数量上的完整无损。为了能够保护货物，国际海上运输货物的运输包装必须坚固结实，具有承受一定的压力、碰撞和震动的能力。

（二）货物包装形式

（1）箱装，包括木箱装、纸箱装，还有铁箱装、柳条箱装、纸板箱装、胶合板箱装等包装形式。

（2）捆装，包括布包装和草包装等包装形式。

（3）袋装，包括麻袋装、布袋装和草袋装等包装形式。

（4）桶装，包括木桶装、铁桶装和琵琶桶装等包装形式。

此外，还有如罐装、钢瓶装、坛装、卷装、篓装和扎装等包装形式。

（三）货物包装标志

1. 运输标志（Shipping Mark）

也称唛头，一般以图案和文字表示，其内容一般包括收货人名称的缩写或简称、目的港名称和件号等，其作用在于使货物在装卸、运输、保管过程中容易被有关人员识别，以防错发错运。

2. 指示标志（Indicative Mark）

它是货物运输过程中的注意标志，一般以图形和文字表示，用于提醒人们在储运过程中的注意事项，如小心轻放、谨防潮湿、切勿倒置等。

3. 危险货物标志（Dangerous Cargo Mark）

它是表明货物危险特性的标志，一般都用统一规定的图案和文字表示。国际上对危险货物运输用统一规定的图案和文字表示，我国根据国情也制定了统一的危险货物运输标志标准，运输危险货物时都必须遵照标准执行。

五、国际海上运输船舶营运方式

为了适应不同货物和不同贸易合同对运输的不同需求，也为了合理地利用远洋运输船舶的运输能力，并获得最佳的营运经济效益，当前国际上普遍采用的远洋船舶营运方式可分为两大类，即班轮运输和租船运输。

（一）班轮运输

1. 班轮运输的概念及特点

班轮运输（Liner Transport）又称定期船运输，它是指在固定的航线上和港口间按事先公布的船期表，从事客货运输业务并按事先约定的费率收取运费的一种运输方式。

班轮运输经过长期的发展，形成了以下四大特点。

(1) 具有“四固定”的特点，即固定航线，有利于船公司获得稳定的货源；固定港口，便于安排卸货；固定船期，发货人便于安排货物的出运时间；相对固定的费率，船公司会根据国际竞争形式在一段时间内对费率做相应调整。

(2) 班轮提单是运输合同的证明。班轮运输的承运人按照国际公约和国内有关法规，拟订承运人、托运人双方的权利、义务、责任和免责条款的班轮提单，是承运人、托运人双方处理争议的依据。货物装船后，提单由承运人（或其代理人）或船长签发给托运人。

(3) 同一航线上的船型相似，各船舶之间保持一定的航班密度。

(4) 通常情况下，托运人到承运人指定的码头仓库交货，收货人到承运人指定的码头仓库提货，承运人负责货物的装卸及理舱。

2. 班轮运输的优点

由于班轮运输具有上述特点，其在国际海上货物运输中表现出了明显的优点。

(1) 班轮运输的船舶技术性能较好，船员技术较高，设备齐全，能适应定期运行的航线和定期获得的货源。

(2) 班轮运输的管理制度较为完善，班轮公司一般都拥有自己的专用码头，在仓储和装卸方面都有一套专门的管理制度。

(3) 班轮运输特别适合一般杂货和小批量货物的运输需要。班轮公司众多、运输班次频繁的特点为小批量且装卸港口分散的货物及时出运提供了优越的条件。即使不能直达港口，班轮公司也可进行相应的调整。

（二）租船运输

1. 租船运输的概念

租船运输（Shipping by Chartering）又称不定期船运输，是对外贸易运输中另一种重要的船舶营运方式。它没有固定的船期表、航线、港口和费率，船舶是按照租船人和承租人双方签订的租船合同中的条款来进行运输的。

2. 租船运输的特点

(1) 租船运输和班轮运输方式下的“四固定”相反，没有固定航线、装卸港及船期，没有固定的运价，这些可由承租人和租船人临时议定。

(2) 租船运输中的提单不是一个独立的文件，租船人和承租人之间需要签订运输合同或船舶租用合同来规定双方的权利和义务。

(3) 租船运输中的船舶港口使用费、装卸费以及船期延误所造成的损失和责任都按租船合同规定来划分和计算。

(4) 租船运输主要是用来运输国际贸易中的大宗货。

第二节　班轮运输业务流程

一、班轮运输的出现

19 世纪以前的航运业，是以木制帆船运输为主的。国与国之间的贸易规模也较小，贸易与航运合为一体，很难分开。通常船长既是船东，又是贸易商，即使作为雇员的船长也常是船舶所运载货物的合伙经营人。在这种情况下，货主用自己的船舶将属于自己的货物从起运地运至目的地出售后，再购买当地的物产运回起运地或其他地点销售。直到 18 世纪末，人口和工场数量的增加，农业生产技术的改进，以及煤炭用于工业燃料等原因导致运量急速增加，才使贸易与航运相脱离，出现了专门以承运属于他人的货物为主要经营业务的公共承运人（Public Carrier）。到 1818 年，第一次出现了班轮运输的营运方式。班轮运输的出现和发展，与经济的发展、技术的进步，以及国内和国际运河的开通有着密切的关系。

班轮运输是在工农业生产发展、产品的品种和数量增多、运输量激增的条件下，为适应批量小，收货人（单位）、发货人（单位）多，市场性强，要求能以较快的运达速度、有规律地运送市场所需要的工业制成品、半制成品、生鲜食品，以及各种高价货物对运输的需求而发展起来的船舶营运方式。根据运输货物装载形式，可分为杂货班轮运输和集装箱班轮运输。杂货班轮运输是最早的班轮运输，它以件杂货为主，还可以运输一些散装货、起重超长货等特殊货物。集装箱班轮运输是指集装箱班轮公司按事先制定的船期表，在固定航线的固定挂靠港口之间，按规定的操作规则为广大非固定的货主提供规范的、反复的集装箱货物运输服务，并按“箱运价”来计收运费的一种营运方式。

知识链接

1. 班轮公会

19 世纪末，国际航运竞争日益激烈，为避免因跌价争揽货源而损害各自的利益，1875 年 7 家英国航运公司组成联合王国-加尔各答班轮公会。协商规定各自的船舶发航艘次和最低运价。此后班轮公会有很大发展，目前全世界已有 360 多个班轮公会，遍布各主要班轮航线，由海运发达国家航运公司控制。

班轮公会分为开放式公会和关闭式公会两种。开放式公会多见于与美国港口有关的航线，并为美国政府有关当局所控制。入会条件是同意公会规定的运价，遵守公会协议。关闭式公会的入会条件是要求入会者需经全体会员通过。大多数班轮公会为关闭式公会。

班轮公会的任务是规定共同遵守的最低运价；通过对船舶发航次数、船舶吨位和挂靠港口的限制，控制会员公司之间的竞争；采用折扣、回扣、延期回扣和合同优惠等办法给货主一定优惠，以控制货源，排挤会外航运公司和垄断航线上的班轮业务。

海运发达国家通过班轮公会垄断航运业务的做法，严重阻碍了发展中国家航运业的发展。在第三世界国家的争取下，1974年，在联合国贸易和发展会议全权代表会议上通过了《班轮公会行动守则公约》，规定了货载分配原则、入会条件和公会提高运价的期限。公约的制定和实施便利了国际海上货运有秩序发展，促进了班轮运输更有效地为国际贸易服务，有利于发展中国家发展自己的商船队，限制了发达国家对班轮航运的垄断。

2. 航运联盟

随着集装箱运输的发展，班轮公会走向解体。20世纪90年代以来，班轮航运业供需矛盾日益尖锐，航运市场进入前所未有的困难时期，尽管各船公司努力在航线配置、运价政策、服务水平等方面增加投入和合作，但实践表明，一家船公司已孤掌难鸣，无法在“低运输成本、高服务质量”轨道上运行。因此，世界主要班轮公司走上了大规模联营道路。

船公司为了增加挂靠港、拓展物流服务范围，往往通过舱（箱）位互租协议、码头共享等形式进行联合经营。1995年以来，航运联盟成为航运市场的主旋律，到2001年的6年时间里，先后进行了多轮的联盟重组。全球5大航运联盟集团在东西主干线上控制着80％以上的货源，其成员基本包括了前20位的班轮公司。班轮公司实现全球性联营，不仅提高了服务质量，而且取得了巨大的经济效益。

二、组织班轮运输必须具备的条件

船公司（班轮公司）在组织班轮运输时，必须具备一些条件，这些条件主要有以下几点。

（1）要有技术性能较高、设备齐全的船舶。为了保证船期，经营班轮运输业务时，就需要有一些质量较好、航速较高的船舶；为了便于不同港口各种货物的装载与分隔，保证货物的运输质量，船舶的货舱应有多层甲板，以适应各种运输要求。

（2）班轮运输必须具备充足的货源条件。为了保障班轮运输的稳定性和规律性，船公司需要保障班轮运输船舶能在载重量和舱容上得到充分利用，以期获得最好的经营效益，因此船公司需要具备充足的货源及揽货能力。

（3）需要为船舶配备技术和业务水平较高的船员。为了安全地积载、保管和照料货物，船公司也需要为船舶配备受过专门训练、货运技术和业务水平较高的船员，特别是需要配有经验丰富的船长和大副（Chief Mate）。

（4）要有一套适宜小批量货物运送的货运程序。由于班轮所承运的货物种类多、批量小，而且分属于许多不同的货主，因此班轮运输要建立一套相应的货运程序，以保证这些货物的有效运输。

三、班轮运输的主要关系人

（1）船公司（班轮公司）。船公司是运用自己拥有或自己经营的船舶，提供国际港口之间的班轮运输服务，并依据法律规定设立的船舶运输企业。船公司拥有自己的船期表、运价本、提单或其他运输单据。

（2）船舶代理人（船舶代理公司）。船舶代理人是接受船舶所有人、船舶经营人或船舶承租人的委托，为船舶所有人、船舶经营人或船舶承租人的船舶及所载货物或集装箱提供办理船舶进出港口手续、安排港口作业、接受订舱、代签提单、代收运费等服务，并依据法律规定设立的船舶运输辅助性企业。

（3）无船承运人。无船承运人是指以承运人身份接受托运人货载任务，签发自己的提单或者其他运输单证，向托运人收取运费，通过船公司完成国际海上货物运输，承担承运人责任，并依据法律规定设立的提供国际海上货物运输服务的企业。

（4）海上货运代理人。通常简称“货运代理”或“货代”。海上货运代理人是接受货主的委托，代表货主的利益，为货主办理有关国际海上货物运输相关事宜，依据法律规定设立的提供国际海上货物运输代理服务的企业，可以从货主那里获得代理服务报酬，也可从船公司那里获得奖励，即佣金。

（5）托运人。在运输合同中是指本人或委托他人以本人名义或委托他人为本人与承运人订立海上货物运输合同的人；本人或委托他人以本人名义或委托他人为本人将货物交与海上货物运输合同有关的承运人的人。

船公司主要关系人之间的关系如图 2－1 所示。

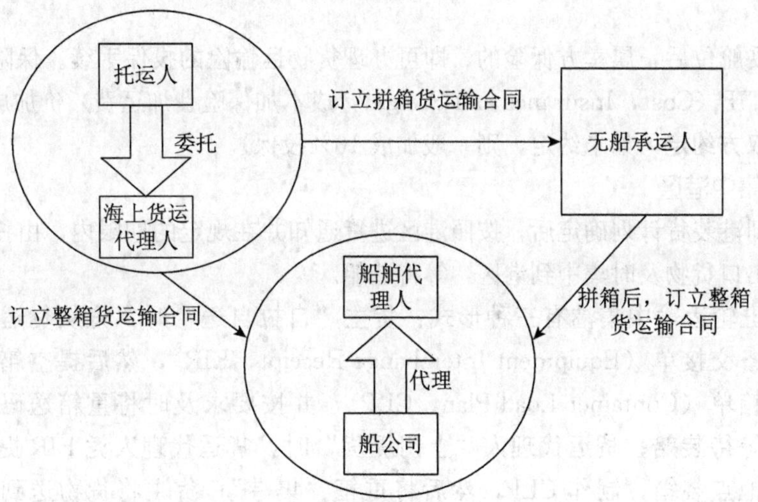

图 2－1　船公司主要关系人之间的关系

四、班轮运输业务流程

海运货物的班轮运输程序较多，工作亦较复杂，归纳起来大致可以分为三个阶段，即货物出运阶段、货物装船与卸船阶段、货物提取阶段。

（一）货物出运阶段

1. 揽货

船公司为使自己所经营的船舶在载重量和舱容两方面均能得到充分利用，以期获得最好的经营效益，会通过各种途径从货主处争取货源。

2. 订舱

订舱是托运人向船公司申请货物运输，承运人对这种申请给予承诺的行为。一般由货运代理人办理委托订舱手续，货运代理人根据货主的具体要求按航线分类整理后，及时向船公司或其代理订舱。当船公司或其代理签出装货单，订舱工作即告完成，就意味着托运人和承运人之间的运输合同已经缔结。

3. 确定航次货运任务

确定航次货运任务就是确定某一船舶在某一航次所装货物的种类和数量。承运人承揽货载任务时，必须考虑各票货物的性质、包装和每件货物的重量及尺码等因素。

4. 备货报检

根据出口成交合同及信用证中有关要求和规定，按时、按质、按量地准备好应交的出口货物，并做好申请报检和领证工作。在中国，凡列入商检机构规定的“种类表”中的商品以及根据信用证、贸易合同规定，由商检机构出具证书的商品，均需在出口报关前填写“出口检验申请书”申请商检。有需要进行动植物检疫或卫生安全检验的，都要事先办妥，取得合格的检验证书。做好出运前的准备工作，货证齐全后，即可办理托运。

5. 保险

货物订妥舱位后，属卖方保险的，即可办理货物运输险的投保手续。保险金额通常是以发票上的CIF（Cost，Insurance and Freight，成本加保险费加运费）价加成投保（加成数根据买卖双方约定，如未约定，则一般加成10%投保）。

6. 货物集中港区

当船舶到港装货计划确定后，按照港区进货通知并在规定的期限内，由托运人办妥集运手续，将出口货物及时集中到港区，等待装船。

集装箱班轮运输中集港有三种形式：货主“自拉自送”时，先从货运代理人处取得集装箱设备交接单（Equipment Interchange Receipt，EIR），然后提空箱，装箱后制作集装箱装箱单（Container Load Plan，CLP），并按要求及时将重箱送码头堆场，即集中到港区等待装船；货运代理人“上门提货”时，货运代理人凭EIR提空箱，然后到货主指定地点装箱，制作CLP，然后将重箱“集港”；货主将货物送到集装箱货运站（Container Freight Station，CFS），由货运代理人凭EIR提空箱，并在CFS装箱，制作CLP，然后“集港”。

7. 报关工作

货物集中到港区后，把编制好的出口货物报关单连同装货单、发票、装箱单、商检证、外销合同、外汇核销单等有关单证向海关申报出口，经海关关员查验合格放行后方可装船。

（二）货物装船与卸船阶段

1. 装船形式

集装箱班轮运输通常使用堆场到堆场（Container Yard to Container Yard，CY/CY）形式，由起运地或装箱港的集装箱装卸区堆场至目的地或卸箱港的集装箱装卸区堆场。杂货班轮运输通常使用直接装船的方式。杂货班轮运输中的直接装船是指对于特殊货物，如危险货物、鲜活货物、重大件货物等，通常采取由托运人将货物直接送至船边，交接装船的形式。

在装船前，理货员代表船方收集经海关查验合格后放行货物的装货单和收货单。经过整理后，按照积载图和舱单，分批接货装船。装船过程中，托运人委托的货运代理人应在现场监装，随时掌握装船进度并处理临时发生的问题。装货完毕，理货组长要与船方大副共同签署收货单，交与托运人。理货员如果发现某批货物有缺陷或包装不良，随即在收货单上批注，并由大副签认，以确定船货双方的责任。但作为托运人，应尽量争取货物完好，不让理货员在收货单上批注，以取得清洁提单。

2. 换取提单

装船完毕，托运人除向收货人发出装船通知外，还需凭收货单向船公司或其代理换取已装船提单。

3. 制单结汇

将合同或信用证规定的结汇单证备齐后，在合同或信用证规定的议付有效期限内，向银行交单，办理结汇手续。

4. 货物卸船

集装箱班轮运输通常使用CY/CY方式卸船。杂货班轮运输中的直接卸船是指对于特殊货物，如危险货物、鲜活货物、贵重货物、重大件货物等，通常采取由收货人办妥进口手续后来船边接收货物，并办理交接手续的现提形式。

承运人的代理人收到舱单、货物积载图、分舱单后向海关办理船舶载货入境手续，并向收货人发出到货通知书，同时将上述单证分送港口、理货公司等单位；船舶抵港后，理货公司凭舱单理货，凭货物积载图指导卸货，当货物发生溢短或原残时，编制货物溢短单或货物残损单，经大副签认后，提供给有关单位。

（三）货物提取阶段

收货人收到正本提单后，向承运人的代理人换取提货单；代理人签发提货单后，须保持正本提单、舱单和提货单内容相一致；收货人凭提货单向海关办理放行手续后，再到港口仓库或船边提取货物；货物提清后，提单留存在港口仓库备查；收货人实收货物少于提单所示数量或发生残损时，须索取货物溢短单或货物残损单，并凭此单通过代理人向承运人索赔。

五、杂货班轮运输业务单证及流转程序

（一）杂货班轮运输业务单证

1. 托运联单

托运联单包括托运单、装货单、收货单，三单内容基本一致，是托运人向承运人或其代理人办理托运手续的单据。

1）托运单（Booking Note，B/N）

托运单（国内有时用“委托申请书”代替）是指由托运人根据买卖合同和信用证的有

关内容向承运人或其代理人办理货物运输业务的书面凭证。经承运人或其代理人对该单的签认，即表示已接受这一托运业务，承运人与托运人之间有关货物运输的相互关系即告建立。海运出口托运单如图 2-2 所示。

海运出口托运单

SHIPPING LETTER OF INSTRUCTION

托运人______________________________
Shipper

编号__________________________ 船名____________________
No. S/S

目的港_______________________
For

标记及号码 Marks & Nos.	数量 Quantity	货名 Description of Goods	重量 Weight Kilos	
			净 Net	毛 Gross
共计件数（大写）Total Number of Packages (In Writing)			运费付款方式	
运费计算		尺码 Measurement		
备注				

抬头		可否转船		可否分批	
通知人		装运期		有效期	提单张数
		金额			
		银行编号		信用证号	

制单日期______年______月______日

图 2-2 海运出口托运单

2）装货单（Shipping Order，S/O）

装货单是托运人（实践中通常是货运代理人）填制交船公司（实践中通常是船舶代理人）审核并签章后，据以要求船长出示将货物装船承运的凭证。装货单一经签章，表明承运人确认承运该单所列货物，运输合同即告成立。中国外轮代理公司装货单如图 2－3 所示。

中国外轮代理公司装货单

CHINA OCEAN SHIPPING AGENCY SHIPPING ORDER

S/O NO.________

船名 S/S__________ 目的港 For__________

托运人 Shipper__________

收货人 Consignee__________

通知 Notify__________

兹将下列完好状况之货物装船并签署收货单据。

Received on board the under mentioned goods apparent in good order and condition and sign the accompanying receipt for the same.

标记及号码 Marks & Nos.	件数 Quantity	货名 Description of Goods	毛/净重量（千克）Weight Kilos		尺码 Measurement 立方米 CBM
			Net	Gross	
共计件数（大写）Total Number of Packages（In Writing）					

日 期 Date__________ 时 间 Time__________

装入何舱 Stowed__________

实 收 Received__________

理货员签名 Tallied By__________ 经办员签名 Approved By__________

图 2－3 中国外轮代理公司装货单

装货单是托运人办理出口货物申报手续的必备单证之一，所以装货单亦称为“关单”；托运人在办理了货物装船出口的海关手续后，能凭此单证要求船长将货物装船，所以装货单又称“下货纸”。货物装船时装货单由理货员签注日期、件数及舱位等内容并签字，后转交给大副留底。

3）收货单（Mates Receipt，M/R）

收货单是指某一票货物装上船后，由船上大副签署给托运人的，证明船方已收到该票货物并已装上船的凭证。所以，收货单又称为“大副收据”或“大副收单”。

货物装船时收货单同装货单一并由理货员交给大副，货物装船理货后大副核对装货单，在收货单上签署。收货单与装货单内容上的不同之处是收货单有“大副签字”栏，中国外轮代理公司收货单如图2－4所示。收货单的作用是当托运人取得了经大副签署的收货单后，即可凭此向船公司或（其）代理换取已装船提单。具体作用有4个方面：①证明货物已经装上船；②证明承运人已经收到货物，并开始负责；③托运人凭收货单换取提单；④记载货物交接状况。

中国外轮代理公司收货单

CHINA OCEAN SHIPPING AGENCY MATES RECEIPT

S/O NO. ________

船名 S/S ________ 目的港 For ________

托运人 Shipper ________

收货人 Consignee ________

通知 Notify ________

兹将下列完好状况之货物装船并签署收货单据。

Received on board the under mentioned goods apparent in good order and condition and sign the accompanying receipt for the same.

标记及号码 Marks & Nos.	件数 Quantity	货名 Description of Goods	毛/净重量（千克） Weight Kilos		尺码 Measurement 立方米 CBM
			Net	Gross	
共计件数（大写） Total Number of Packages（In Writing）					

日 期 Date ________ 时 间 Time ________

装入何舱 Stowed ________

实 收 Received ________

理货员签名 Tallied By ________ 大副签字 Chief Mate ________

图2－4 中国外轮代理公司收货单

收货单分为清洁收货单和不清洁收货单。大副在签署收货单时，会认真检查装船货物的外表状况、货物标志、货物数量等情况。如果货物外表状况不良、标志不清、货物有水渍、油渍或污渍等状况，货物数量短缺、货物损坏时，大副就会将这些情况记录在收货单上。这种在收货单上记录有关货物外表状况不良或有缺陷的情况称为"批注"（Remark），习惯上称为"大副批注"。有大副批注的收货单称为"不清洁收货单"（Foul Receipt）；无大副批注的收货单则为"清洁收货单"（Clean Receipt）。凭清洁收货单换取清洁提单，不清洁收货单换取的是不清洁提单。因此，收货单是杂货班轮运输业务中最早记载货物交接状况的证明。

托运联单的流转如图 2-5 所示，具体流程如下。

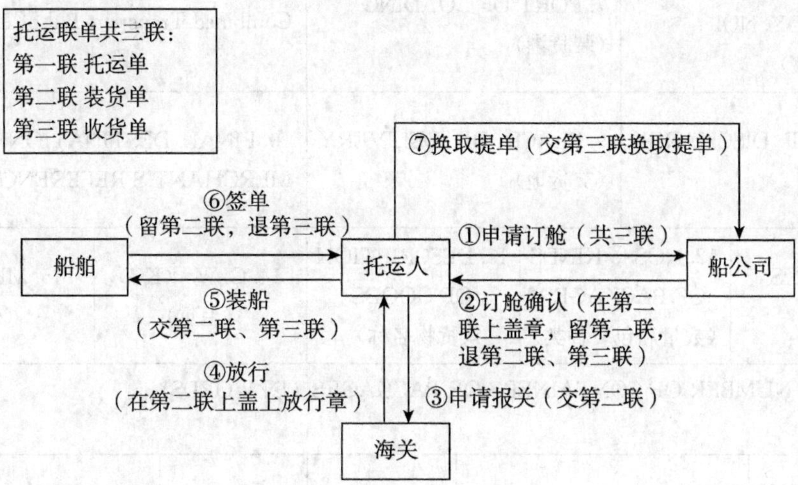

图 2-5 托运联单的流转

（1）托运人填写托运联单（共三联，即托运单、装货单、收货单）向船公司申请订舱。

（2）船公司经审核无误后接受申请，在装货单上予以编号并加盖印章进行订舱确认，留下托运单，将装货单、收货单退给托运人。

（3）托运人持装货单及其他报关单证向海关申请报关。

（4）海关经查验无误后，在装货单上加盖海关放行章。

（5）托运人凭加盖放行章的装货单要求货物装船。

（6）当货物全部装上船后，现场理货员核对理货计数单的数字，在装货单上签注实装数量、船舶位置、装船日期并签名，再由理货组长审查并签名，然后随同收货单一起交船上大副，大副审核属实后在收货单上签字，留下装货单，将收货单退给理货组长，理货组长转交托运人。

（7）托运人取得收货单后，即可要求船公司签发提单（B/L）。

2. 海运提单

海运提单（Ocean Bill of Lading，B/L）指用以证明海上货物运输合同和货物已经由承运人接收或者装船，以及承运人保证据以交付货物的凭证。中国远洋运输（集团）总公司海运提单正面内容如图 2-6 所示。

<table>
<tr><td colspan="4">1. SHIPPER（托运人）</td><td colspan="2" rowspan="4">B/L NO. 20141023
COSCO
中国远洋运输（集团）总公司
CHINA OCEAN SHIPPING
(GROUP) CO.</td></tr>
<tr><td colspan="4">2. CONSIGNEE（收货人）</td></tr>
<tr><td colspan="4">3. NOTIFY PARTY（通知人）</td></tr>
<tr><td colspan="2">4. PR-CARRIAGE BY
（前程运输）</td><td colspan="2">5. PLACE OF RECEIPT
（收货地）</td></tr>
<tr><td colspan="2">6. OCEAN
VESSEL VOY. NO.
（船名及航次）</td><td colspan="2">7. PORT OF LOADING
（装货港）</td><td colspan="2">ORIGINAL
Combined Transport Bill of Lading</td></tr>
<tr><td colspan="2">8. PORT OF DISCHARGE
（卸货港）</td><td colspan="2">9. PLACE OF DELIVERY
（交货地）</td><td colspan="2">10. FINAL DESTINATION FOR THE MERCHANT'S REFERENCE（目的地）</td></tr>
<tr><td>11. MARKS
（唛头）</td><td colspan="2">12. NOS. &KINDS
OF PACKAGES
（数量和包装种类）</td><td>13. DESCRIPTION
OF GOODS
（货物名称）</td><td>14. G. W. (KG)
（毛重）</td><td>15. MEAS (M^3)
（体积）</td></tr>
<tr><td colspan="6">16. TOTAL NUMBER OF CONTAINERS OR PACKAGES (IN WORDS)
（总件数）</td></tr>
<tr><td>17. FREIGHT &
CHARGES
（运费）</td><td colspan="2">REVENUE TONS
（运费吨）</td><td>RATE
（运费率）</td><td>PER
（计费单位）</td><td>PREPAID
（运费预付）
COLLECT
（运费到付）</td></tr>
<tr><td>PREPAID AT
（预付地点）</td><td colspan="2">PAYABLE AT
（到付地点）</td><td colspan="3">18. PLACE AND DATE OF ISSUE
（签发地点和日期）</td></tr>
<tr><td>TOTAL
PREPAID
（预付总金额）</td><td colspan="2">19. NUMBER OF
ORIGINAL B (S) L
（正本提单的份数）</td><td colspan="3">22. SIGNED FOR THE CARRIER
（承运人签章）</td></tr>
<tr><td>20. DATE
（装船日期）</td><td colspan="2">21. LOADING ON BOARD
THE VESSEL BY
（装载船名）</td><td colspan="3">中国远洋运输（集团）总公司
CHINA OCEAN SHIPPING (GROUP) CO.</td></tr>
</table>

图 2-6　中国远洋运输（集团）总公司海运提单正面内容

海运提单主要项目填制说明如下①。

（1）托运人（Shipper）。托运人即与承运人签订运输契约，将运输业务进行委托的货

① 以下描述文字按业务需要进行编号与分类，不与图 2-6 中完全对应。同时，为保证英文释义的完整性，以下英文描述文字不与图 2-6 中完全对应。

主，即发货人。托运人栏一般要求填写托运人完整的姓名和地址。

(2) 收货人 (Consignee)。收货人要按合同和信用证的规定来填写。一般的填法有下列几种。

①记名式：在收货人一栏直接填写指定的企业名称。该种提单不能背书转让，必须由收货人栏内指定的收货人提货或转让。

②不记名式：在收货人栏留空不填，或填“To Bearer”(交来人/持票人)。这种方式承运人交货给提单的持有人，只要持有提单就能提货。

③指示式：指示式的收货人又分为不记名指示和记名指示两种。

不记名指示，是在收货人一栏填“To Bearer”，又称空白抬头。该种提单，发货人必须在提单背面背书，才能转让。背书又分为记名背书和不记名背书（空白背书）两种。前者是指在提单背面填上“Deliver to ×××”或“Endorsed to ×××”，然后由发货人签章；后者是发货人在背面不做任何说明只签章即可。记名背书后，其货物所有权归该记名人所有，而且该记名人不可以再背书转让给另外的人。不记名背书，货物所有权即归提单的持有人。

记名指示，是在收货人一栏填“To Order of Shipper”，此时，发货人寄单前必须在提单背面背书；另外还有凭开证申请人指示，即 L/C（信用证）中规定“To Order of Applicant”，在收货人栏就填“To Order of ××× Co”；凭开证行指示，即 L/C 中规定“To Order of Issuing Bank”，则填“To Order of ×××Bank”。

在实际业务中，L/C 项下提单多使用指示式。托收方式也普遍使用不记名指示式。若做成代收行指示式，事先要征得代收行同意。因为《跟单托收统一规则》第 522 号(《URC522》)中第 10 条 a 款规定：未经银行事先同意，货物不得以银行的地址直接发送给该银行、或者以该银行作为收货人或者以该银行为抬头人。然而，如果未经银行事先同意而将货物以银行的地址直接发送给了该银行，或以该银行做了收货人或抬头人，并请该银行凭付款或承兑或凭其他条款将货物交付给付款人，该银行将没有提取货物的义务，其风险和责任仍由发货方承担。

(3) 通知人 (Notify Party)。原则上该栏一定要按 L/C 的规定填写。通知人即收货人的代理人或提货人，货物到达目的港后，承运人凭该栏提供的内容通知其办理提货。因此，提单的通知人一定要有详细的名称和地址，供承运人或目的港负责人及时通知其提货。若信用证中未规定明确地址，为保持单证一致，可在正本提单中不列明，但要在副本提单上写明通知人的详细地址。托收方式下的通知人一般填托收的付款人。

(4) 船名及航次 (Ocean Vessel Voy. No.)。即由承运人配载的用于装货的船舶的船名，班轮运输多加注航次。

(5) 装货港 (Port of Loading)。填实际装运货物的港口的名称。L/C 项下一定要符合 L/C 的规定和要求。如果 L/C 规定为“中国港口”(Chinese Port)，此时不能照抄实际装运货物的港口的名称，而要按装运的中国某港口实际名称填。

(6) 卸货港 (Port of Discharge)。原则上，L/C 项下提单卸货港一定要按 L/C 规定填写。但若 L/C 规定两个以上港口，或笼统写“××主要港口”［如“European Main Ports”(“欧洲主要港口”)］时，只能选择其中之一或填明具体卸货港名称。

如果L/C规定卸货港名后有“In Transit to ××”，则只能在提单上托运人声明栏或唛头下方空白处加列。尤其我国只负责到卸货港而不负责转运的卖方，不能在卸货港栏加填，以说明卖方只负责到卸货港，以后再转运到何地由买方负责。

另外，对美国和加拿大内陆公共点（Overl and Common Points，O. C. P）地区出口时，卸货港名后常加注“O. C. P ××”。例如L/C规定：“Los Angeles O. C. P Chicago”，可在提单目的港栏填制“Los Angeles O. C. P”；如果要求注明最后卸货城市名称时，可在提单的空白处和唛头下加注“O. C. P Chicago”，以便转运公司转运至“Chicago”。

（7）唛头（Shipping Marks /Marks &Nos.）。如果信用证有明确规定，则按信用证缮制；如果信用证没有规定，则按买卖双方的约定，或由卖方决定如何缮制，并做到单单一致。

（8）数量和包装种类（Numbers & Kinds of Packages）。一般散装货物该栏只填“In Bulk”，大写总件数栏［Total Numbers of Containers or Packages（In Words）］可留空不填。单位件数与包装都要与实际货物相符，并在大写总件数内填写英文大写文字数目。如总件数为320 CARTONS填写在该栏项下，然后在大写总件数栏填写：“Three Hundred And Twenty Cartons Only”。如果货物包括两种及以上不同包装单位（如纸箱、铁桶），应分别填列不同包装单位的数量，然后表示件数，如下所示。

300　Cartons

400　Iron drums

700　Packages

（9）货物名称（Description of Goods）。原则上提单上的货物描述应按信用证规定填写并与发票等其他单据相一致。但若信用证上货物的品名较多，提单上允许使用类别总称来表示货物名称。如出口货物有餐刀、水果刀、餐叉、餐匙等，信用证上分别列明了各种商品的名称、规格和数量，但包装都用纸箱，提单上就可以笼统写：餐具×××Cartons。

（10）毛重和体积（Gross Weight & Measurement）。除非信用证有特别规定，提单上一般只填货物的总毛重和总体积，而不表明净重和单位体积。一般毛重均以千克表示，体积用立方米表示。

（11）运费（Freight & Charges）。信用证项下提单的运费支付情况，按其规定填写。一般根据成交的价格条件分为两种：若在CIF和CFR（Cost and Freight，成本加运费）条件下，则注明“Freight Prepaid”或“Freight Paid”；离岸价（Free on Board，FOB）条件下则填“Freight Collect”或“Freight Payable at Destination”。若租船契约提单有要求填：“Freight Payable as Per Charter Party”。有时信用证还要求注明运费的金额，按实际运费支付额填写即可。

（12）签发地点与日期（Place and Date of Issue）。提单的签发地点一般在货物装运港所在地，日期则按信用证的装运期要求，一般要早于装运期或与装运期为同一天。有时存在由于船期不准、迟航或由发货人造成迟延的情况，使实际船期晚于规定的装运期。发货人为了适应信用证规定，做到单证相符，要求船方同意以担保函换取较早或符合装运期的提单，这就是倒签提单（Ante Dated B/L）；另外，有时货未装船或船未开航，发货人为尽早获得全套单据进行议付，要求船方签发已装船提单，即预借提单（Advanced B/L）。

这两种情况是应该避免的，如果发生问题或被收货人察觉，将会造成巨大经济损失和不良影响。

(13) 承运人签章（Signed for the Carrier)。提单必须由承运人或其代理人签字才能生效。若信用证要求手签的也要照办。对于海运提单由哪些人签署才有效的问题，《跟单信用证统一惯例》(《UCP600》) 第 19 条 a (ⅰ) 款中规定签署人可以是承运人或承运人的具名代理人或代表，或船长或船长的具名代理人或代表。

(14) 正本提单的份数 [Number of/Original B (s) /L]。信用证支付方式下正本提单的签发份数一般都有明确规定。因此，一定要按信用证的规定出具要求的份数。例如信用证规定："Full set 3/3 original clean on board ocean bill of lading..." 这就表明提单签发的正本有三份，在提交给银行议付时必须是三份正本。若在提单条款上未规定份数，而是在其他地方指明："... available by beneficiary's draft at sight drawn on us and accompanied by the following documents in duplicate..." 表明信用证所要求提交的单据，当然包括提单，全都是一式两份。又如信用证规定："Full set of clean on board bill of lading issued" 此种规定没有具体表明份数，而是指"全套"，根据《UCP600》第 20 条 a (ⅳ) 款规定："系仅有的一份正本提单，或者，如果出具了多份正本，应是提单中显示的全套正本份数。" 因此，提单份数需根据实际船方签发正本的份数而定。

(15) 提单号码（B/L No.）一般位于提单的右上角，是为便于工作联系和核查承运人对发货人所发货物承运的编号。其他单据中，如保险单、装运通知的内容往往也要求注明提单号。

海运提单除上述正面的内容外，一般背面是托运人与承运人的运输条款，理论上应是托运人与承运人双方约定的事项，但实际上是承运人单方面印定的，托运人很少有修改的机会。这也是为什么说提单是双方运输契约的证明，而不能说是运输契约或合同的原因。由于各国航运公司提单的格式不同，其条款规定的内容也互不一样，内容较多。如托运人与承运人的定义、承运人责任条款、运费和其他费用条款、责任限额、共同海损等。其内容虽多，但也大同小异，可以归类。一般首要条款中要规定所适用的国际公约（如《海牙规则》《维斯比规则》和《汉堡规则》)，以便在发生争议时作为依据。

3. 装货清单

装货清单（Loading List，L/L）是船公司或其代理根据托运联单中的托运单留底联将全船待运货物按目的港和货物性质归类，依航次靠港顺序排列编制的装货单的汇总单。

装货清单是大副编制积载计划的主要依据，又是供现场理货人员进行理货、安排驳运、进出库场以及掌握托运人备货及货物集中情况等的业务单据。

4. 载货清单

载货清单（Manifest，M/F）亦称"舱单"，它是在货物装船完毕后，根据大副收据或提单副本编制的一份按卸货港顺序逐票列明全船实际载运货物的汇总清单。装货清单是待装船货物的汇总，载货清单是对已装船货物的汇总；装货清单的编制依据是托运单留底联，载货清单的编制依据是大副收据或提单副本。

载货清单是国际航运实践中一份非常重要的通用单证。载货清单的作用有：载货清单是海关对船舶所载货物进出境进行监管的单证；载货清单是港口及理货公司安排卸货的单证之一；在我国，载货清单还是出口企业在办理货物出口后，申请退税时，海关据以办理出口退税手续的单证之一；在我国，载货清单还是随船单证之一，以备中途挂港或到达卸货港时办理进口报关手续时使用。

5. 货物积载图

货物积载图（Stowage Plan）是出口货物在装船前，按货物装船顺序、货物在船上的装载位置等情况做出一个详细计划，以指导有关方面安排泊位、货物出舱、下驳、搬运等工作。

这个计划以图表形式来表示货物在船舱内的积载情况，使每一票货物在船舱内的位置都能形象具体地显示出来，该图表就是积载图。当每一票货物装船后，应重新标出货物在舱内的实际装载位置，最后绘制成一份“货物积载图”。

6. 危险货物清单

危险货物清单是专门列出船舶所载运的全部危险货物的明细表，该单主要作用是提供给港口、有关部门和船方注意危险品的作业和保管之用。

7. 提货单

提货单（Delivery Order，D/O）亦称“小提单”，是由船公司或其代理签发给提单持有人或其他指定收货人的，要求在规定时间和地点提取指定货物的单证；是收货人凭以向现场（码头仓库或场站）提取货物的凭证。

提货单的性质与提单完全不同，它只是船公司指令码头仓库或装卸公司向收货人交付货物的凭证，不具备流通及其他作用。因此，提货单上一般记有“禁止流通”（Non-Negotiable）字样。

8. 过驳清单

过驳清单（Boat Note）是采用驳船作业时，作为证明货物交接和表明所交货物实际情况的单证。过驳清单是根据卸货时的理货单证编制的，由收货人、卸货公司、驳船经营人等收取货物的一方与船方共同签字确认。

9. 货物溢短单

货物溢短单（Overlanded & Shorthanded Cargo List）是指一票货物所卸下的数量与载货清单上所记录的数量不符，发生溢卸或短卸的证明单据。货物溢短单由理货员编制，并且必须经船方和有关方（收货人、仓库）共同签字确认。

10. 货物残损单

货物残损单（Broken & Damaged Cargo List）是指卸货完毕后，根据卸货过程中发现的货物破损、水湿、水渍、渗漏、霉烂、生锈、弯曲变形等情况记录编制的，证明货物残损情况的单据。货物残损单必须经船方签认。

上述过驳清单、货物溢短单、货物残损单三种单据通常是收货人向船公司提出损害赔偿要求的证明材料，也是船公司处理收货人索赔要求的原始资料和依据。

（二）杂货班轮货运单证流转程序

（1）托运人向装运港船舶代理人（也可直接向船公司或其营业所，一般船舶代理人被称作船代）提出货物装运申请，递交托运单（B/N），填写托运联单。

（2）船公司同意承运后，其船代指定船名，核对确认S/O与B/N上的内容一致后，签发 S/O，将留底联留下后退还给托运人，要求托运人将货物及时送达指定的码头仓库。

(3) 托运人持 S/O 及有关单证向海关办理货物出口报关、验货放行手续，海关在S/O上加盖放行章后，货物准予装船出口。

(4) 装运港的船代根据留底联编制 L/L 送船方及理货公司、装卸公司。

(5) 大副根据 L/L 编制货物积载计划交代理人，代理人分送理货公司、装卸公司等按计划装船。

(6) 托运人将通过检验及报关的货物送至指定的码头仓库准备装船。

(7) 货物装船后，理货组长将 S/O 交大副，大副核实无误后留下 S/O 并签发 M/R。

(8) 理货组长将大副签发的 M/R 转交给托运人。

(9) 托运人持 M/R 到装运港船代处付清运费（预付运费情况下）换取（正本已装船）B/L。

(10) 装运港船代审核无误后，留下 M/R 并签发 B/L 给托运人。

(11) 托运人持 B/L 及有关单证到议付银行结汇（在信用证支付方式下），取得货款，议付银行将 B/L 及有关单证邮寄给开证银行。

(12) 货物装船完毕后，船公司在装运港的船代编妥出口 M/F 送船长签字后向海关办理船舶出口手续，并将 M/F 交船随带，船舶启航。

(13) 装运港船代根据 B/L 副本或 M/R 编制出口载货运费清单（Freight Manifest，F/M）连同 B/L 副本、M/R 递交船公司结算代收运费，并将卸货港需要的单证寄交卸货港船代。

(14) 卸货港船代接到船舶抵港电报后，通知收货人船舶到港日期，做好提货准备。

(15) 收货人到开证银行付清货款取回 B/L（在信用证支付方式下）。

(16) 卸货港船代根据装运港船代寄来的货运单证，编制进口载货清单及有关船舶进口报关和卸货所需的单证，约定装卸公司、理货公司，联系安排泊位，做好接船及卸货准备。

(17) 船舶抵港后，卸货港船代办理船舶进口手续，船舶靠泊后即开始卸货。

(18) 收货人持正本 B/L 向卸货港船代办理提货手续，付清应付的费用后，换取代理人签发的 D/O。

(19) 收货人办理货物进口报关、报检手续，支付进口关税及相关费用。

(20) 收货人持 D/O 到码头仓库或船边提取货物。

六、集装箱班轮运输业务单证及货运流程

（一）集装箱整箱货运业务主要单证

1. 出口货运代理委托书

出口货运代理委托书（Entrusting Order for Export Goods）简称委托书，它是委托方（被代理人或出口企业）向被委托方（货运代理人，一般称作货代）提出的一种“要约”，被委托方一经书面确认就意味着双方之间契约行为的成立。

货主委托货运代理人办理运输事宜的单证分两种。

(1) 基本单证：出口货运代理委托书、出口货物报关单、外汇核销单、商业发票、装

箱单、重量单（磅码单）、规格单等包装单证。

（2）特殊单证：根据国家规定，按不同商品、不同业务性质、不同出口地区需要向有关主管机关及海关交验的单证。例如，出口许可证、配额许可证、产地证等。

2. 场站收据

场站收据（Dock Receipt，D/R）又称港站收据或码头收据，是国际集装箱运输专用出口货运单证，它是由承运人签发给托运人的，证明承运人已收到托运货物并对货物开始负有责任的凭证。

场站收据的归属/含义及作用如表2-1所示。

表2-1　场站收据的归属/含义及作用

各联	颜色	归属/含义	作用
第一联	白色	货主留底	早先托运单由货主缮制后将此联留存
第二联	白色	船代留底	此联盖有货主的公章，船代据以缮制载货清单，船公司据以缮制预配图
第三联	白色	运费通知（1）	船代在此联上批注运价，作为船代结算部门办理的凭据
第四联	白色	运费通知（2）	作为货代向发货人办理运费结算的参考依据
第五联	白色	装货单	又称关单，船代在此联上盖订舱章，表示确认接收订舱申请；海关凭此联接收出口报关申报，合格后在此联上盖海关放行章
第六联	浅红	场站收据副本	此联为理货单据，表示大副已代表船方接收了单据上的货物，一般由理货公司留存
第七联	黄色	场站收据正本	此联又称收货单或大副收据，在货物装船后由大副签字和批注，表示所列货物已经装上船；装船结束后，船代凭此联签发已装船提单
第八联	白色	货代留底	货代留存备查
第九联	白色	配舱回单（1）	配舱后交还发货人或货代，其凭此缮制提单
第十联	白色	配舱回单（2）	根据此联回单发货人或货代批注修改提单

3. 集装箱装箱单

集装箱装箱单是由装箱人缮制的，详细记载每一个集装箱内货物的名称、数量及箱内具体积载情况等内容的单据。集装箱装箱单有以下作用：作为发货人、集装箱货运站与集装箱码头堆场之间货物的交接单证；作为向船方通知集装箱内所装货物的明细表；单据上所记载的货物与集装箱的总重量可作为计算船舶吃水差、稳定性的基本数据；在卸货地点，是办理集装箱保税运输的单据之一；当发生货损时，是处理货损事故的原始单据之一；作为卸货港集装箱货运站安排拆箱、理货的单据之一。常见的集装箱装箱单如图2-7所示。

<table>
<tr><td colspan="4">Reefer Temperature Required
冷藏温度</td><td colspan="3" rowspan="2">CONTAINER LOAD PLAN
装 箱 单</td><td colspan="3" rowspan="2">Terminal's Copy
码头联</td></tr>
<tr><td>Class
等级</td><td>IMDG Page
危规页码</td><td>UN No.
联合国编号</td><td>Flashpoint
闪点</td></tr>
<tr><td colspan="4">Ship's Name / Voy. No.　船名 / 航次</td><td>Port of
Loading
装港</td><td>Port of
Discharge
卸港</td><td>Place
Delivery
交货地</td><td colspan="3">SHIPPER'S/PACKER'S DECLARATIONS:
We hereby declare that the container has been thoroughly cleaned without any evidence of cargoes of previous shipment prior to vanning and cargoes has been peoperly stuffed and secured.</td></tr>
<tr><td colspan="4">Container No. 箱号</td><td>Bill of Lading
No.
提单号</td><td>Packages&
Packing
件数与包装</td><td>Gross Weight
毛重</td><td>Measurements
尺码</td><td>Description of
Goods
货名</td><td>Marks&
Numbers
唛头</td></tr>
<tr><td colspan="4">Seal No. 封号</td><td rowspan="4"></td><td rowspan="4"></td><td rowspan="4"></td><td rowspan="4"></td><td rowspan="4"></td><td rowspan="4"></td></tr>
<tr><td colspan="2">Cont. Size 箱型
20′　40′　45′</td><td colspan="2">Cont. Type　箱类
GP=普通箱 TK=油罐箱
RF=冷藏箱 PF=平板箱
OT=开顶箱 HC=高箱
FR=框架箱 HT=挂衣箱</td></tr>
<tr><td colspan="4">ISO Code For Container Size / Type
箱型 / 箱类 ISO 标准代码</td></tr>
<tr><td colspan="4">Packer's Name / Address.
装箱人名称 / 地址
TEL No. 电话号码</td></tr>
<tr><td colspan="4">Packing Date　装箱日期</td><td>Received By
Drayman
驾驶员签收
及车号</td><td>Total Packages
总件数</td><td>Total Cargo Wt
总货重</td><td>Total Meas
总尺码</td><td colspan="2" rowspan="2">Remarks 备注</td></tr>
<tr><td colspan="4">Packing BY　装箱人签名</td><td colspan="2">Received By Terminals / Date of Receipt
码头收箱签收/收箱日期</td><td>Cont. Tare Wt
集装箱皮重</td><td>Cgo/Cont
Total Wt
货/箱总重量</td></tr>
</table>

图 2－7　常见的集装箱装箱单

4. 集装箱预配清单

船公司为管理集装箱而设计的一种单据，非各港口都使用。货主或货运代理人在订舱时或一批一单，或数批分行列载于一单，按订舱单内容缮制后随同订舱单送船公司或其代理，船公司配载后将该清单发给空箱堆存点，据以核发设备交接单及空箱之用。

5. 集装箱发放通知单

集装箱发放通知单（Container Release Order），又称空箱提交单（Equipment Dispatch Order），是船公司或其代理指示集装箱堆场将空箱及其他设备提交给本单持有人的书面凭证。船公司或其代理根据订舱单向货主（整箱货运输时）或集装箱货运站（拼箱货运输时）签发发放通知单并通知集装箱堆场，在货主或集装箱货运站向集装箱堆场提空箱时需出示该单证，而集装箱堆场只向持有本单证的人发放空箱。该单证一式三联，由船公司或其代理签发，除自留一联备查外，货主或集装箱货运站和集装箱堆场各持一联。

6. 集装箱设备交接单

集装箱设备交接单（EIR）是集装箱所有人或其代理人签发的用以进行集装箱及其他设备的发放、收受等移交手续并证明移交时箱体状况的书面凭据。该单证兼有发放集装箱的凭证功能，所以它既是一种交接凭证，又是一种发放凭证。设备交接单一式六联：前面三联即空箱联用于出场，印有“出场 OUT”字样，后面三联即重箱联用于进场，印有“进场 IN”字样。

在集装箱出口货运业务过程中，用箱人、运箱人先到集装箱所有人指示的码头或堆场提取空箱，装箱后又将装有货物的重箱交到装运港码头或堆场；在集装箱进口货运业务过程中，用箱人、运箱人先到卸货港码头或堆场提取装有货物的重箱，拆箱后又将空箱交还到指定的码头或堆场。

集装箱设备交接单的流转过程如下。

（1）船公司填制 EIR（六联）交用箱人或运箱人。

（2）在集装箱出口货运业务中：用箱人或运箱人到码头或堆场提取空箱时出示 EIR（OUT 三联），由经办人员对照 EIR 检查集装箱外表状况后，双方签字，码头或堆场留下码头或堆场联、船公司或其代理联，将用箱人或运箱人联退还给用箱人或运箱人，码头或堆场将留下的船公司或其代理联交还给船公司；当用箱人装箱后交还重箱给码头或堆场时出示 EIR（IN 三联），由经办人员对照 EIR 检查箱体后，双方签字，码头或堆场留下码头或堆场联、船公司或其代理联，将用箱人或运箱人联退还给用箱人或运箱人，码头或堆场将留下的船公司或其代理联交还给船公司。

（3）在集装箱进口货运业务中：用箱人或运箱人到码头或堆场提取重箱时出示 EIR（OUT 三联），由经办人员对照 EIR 检查集装箱外表状况后，双方签字，码头或堆场留下码头或堆场联、船公司或其代理联，将用箱人或运箱人联退还给用箱人或运箱人，码头或堆场将留下的船公司或其代理联交还给船公司；当用箱人拆箱后交还空箱给码头或堆场时出示 EIR（IN 三联），由经办人员对照 EIR 检查箱体后，双方签字，码头或堆场留下码头或堆场联、船公司或其代理联，将用箱人或运箱人联退还给用箱人或运箱人，码头或堆场将留下的船公司或其代理联交还给船公司。马士基中国航运有限公司集装箱设备交接单如图 2-8 所示。

马士基中国航运有限公司　IN 进场

集装箱发放/设备交接单

EQUIPMENT INTERCHANGE RECEIPT

NO. ×××××××

用箱人/运箱人（CONTAINER USER/HAULIER）		提箱地点（PLACE OF DELIVERY）	
来自地点（DELIVERED TO）		返回/收箱地点（PLACE OF RETURN）	
航名/航次 （VESSEL/VOYAGE NO.）	集装箱号 （CONTAINER）	尺寸/类型 （SIZE/TYPE）	营运人 （CNTR. ORTR.）
提单号 （B/L NO.）	铅封号 （SEAL NO.）	免费期限 （FREE TIME PERIOD）	运载工具牌号 （TRUCK WAGON. BARG NO.）
出场目的/状态 （PPS OF GATE-OUT/STATUS）		进场目的/状态 （PPS OF GATE-IN/STAUS）	出场日期 （TIME-OUT）
出场检查记录（INSPECTION AT THE TIME OF INTERCHANGE）			
普通集装箱 （GP CONTAINER）	冷藏集装箱 （RF CONTANINER）	特种集装箱 （SPECIAL CONTAINER）	发电机 （GEN SET）
□ 正常 □ 异常	□ 正常 □ 异常	□ 正常 □ 异常	□ 正常 □ 异常

损坏记录及代号（DAMAGE & CODE）　BR 破损（BROKEN）　D 凹损（DENT）　M 丢失（MISSING）　DR 污箱（DIRTY）　DL 危标（DG LABEL）

左侧（LEFT SIDE）　右侧（RIGHT SIDE）　前部（FRONT）　集装箱内部（CONTAINER INSIDE）

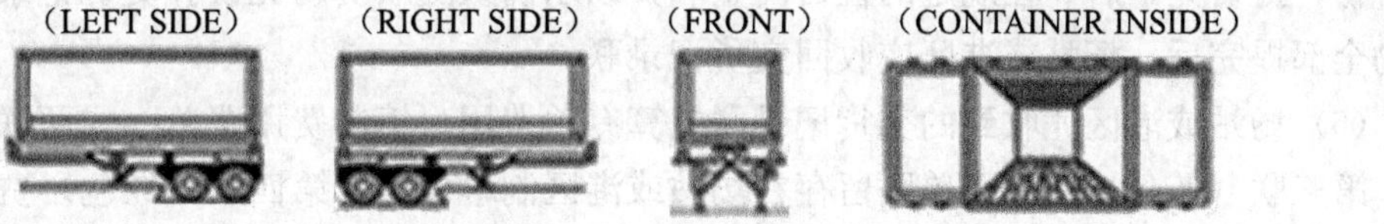

顶部（TOP）　底部（FLOOR BASE）　箱门（REAR）

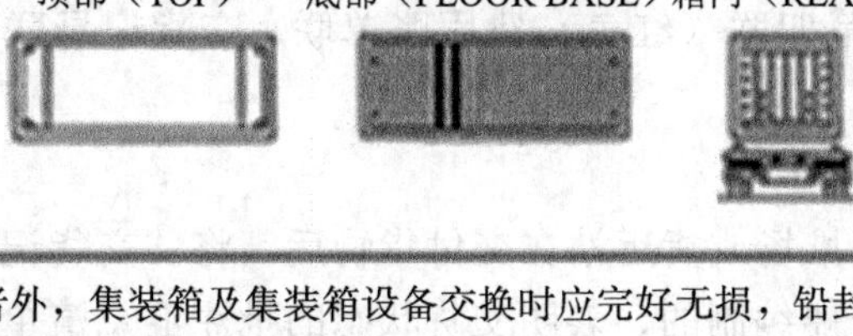

如有异状，请注明程度及尺寸（REMARK）

除列明者外，集装箱及集装箱设备交换时应完好无损，铅封完整无误。

THE CONTAINER/ASSOCIATED EQUIPMENT INTERCHANGED IN SOUND CONITION AND SEAL AINTACT UNLESS OTHERWISE STATED

用箱人/运箱人签署（CONTAINER USER/HAULIER SIGNATURE）　码头/堆场值班员签署（TERMINAL/DEPOT CLERKS SINGATURE）

图 2－8　马士基中国航运有限公司集装箱设备交接单

7. 危险货物清单

危险货物的托运人在托运危险货物时，必须根据有关危险货物运输和保管的法规事先向船公司或其代理提交危险品清单（Dangerous Cargo List）。危险品集装箱清单是在危险品集装箱装船完毕后，由船公司或其代理专门列出的船舶所载运危险品集装箱及货物的汇总单。

8. “交货记录”联单

在集装箱班轮运输中普遍采用“交货记录”联单以代替杂货班轮运输中使用的提货单。“交货记录”联单的性质实质上与提货单一样，仅仅是组成和流转过程方面有所不同。

“交货记录”联单标准格式一套共五联：第一联（白色）为到货通知书；第二联（白色）相当于杂货班轮运输中的提货单；第三联（蓝色）、第四联（红色）为费用账单；第五联（白色）为交货记录。

“交货记录”联单流转程序如下。

（1）船舶代理人在收到进口货物单证资料后，缮制“交货记录”联单，并向收货人或其代理人发出到货通知书联。

（2）收货人或其代理人在收到到货通知书联后，凭正本提单（背书）向船舶代理人换取后四联。船舶代理人收回提单，在提货单联上盖章。

（3）收货人或其代理人持提货单联及其他货物报关资料向海关申报。海关验放后在提货单联上盖放行章。

（4）收货人或其代理人持后四联到场站或港区营业所办理提货。场站或港区核对无误后，将提货单和费用账单联留下，作为放货、结算费用的依据。在交货记录联上盖章退给收货人或其代理人。提货完毕后，提货人应在规定的栏目内签名，完成货物的交接，承运人对货物的责任终止。

（5）收货人或其代理人凭场站或港区已盖章的交货记录联到场站仓堆场或港区仓库提取货物，提货完毕后，在规定的栏目内签名，以示确认提取货物无误。交货记录联上所列货物全部提完后，场站或港区应收回交货记录联。

（6）场站或港区凭收到的交货记录联核算有关费用。填制费用账单一式两联，结算费用。第三联（蓝色）费用账单联留存在场站或港区制单部门，第四联（红色）费用账单联作为向收货人收取费用的凭证。

（7）港区或场站将提货单联及第四联（红色）费用账单联、交货记录联留存归档备查。

9. 卸货报告或拆箱报告

卸货报告或拆箱报告，是集装箱堆场或货运站在交付货物后，将“交货记录”联单中记载的批注，按载货不同的船舶分船编制的、表明交货状态的批注汇总清单。卸货报告或拆箱报告是船公司理赔的重要依据。在集装箱堆场或货运站完成了整箱货或拼箱货的交付后，须及时汇集“交货记录”联单上所作的批注，缮制卸货报告或拆箱报告送交船公司。

（二）集装箱整箱货运流程

1. 出口货运流程

集装箱运输的出口货运流程与传统的班轮运输出口货运流程大体相同。所不同的是增加了发放和接收空箱、集装箱的装箱和拆箱等作业流程，改变了集装箱货物的交接方式，修订与补充了一些与作业流程和交接方式相适应的单证而已。

1）订舱

发货人在备好了货物之后，要先向船公司或其代理申请舱位，谓之订舱。订舱单上要注明发货人、收货人、货物描述、装货港、目的港、箱型箱量、运费，以及其他特别申明的事项。

2）接受托运申请

船公司或其代理在收到发货人的托运申请后，根据其航线、舱位、挂靠港、运输时间等方面的因素，决定是否接受发货人的订舱。一旦接受，应给发货人一个订舱确认单（Booking Confirm）。订舱确认单除确认订舱单上的内容外，还会注明船名（Ocean Vessel）、航次（Voy. No.）、订舱编号（Booking No.）、开舱及截关时间等。然后分送集装箱码头、集装箱堆场、箱管部门等，据以办理空箱及货物交接手续。

3）发放空箱

发货人凭订舱确认单先到集装箱码头换取集装箱设备交接单（提柜纸），然后到堆场提取空箱。提箱时，发货人（或拖车行）应注意与集装箱堆场办理交接，检查箱体是否完好。

4）装箱，交还重柜

发货人自行装箱、施封，重柜交码头，码头给出“重柜入闸纸”。双方检查箱体是否完好，并在集装箱设备交接单上签字盖章确认。

5）出口报关

发货人或其代理人凭装箱清单及重柜入场证明委托报关行制作五联单，并据此向海关申请报关。海关放行后将放行条送交船公司或码头。

6）装船

船公司或码头收到海关放行条后，据此按照货物流向和装船顺序编制装船计划，待班轮靠泊后，即可顺次装船。同时据此制作装货清单、舱单、提单等文件。

7）换取提单

发货人在货物装船后，付清运费，即可领取提单。然后根据信用证的规定条件去银行结算货款。

2. 进口货运流程

1）接收有关进口货运单证

船舶在装运港装货开航后，装运港船公司或其代理将有关单证邮寄给卸货港船公司或其代理。卸货港船公司或其代理在收到有关货运单证后，对货运单证进行整理分类，然后将不同单证分发到与进口集装箱货物有关的部门和公司，如海关、检验部门以及各代理公司等。

2）发出到货通知

船公司或其代理将船舶到港时间及有关情况及时通知有关收货人。发出到货通知的方式主要有三种：信函、广告、电话。在集装箱整箱货运方式下，由于收货人较多，现行的做法是船公司每周在当地的新闻媒体上公布其船期表，以广告的方式向收货人发出到货通知。

3）签发提货单

收货人收到到货通知后，凭正本提单（通常是全套正本提单）到船公司或其代理处换取D/O。船公司或其代理在签发提货单时，首先要审核正本提单是否符合要求，收货人是否结清运费及在运输中发生的其他费用。如无异常，船公司或其代理即向收货人签发提货单。

4）报关、报检

收货人此时凭船公司签发的提货单连同其他报关单证到海关办理集装箱货物进口报关手续。海关经审核，货物可以放行，则在提货单上加盖放行章，收货人凭海关加盖放行章的提货单到集装箱码头或货运站办理提货手续。

5）办理提货手续

收货人凭海关加盖放行章的提货单到集装箱码头或货运站换取集装箱设备交接单，付清各种费用（如超期堆存费）后，便可提取货物。

（三）集装箱拼箱货运流程

集装箱拼箱货运流程与整箱货运流程大体相同，不同之处在于拼箱货物交接是在CFS，提箱、拼箱、交箱、拆箱、报关等都是委托CFS来办理的。

1. 拼箱货出口业务一般流程

（1）货主向CFS工作人员订舱托运。

（2）CFS工作人员接收拼箱货入库交接（连同报关文件）。

（3）CFS工作人员向承运人订舱、提取空箱、拼箱货装箱。

（4）制作装箱单供报关使用。

（5）拼箱重柜交码头CY，取得码头的“入闸纸”。

（6）海关放行后，通知货主。

（7）货主支付运费、杂费后，领取提单。

2. 拼箱货进口业务一般流程

（1）接收进口货物单据。

（2）通知提货人。

（3）从码头堆场提取重箱（在海关的监管下），拆箱卸货入库（海关监管仓库）后空箱交还码头CY。

（4）货主凭B/L向承运人的代理换取D/O。

（5）货主（或委托CFS工作人员）报关、报检。

（6）海关放行后，收货人凭D/O及海关放行条在CFS提取货物，提货前应结清相关费用，如超期仓租费。

第三节 租船运输业务流程

租船运输是根据租船合同组织的，主要从事大宗货物的运输，如谷物、矿石、煤炭、木材、砂糖、化肥、水泥等，它们一般都是整船装运的。租船运输的运费或租金水平的高低，直接受签订租船合同时国际租船市场行情波动的影响。世界的经济状况、船舶运力供求关系的变化、季节性气候条件的不同及国际政治形势等，都是影响运费或租金水平高低的主要因素。

一、租船方式

租船运输是根据承租人对运输的要求而安排的船舶营运方式。因此，根据承租人不同的营运需要，就有不同的租船方式。其中较为主要的是航次租船和定期租船。随着国际经济贸易和海上运输的发展变化，又出现了包运租船、航次期租船和光船租船等不同的租船方式。

（一）航次租船

航次租船又称航程租船或程租船，是指船舶所有人（出租人或船东）提供一艘特定的船舶在指定的港口之间进行一个或数个航次运输指定货物的租船方式。承租人所租用的船舶，其航次可以是单程的，也可以是双程的，由承租人根据需要而定。签订一份租船合同时，如果合同规定船舶被租用数个航次，则称为连续航次租船合同。

（二）定期租船

定期租船又称期租船，是指船舶所有人（出租人或船东）提供一艘特定的船舶给承租人使用一段时期的租船方式。租期的长短主要由承租人根据其需要使用的时间及其对租船市场船舶运力供求关系和租金水平的变化趋势的分析结果而定。

（三）包运租船

包运租船是 20 世纪 70 年代国际上新发展起来的一种租船方式。这种租船方式所签订的合同称为包运租船合同。所谓包运租船，是指船舶所有人（出租人或船东）提供给承租人一定的运力（船舶载重吨），在确定的港口之间，在事先约定的时间内及约定的航次周期和每航次较均等的货运量完成合同规定的总运量的租船方式。承租人支付的运费根据双方商定的运费率和完成的总运量计算。船舶所承运的货物主要是货运量大的干散货或液体散装货。由于这种方式下合同的性质、有关费用和风险的划分，基本上与航次租船方式相同。因此，国际上一些航运界人士认为包运租船是航次租船派生出来的一种租船方式。

（四）航次期租船

航次期租船是目前国际上存在的以定期租船为基础的航次租船方式，即船舶按航次整船租赁，但租金按实际使用的天数计算，故又称“日租租船”（Daily Charter），也有人把它叫作期租航次租船。

（五）光船租船

光船租船也是一种定期租船方式，是船舶所有人（出租人或船东）将一艘特定的船舶提供给承租人使用一个时期的租船方式。但是，船舶所有人所提供的这艘特定的船舶是一艘没有配备船员的空船。承租人接收了这艘船舶后还要为船舶配备船员才能使用，而且船员的给养、船舶的营运管理及一切费用都由承租人负责。严格地说，光船租船不属于承揽运输方式，而是一种财产的租赁，即承租人从船舶所有人那里租用船舶这一运输工具。

知识链接

租船市场是指船舶所有人（出租人或船东）与承租人（租船人）根据货物运输的需要和可能，相互洽商船舶租赁交易的场所。这是狭义的租船市场概念。广义的租船市场则是船租双方洽商船舶租赁交易形成的社会生产关系的总和。

1. 租船市场的特点

(1) 租船市场不一定有固定的场所，其业务活动可以通过电信业务来完成。

(2) 在租船市场，有船东、船舶租赁经纪人、租船代理人、租船人等当事人。船舶租赁，一般通过租船经纪人来进行。

(3) 根据国际惯例，代表船方的船舶租赁经纪人和代表货方的租船代理人的佣金，都由船公司支付，一般为运费的2.5%，双方各拿1.25%。

2. 国际主要租船市场

(1) 英国伦敦租船市场。伦敦的波罗的海商业航运交易所是世界上规模巨大的散杂货租船市场，主要是租赁杂货船。伦敦租船市场的行情是其他租船市场的晴雨表。

(2) 美国纽约租船市场。纽约租船市场是世界第二大租船市场，主要是经营油轮和干散货船租赁业务。它没有统一固定的场所，主要通过电信进行业务活动。

(3) 奥斯陆、斯德哥尔摩和汉堡租船市场。主要是租赁一些特殊船舶，如冷藏船、液化石油气船、滚装船等，主要是定期租船。

(4) 日本东京、中国香港和远东租船市场。主要是短程近洋船的租赁，也是规模巨大的拆船市场。

二、租船程序

租船程序与国际贸易的商品交易一样，也有询盘、报盘、还盘、接受和签订合同五个环节。在租船市场上，由需要船舶的租船人和提供船舶运力的船东通过租船经纪人（即船舶租赁经纪人和租船代理人）互通情况，讨价和还价，最后成交并签订合同。

（一）询盘（Inquiry）

询盘是在报价之前双方互通情况的联系活动，也可以说是报价的前奏。询盘的作用是让对方知道发盘人的大致需求，内容简单扼要。

租船人的询盘目的是为货物寻找合适的船舶。询租程租船的内容一般包括数量、货物种类、包装、装卸港口、受载期、装卸率、滞期费、速遣费、佣金以及船东是否负责装卸；询租期租船的内容一般包括船舶类型、载重吨、船龄、吊杆船具、租期、交船地点、还船地点、交船期、航行范围、佣金等。

船东询盘的目的是为船舶寻找合适的货载，其主要内容一般包括：船舶类型、船名、船籍、载重吨、散装和包装容积、船舶供租的位置和时间以及出租方式等。

询盘可以向租船经纪人发出，经纪人将这些要求转告船东或租船人，要求他们做出答复。

（二）报盘（Offer）

在租船过程中，一般由船东首先报盘。

报盘的内容只包括主要的可变项目。因为租船合同条款多达几十条，不可能在报盘中开列很多的条款。为了解决洽谈中的困难，租船人都是事先拟制好自己的租船合同范本，分送给租船经纪人或船东，待正式报盘时使用。在租船合同范本中，凡是特定的可变项目都是空着的，例如，船东名称、船名、货名、数量、装卸港口、受载期和运费等留待洽租时具体商订。每次洽租时，首先开列主要租船条件，而将次要租船条件留待主要租船条件达成协议后，再另行商议。

报盘有实盘和虚盘之分。实盘是指报盘中的条件不可改变，并在有效的时间内接受才能有效，否则无效。虚盘是有条件的报盘，这种报盘的有效性必须以满足某种条件为前提。常见的条件有：以船未租出为条件；以未订妥船为条件；以再确认为条件；以发货人所能接受的船舶的受载期为条件；其他条件，如以船东董事会批准为条件等。

（三）还盘（Counter Offer）

在接受对方报盘中部分条件的同时，指出自己不同意的条件就是还盘。在还盘时，先要仔细审查对方报盘的内容，看哪些可以接受，哪些需要修改，哪些需要补充，哪些需要删掉，哪些不清楚，都要提出和明确。如果对方报价完全不能接受或者可以接受的条件很少，也可采用报盘方式来回答，要求对方还盘。

还盘也有实盘和虚盘之分，对于每一个还盘都要分清对方还的是实盘还是虚盘，同时要重视规定的有效时间，必须按时答复。

（四）接受（Acceptance）

船东和租船人经过反复多次还盘后，双方对合同主要条款意见达成一致，即最后一次还实盘的全部内容被双方接受，就算成交。当然，有效的接受必须在发盘或还盘的时限之内。如时限已过，则欲接受一方必须要求另一方再次确认才算生效。

根据国际上通常的做法，接受订租后，双方当事人应签署一份“订租确认书”（Fixture Note）。订租确认书无统一的格式，但其内容应详细列出船东和租船人在洽租过程中双方承诺的主要条款。订租确认书经船东、租船人和租船经纪人签字后每人保存一份备查。

（五）签订合同（Conclusion of Charter Party）

正式的租船合同实际是在订租确认书条款被双方接受后开始编制的。双方签认的订租确认书，实质就是一份供双方履行承诺的简式的租船合同。签认订租确认书后，紧接着，船东还应按照已达成协议的内容编制正式的租船合同，送交租船人。租船人接到船东编制的租船合同后，应进行详细的审核，如发现和原协议内容不相符之处，应及时向船东提出异议，并制订补充条款，要求船东修改、更正。如果租船人对船东编制的租船合同没有异议，即可签署。

三、租船合同（Charter Party）

租船合同亦称租约，是当事人双方，即船东和租船人按照自愿的原则达成的运输契约。合同规定当事人双方的权利与义务、责任和豁免等条款，以明确双方经济和法律关系。

按租船的方式不同，租船合同主要分为航次租船合同、定期租船合同和光船租船合同三种。航次租船合同属货物运输合同，定期租船合同和光船租船合同则属于船舶租用合同。

1. 航次租船合同

航次租船合同是指船东向租船人提供船舶或者船舶的部分舱位，装运约定的货物，从一港运至另一港，由租船人支付约定的运费的合同。

航次租船合同的内容主要包括船东和租船人的名称、船名、船籍、载重吨、容积、货名、装卸港和目的港、受载期、装卸期、运费、滞期费、速遣费、装卸费用分担以及其他有关事项。

运费是船东提供运输服务的应得报酬，也是租船人必须履行的义务。运费有的按载重吨数计算，即规定运费率（Rate of Freight）；有的以包干运费计算，即规定整船包干运费（Lump Sum Freight）。运费的支付方式可分预付运费和到付运费两种，也有采用运费部分预付部分到付的折中方式。

直接影响运费多少的是装卸费用的分担。通常有以下几种划分装卸费用的方法。

(1) FIO（Free In and Out），即船东不负担装卸费用。同时要明确理舱（Stow）费用和平舱（Trim）费用由谁来负担，即FIOS［船东不负担装货、卸货及堆装（积载）费用］或FIOT（船东不负担装货、卸货及平舱费用）或FIOST［船东不负担装货、卸货、堆装（积载）及平舱费用］。

(2) FO（Free Out），即船东负担装货费用，但不负责卸货费用。

(3) FI（Free In），即船东负担卸货的费用，但不负责装货的费用。

(4) Gross Terms（也叫Liner Terms），即船东负担装卸的费用（又称班轮条款）。

2. 定期租船合同

定期租船合同是指船东向租船人提供约定的由船东配备船员的船舶，由租船人在约定的期间按照约定的用途使用并支付租金的合同。

定期租船合同的内容主要包括船东和租船人的名称、船名、船籍、载重吨、容积、船速、燃料消耗、航区、用途、交船和还船的时间和地点以及条件、租金及其支付方式，以及其他有关事项。

租船人为使用船舶而付出的代价叫租金，一般规定按整船每天若干金额计算，或按每月每载重吨船若干金额计算。租金通常预付半个月或一个月，租船人须按时支付租金，若在支付租金到期之日没有支付租金或虽已支付租金但金额少于应付的金额，船东有权撤船和解除合同，同时还有权对承租人提出索赔要求，赔偿船东因此遭受的损失。

3. 光船租船合同

光船租船合同，是指船东向租船人提供不配备船员的船舶，在约定的期间由租船人占有、使用和营运，并向船东支付租金的合同。光船租船合同纯粹是一种财产租赁合同，它并不具有运输合同的性质。

光船租船合同的内容，主要包括船东和租船人的名称、船名、船籍、船级、载重吨、容积、航区、用途、交船和还船的时间和地点以及条件、船舶检验、船舶的保养维修、租金及其支付方式、船舶保险、合同解除的时间和条件等其他有关事项。

四、租船合同格式

租船是通过租船人和船东签订租船合同实现的。租船人和船东之间订立租船合同是一项很细致的工作。为了各自的利益，在订立租船合同时，必然要对租船合同的条款逐项推敲。这样，势必造成旷日持久的谈判，不利于迅速成交。为了简化和加速签订租船合同的进程和节省为签订租船合同所花的费用，也为了能通过在合同中列入一些对自己有利的条款，以维护自己一方的利益，在国际航运市场上，一些航运垄断集团，大型船公司或大的货主均制定了一些租船合同格式，供双方签约时选用。

租船合同格式种类很多，因租船方式的不同有航次租船合同格式、定期租船合同格式和光船租船合同格式等；根据是否得到公认和广泛采用分为标准租船合同格式、非标准租船合同格式和厂商租船合同格式等。当前租船市场比较有影响的标准租船合同格式如下。

（一）标准航次租船合同格式

(1)“统一杂货租船合同”（Uniform General Charter Party），简称“金康”（GENCON）。

(2)“威尔士煤炭租船合同”（Chamber of Shipping Walsh Coal Charter Party）。

(3)“巴尔的摩C式租船合同”（Baltimore Berth Charter Party Steamer 〈form C〉 1913）。

(4)“C（矿石）7租船合同”（C〈ore〉7 Charter Party）。

(5)“澳大利亚谷物租船合同”（Australian Grain Charter Party）。

(6)“古巴食糖租船合同”（Cuba Sugar Charter Party）。

(7)“太平洋沿岸谷物租船合同”（Pacific Coast Grain Charter Party）。

(8)“油轮航次租船合同”（Tanker Voyage Charter Party）。

(二) 标准定期租船合同格式

(1)“统一定期租船合同”(Uniform Time Charter Party)，简称“波尔的姆”(Baltime)。

(2)“纽约土产交易所定期租船合同”(New York Produce Exchange Time Charter Party)，简称“土产格式”(Produce Form)。

(3)“中国租船公司定期租船合同”，简称“SINOTIME 1980”。

第四节　国际海上货物运费计收

一、班轮运输运价与运费

(一) 班轮运价

班轮运费是承运人承运货物而收取的报酬，而计算运费的单价（或费率）则称班轮运价。班轮运费的收取包括货物从起运港到目的港的运费以及货物在起运港和目的港的装卸费用。班轮运价一般是以运价表的形式公布的，是比较固定的，是垄断性价格。

(二) 班轮运价表

班轮运价表一般包括以下一些内容。

(1) 货物分级表。列明各种货物所属的运价等级和计费标准。

(2) 航线费率表。列明不同航线及不同等级货物的基本运费率。

(3) 附加费率表。列明各种附加费及其计收的标准。

(4) 冷藏货费率表及活牲畜费率表。列明各种冷藏货物和活牲畜运费的计费标准及费率。

(5) 说明及有关规定。主要是该运价表的适用范围、计价货币、计价单位及其他的有关规定。

(6) 港口规定及条款。主要是将一些国家或地区的港口规定列入运价表内。

我国目前主要使用的运价表有以下 3 个。

(1) 中国远洋运输（集团）总公司的六号运价表，属于等级运价表。该表把所有的货物分成 20 个等级。

(2) 中国租船公司二号运价表，适用于国外轮船公司或我国租船承运货物。

(3) 华夏公司三、四号运价表，适用于班轮公司承运或运往美国的货物。

(三) 班轮运价的计算标准

(1) 按货物的毛重计收。在运价表中，以“W”(Weight) 字母表示。一般以 1 吨为计算单位。

（2）按货物的尺码或体积计收。在运价表中，以“M”（Measurement）字母表示。一般以1立方米为计算单位。

（3）按货物的毛重或体积数量较高者计收。在运价表中，以“W/M”字母表示。

（4）按货物的价格计收运费，又称从价运费。在运价表中，以“Ad. val”表示。一般按商品FOB货价的百分之几计算运费。按从价计算运费的，一般都属高值货物。

（5）按货物重量、体积或价值三者中最高的一种计收，在运价表中以“W/M or Ad. val”表示。也有按货物重量或体积计收，然后加收一定百分比的从价运费。在运价表中，以“W/M Plus Ad. val”表示。

（6）按货物的件数计收。

（7）大宗低值货物，按议价计收运费（Open Rate）。

（8）按起码费率（Minimum Rate）计收，是指按每一提单上所列的重量或体积所计算出的运费，尚未达到运价表中规定的最低运费金额时，按最低运费计收。

（四）班轮运费的计算

班轮运费由基本运费和各种附加费所构成。

基本运费是指货物从装运港到卸货港所应收取的基本运费，它是构成全程运费的主要部分。

附加费是指对一些需要特殊处理的货物，或者突发事件的发生或客观情况变化等原因使运输费用大幅增加，船公司为弥补损失而额外加收的费用。

附加费的种类很多，而且随着客观情况的变化而变化。如超重附加费、超长附加费、燃油附加费、港口附加费、绕航附加费、转船附加费、直航附加费、装卸附加费、货币贬值附加费等。

各种附加费的计算方法主要有两种：一种是以百分比表示，即在基本费率的基础上增加一个百分比；另一种是用绝对数表示，即每运费吨或每集装箱增加若干金额，可以与基本费率直接相加计算。

（五）班轮运费的计算方法

1. 班轮运费的计算

计算班轮运费，一般可使用以下计算公式。

（1）当已知条件为附加费率时

$$班轮运费=基本费率\times运费吨\times（1+附加费率）$$

（2）当已知条件为附加费时

$$班轮运费=基本费率\times运费吨+附加费$$

2. 班轮运费的计算步骤

（1）审查托运人提供的货物名称、重量（是否超重）、尺码（是否超长）、装卸港口、是否需要转船以及卸货港的选择等。

（2）根据货物名称，从货物分级表中查出该货物的运费所属等级、计算标准。

（3）查找所属航线的等级费率表，找出该等级货物的基本费率。

（4）查出各附加费的费率及计算方法。

（5）根据以上内容，将各项数据代入班轮运费计算公式予以计算。

【例 2-1】 某企业出口柴油机一批，共 15 箱，总毛重为 5.65 吨，总体积为 10.676 立方米，在青岛装上轮船，经中国香港转船至苏丹港，试计算某企业应付船公司多少运费？

解：（1）按柴油机的英文名称 Diesel Engine 查阅货物分级表，柴油机属于 10 级，计算标准为 W/M。

（2）在中国内地—中国香港航线费率表中查出 10 级货从青岛运至中国香港的费率为每吨 22 美元，中国香港中转费为每吨 13 美元。

（3）再从中国香港—红海航线费率表中出查出 10 级货的费率为 95 美元。

（4）最后查附加费率表了解到苏丹港要收港口拥挤附加费，费率为基本运费的 10%。

由于该批货物的尺码吨（10.676 运费吨）较重量吨（5.65 运费吨）高，而其计费标准为W/M，应按尺码吨计算。因此，该批货物每运费吨的运费应为：22＋13＋95＋95×10%＝139.5（美元），共需支付总运费＝10.676×139.5＝1489.302（美元）。

二、航次租船的运费计收

航次租船的运费，是租船人支付给船东或租船纪经人的报酬。双方在洽谈航次租船合同时，运费的费率、计费标准、计费方法、计费币种和运费的支付方式都是重要的洽谈内容，并有专门条款作出规定。

（一）航次租船运费的支付方式

航次租船运费的支付方式通常有预付运费、到付运费以及运费部分预付和部分到付三种。

航次租船中，在装货港支付运费称为预付运费，在卸货港支付运费称为到付运费。至于在装货港和卸货港支付运费的具体时间，根据船方与租方在航次租船合同中具体作出的约定来确定。运费部分预付和部分到付是预付方式和到付方式的结合，即部分运费在装货港支付，部分运费在卸货港支付，其目的是让船方和租方共同承担运费风险。

应该指出，航次租船的运费，不论采取哪一种支付方式，合同中规定的运费支付时间应该是指船方收到运费的日期，而不是租方付出款项的日期。

（二）航次租船运费的估算方法

航次租船的费率是在对某一船舶具体的固定费用和该船某一航次可能发生的变动费用事先作出估算的情况下，求出该船舶每营运吨天的固定费用和航次费用，乘以该合同航次的可能需要的航次天数，再加上预期的盈利估算得出的，它是洽谈运费水平的依据。

1. 日租租船运费的估算

日租租船是航次租船的一种特定形式，根据具体的船舶及航线的情况按以下两式计算得出的每营运吨天固定费用和每营运吨天航次费用，两者之和即是船舶每营运吨天运费的下限，再考虑港口的装卸效率、船方应负担的其他费用、利润率及市场的竞争情况等因素确定船舶每营运吨天的费率，即可估算出日租租船运费。计算公式如下。

每营运吨天固定费用＝（船舶投资费用＋船舶维持费用＋一般管理费）÷（计划营运天数×船舶载重吨）

每营运吨天航次费用＝（燃油费＋港口使用费＋其他费用）÷（航次天数×船舶载重吨）

2. 航次租船运费的估算

通常航次租船的运费都是按照合同约定的装载货物的数量和约定的费率来计算的。此时，按下式计算可得每吨货物的运费的下限，再考虑适当的利润率和船方应负担的其他费用及市场竞争情况等，即可估算出作为洽谈依据的航次租船运费水平。计算公式如下。

每吨货物的运费＝［（每营运吨天固定费用＋每营运吨天航次费用）×航次天数］÷合同货物数量

3. 包运租船运费的估算

包运租船是指不问装载货物数量多少，按船舶载重吨数计收运费的租船方式。在这种情况下，估算包运租船的运费就更为简单。计算公式如下。

包运租船的运费＝日租租船的估算运费×估计航次天数×船舶载重吨

（三）滞期费和速遣费

在租船运输情况下，船舶在港口停留时间的长短将直接影响船舶的运转周期，直接关系着船东利益。因此租船合同中不仅对货物的装卸时间有明确的规定，另外还有滞期费和速遣费的相关内容，以督促租船人尽快装卸。

1. 滞期费

滞期费是指当租船人未能在合同规定的装卸时间内将货物全部装完或卸完，为了完成货物装卸，船舶还需要在港口停泊时，租船人按规定的滞期费率向船东支付的费用。

滞期费率以本船定期租金的费率为基础，滞期费按滞期时间和规定的滞期费率计算。当船舶滞期时间过长，可能会使船东遭受更大损失时，船东还可在规定的滞期时间以外要求租船人支付滞留损失赔偿金。

2. 速遣费

速遣费是租船人在合同约定的装卸时间之前，提前结束货物的装卸作业后，由船东付给租船人的奖励费。按照国际惯例，速遣费按滞期费的50%计算。

实　训

一、实训目的

1. 掌握班轮运输的业务流程。
2. 熟悉班轮运输货运单据流转步骤。

二、实训内容

将学生分组并为其分配相应角色（出口企业、货代公司、船舶代理公司、海关、船长、大副、收货人），让其根据角色要求准备好相应的单证、文件，模拟操作国际海上货物运输进出口业务及单据流转的工作流程。

练习题

一、判断题

1. 重量吨和尺码吨统称为运费吨。（　）

2. 1重量吨就是1吨，1尺码吨就是1立方米。（　）

3. 按惯例，速遣费通常为滞期费的一半。（　）

4. 清洁提单是指不载有任何批注的提单。（　）

5. 货轮运费计收标准的“W/M Plus Ad. Val”是指计收运费时，应选货物重量、体积或价值三者中较高者计收。（　）

二、选择题

1.（　）不属于国际海上货物运输的特点。

A. 通过能力大　　B. 运量大

C. 运费高　　D. 易受自然条件的影响

2. 海运单是（　）。

A. 货物收据和海运合同的证明　　B. 有价证券

C. 物权证书　　D. 流通证券

3. 船方提供给租方一定吨位的运力，在确定的港口之间，以事先约定的时间、航次周期和每航次较均等的运量，完成运输合同规定的全部货运量的租船方式是（　）。

A. 航次租船　　B. 包运租船

C. 定期租船　　D. 光船租船

4. 海运提单的性质与作用主要是（　）。

A. 海运单据的唯一表现形式

B. 承运人或其代理人出具的货物收据

C. 代表货物所有权的凭证

D. 承运人与托运人之间订立的运输契约的证明

5. 无须经背书便能进行转让的提单是（　）。

A. 记名提单　　B. 不记名提单

C. 指示提单　　D. 海运单

三、计算题

我国某公司出口一批货物到伦敦港，货物共有100箱，每箱毛重50千克，体积0.04立方米，运费计算标准为M 10级，基本运费为100元人民币，加港口拥挤费率29%，请计算总运费。

第三章　国际物流陆路运输实务

学习目标

1. 了解国际公路货物运输特点、作用、经营方式。
2. 了解国际铁路货物联运出口货物运输组织工作。
3. 掌握铁路集装箱运输优势及应具备的条件。
4. 掌握集装箱运输的交接方式及交接地点。
5. 熟悉国际铁路联运出口货物交接的一般程序。

导入案例

中欧班列（重庆）：为“一带一路”的钢铁驼队满载而行

2019 年 6 月 24 日，这一年的第 963 次中欧班列（重庆）缓缓驶出团结村站，编组后，这班列车将历经 10 多天，完成 11000 多千米的行程到达德国。

班列载有通信设备、机械、汽车配件、服装、小家电、化工品、食品、医药及医药器械等，当年运载笔记本电脑的班列如今已经变成一支无所不能的钢铁驼队。

自 2011 年 1 月 28 日首趟中欧班列开行至 2019 年 6 月 24 日，运营线路已达到 20 条，辐射 11 个国家和 30 多个城市，已累计开行超过 3000 班，运送 30 多万个标准箱，货值超过 1338 亿元人民币。

随着“一带一路”“陆海新通道”和长江经济带建设推进，渝新欧大通道已成为重庆市贯彻落实“两点”“两地”的重要举措，中欧班列（重庆）已成为推进我国“一带一路”建设的重要抓手以及深化与沿线国家务实合作的重要平台。

就像不产咖啡豆的重庆借助中欧班列（重庆）成立咖啡交易中心一样，如今，包括跨境电商、整车进口等，中欧班列（重庆）已成为众多“新”产业落户重庆的催化剂。

2018 年 4 月 20 日，一批来自越南的电子产品，经南向通道铁海联运班列运抵重庆，在团结村铁路集装箱中心站完成国际物流中转，随后搭乘中欧班列（重庆）运往欧洲。这不仅是重庆首次完成铁海联运国际物流中转，也是两条国际大通道首次实现无缝衔接。

依托中欧班列（重庆），作为贸易中转站的重庆，地位越发凸显。班列的成功开行，开通了西部首条直联长江经济带的铁海国际联运战略通道，实现了中欧班列（重庆）国际铁路通道与长江黄金水道之间的铁海联运无缝衔接，推动了备受海内外关注的“一带一路”与长江经济带的交汇。实现欧洲与亚洲的陆运、空运、海运结合的多式联运：向东通过铁海联运与长江黄金水道无缝衔接，向南通过铁公、铁铁、铁海联运联通东南亚，空中则通过铁空联运辐射中国香港、首尔、东京等地处重庆 4 小时航空半径的亚洲城市。

据统计，目前，中欧班列（重庆）所承运的货源约有 50％来自重庆及西南周边地区，其他地区约占 50％。今后，欧洲、东南亚、日本、韩国等地的货物都能以重庆为原点，通过多种交通方式进行集散分拨，也将进一步发挥中欧班列（重庆）“运全球”的功能。

目前，中欧班列（重庆）除核心的国际铁路通道运输以外，已逐步展开铁铁、铁海、铁公、铁空等多式联运。中欧班列（重庆）的目的地可达欧洲以及中亚地区，主要出境口岸为阿拉山口、霍尔果斯、二连浩特、满洲里，到达越南的出境口岸为凭祥口岸。中欧班列（重庆）现已经发展成我国进出境口岸最多、开行路线最丰富、通道体系最完善的国际货运班列。

第一节　国际公路货物运输

从广义上讲，国际公路运输是指利用一定的载运工具（汽车、拖拉机、畜力车、人力车等）沿公路实现旅客或货物跨越国境（边境）的空间位移的过程。

从狭义上讲，国际公路运输（一般是指国际汽车运输）又称国际道路运输，是陆上两种基本运输方式之一，是人类交通发展史中陆路运输最初形成的运输方式。在国际货物运输中，它是不可缺少的重要运输方式，并且发挥着越来越重要的作用。

一、国际公路货物运输的特点

国际公路货物运输与其他国际货物运输方式相比较，具有以下特点。

（1）机动灵活、简捷、应急性强，能深入其他运输工具到达不了的地方。

（2）适应运送节点多、覆盖面广、零星货物，季节性强的货物运输任务。

（3）运距短、单程货源多。

（4）汽车投资少、收效快。

（5）港口集散可争分夺秒，突击抢运任务多。

（6）是空运班机、船舶、铁路衔接运输不可缺少的运输形式。

（7）随着公路现代化、车辆大型化，公路运输是实现集装箱在一定距离内门到门运输的最好的运输方式。

（8）汽车的载重量小，车辆运输时震动较大，易造成货损事故，费用和成本也比国际海上运输和国际铁路运输高。

二、国际公路货物运输的作用

（1）公路运输的特点决定了它最适用于短途运输。它可以将两种或多种运输方式衔接起来，实现多种运输方式联合运输，做到进出口货物运输的门到门服务。

（2）国际公路货物运输可以配合船舶、火车、飞机等运输工具完成运输的全过程，是港口、车站、机场集散货物的重要手段。尤其是在鲜活商品的集港、疏港、抢运中，往往能够起到其他运输方式难以起到的作用。可以说，其他运输方式往往要依赖公路运输来最终完成两端的运输任务。

(3) 国际公路货物运输也是一种独立的运输体系，可以独立完成进出口货物运输的全过程。公路运输是欧洲大陆国家之间进出口货物运输极为重要的方式。我国的边境贸易运输、港澳货物运输，其中有相当一部分是依靠国际公路货物运输独立完成的。

(4) 集装箱货物通过国际公路货物运输实现国际多式联运。集装箱由交货点通过公路运到港口装船，或者由港口通过公路运到交货点交货。例如，美国陆桥运输和中国内地通往中国香港的集装箱货物运输都可以通过国际公路货物运输来实现多式联运。

三、国际公路货物运输的经营方式

1. 公共运输企业

这种企业专业经营公路货物运输业务并以整个社会为服务对象，其经营方式有以下三种。

(1) 定期定线。不论货载多少，在固定路线上按时间表行驶。

(2) 定线不定期。在固定路线上视货载情况，派车行驶。

(3) 定区不定期。在固定的区域内根据货载需要，派车行驶。

2. 契约运输企业

这种企业通常按照承托双方签订的运输契约运送货物，契约中的托运方一般都是一些比较大的工矿企业，常年运量较大而又稳定。

3. 汽车货运代理企业

汽车货运代理企业本身既不掌握货源，也不掌握运输工具，他们以中间人的身份一边向货主揽货，一边委托运输公司托运，借此收取手续费用和佣金。

四、国际公路货物运输业务类型及类别

1. 国际公路货物运输的业务类型

我国国际公路货物运输的业务主要有以下三种类型。

(1) 公路过境运输。

(2) 我国内地与港澳地区之间的公路运输。

(3) 内陆与口岸间的公路集装箱运输。

2. 国际公路货物运输的类别

国际公路货物运输的类别包括零担与整车运输、公路集装箱运输和公路大件货物运输。

(1) 零担与整车运输。在公路运输中，如果托运人一次托运货物 3 吨以上（含 3 吨），或者不足 3 吨，但其性质、体积或形状不能和其他货物拼装，需要一辆 3 吨及以上载重的汽车运输，视为整车运输。反之，视为零担运输。

(2) 公路集装箱运输。这种运输业务主要涉及以下几个方面：国际海上集装箱运输由港口向内陆腹地的延伸运输、中转运输以及在内陆中转站进行的集装箱交接、堆存、拆

装、清洗、维修和集装箱货物的仓储、分拨等作业；国内铁路集装箱由车站至收货人发货人仓库、车间、堆场间的门到门运输及代理货物的拆箱作业；沿海、内河国国内水运集装箱由港口向腹地的延伸运输、中转运输或至货主间的短途门到门运输；城市之间干线公路直达的集装箱运输；中国内地与港澳之间及其他边境口岸出入境的集装箱运输、接驳运输以及大陆桥运输。

（3）公路大件货物运输。公路大件货物运输具有以下特点：运输对象特殊、运输供给者数量少；运输工具特殊、运输限制多；运输工作复杂、运输成本难以控制；实行预先审批、分类经营许可及通行证等制度；对管理人员专业水平要求较高。

第二节　国际铁路货物运输

铁路运输是现代运输业的主要运输方式。与其他运输方式比较，具有运输量大、速度快、安全可靠、运输成本低、运输准确性和连续性强、受气候影响较小等一系列特点。国际铁路货物运输是我国对外贸易运输中一个重要的运输方式，仅次于国际海上货物运输。

一、铁路运输的特点

（1）铁路运输具有较高的连贯性和准确性。铁路运输几乎不受气候影响，一年四季可以不分昼夜地进行定期的、有规律的、准确的运转。

（2）铁路运输速度较快。

（3）铁路运输量较大。一列货运列车一般能运送 3000～5000 吨货物，是航空运输和汽车运输不可比拟的。

（4）铁路运输成本低。铁路运输费用仅是汽车运输费用的几分之一，甚至十几分之一。

（5）初期投资大。铁路运输需要铺设轨道、建造桥梁和隧道，建路工程艰巨而复杂；需要消耗大量钢材、木材；占用土地，其初期投资远远超过其他运输方式的初期投资。

二、国际铁路货物运输在我国对外贸易中的地位和作用

（1）国际铁路货物运输是中国内地联系中国香港，开展贸易的重要运输方式，维多利亚港作为国际贸易的自由港，有通往世界各地的海运、空运定期航线，交通非常发达。所以，若想充分发挥中国香港在我国转口贸易中的作用，开展我国与世界各地的陆空联运和陆海联运，就更需要依靠铁路运输才能实现。

（2）中欧班列通过铁路把欧亚大陆连成一片，为我国与亚洲、欧洲各国之间的经济贸易联系提供了有利的条件。

（3）国际铁路货物运输在我国进出口货物的集散和省市之间物资的调拨中同样起到重要的作用。我国幅员辽阔，海运进口货物大部分通过铁路从港口运往内陆地区，海运出口货物大部分也是由内陆地区通过铁路向港口集中，因此铁路运输是我国国际货物运输的重要方式。

三、国际铁路货物联运

（一）国际铁路货物联运概述

在国际铁路货物运输中，一般会涉及两个或两个以上国家的铁路运送。因此，国际铁路货物运输主要表现为国际铁路货物联运。国际铁路货物联运是指货物在两个或者两个以上国家的铁路运送，使用一份运送单据，并以连带责任办理货物的全程运送，在一国铁路向另一国铁路移交货物时，无须发货人、收货人参加。国际铁路货物联运具有以下特点。

（1）涉及面比较广。凡是按照国际联运的相关规定办理的国际铁路货物联运，从承运起，需要涉及两个或两个以上国家、国境站。

（2）运输条件要求高。要求每批货物的运输条件（比如包装、转载、票据的编制、添附文件及车辆使用）必须符合有关国际联运的规章制度。

（3）办理手续复杂。

（4）运输责任方面采用统一责任制。

（5）使用一份铁路联运单据完成货物的跨国运输。

（6）便于在国际贸易中充分发挥铁路运输优势。

（二）国际铁路货物联运的运输限制

在国际铁路直通货物联运中，下列货物不准运送。

（1）应当参加运送的铁路的任一国家禁止运送的物品。

（2）属于应当参加运送的铁路的任一国家邮政专运物品。

（3）炸弹、弹药和军火（但狩猎和体育用的除外）。

（4）爆炸品、压缩气体、液化气体或在压力下溶解的气体、自燃品和放射性物质（指《国际铁路货物联运协定》附件第 2 号之附件 1 中 1、3、4、10 表中没有列载的）。

（5）一件重量不足 10 千克，体积不超过 0.1 立方米的零担货物。

（6）在换装联运中使用不能揭盖的棚车运送一件重量超过 1.5 吨的货物。

（7）在换装联运中使用敞车类货车运送的一件重量不足 100 千克的零担货物，但此项规定不适用《危险货物运输规则》中规定的一件最大重量不足 100 千克的货物。

下列货物，只有在参加运送的各铁路间预先商定后才准运送。

（1）一件重量超过 60 吨的。

（2）长度超过 18 米的。

（3）在换装运送中用特种平车装运的。

（4）在换装运送中用罐车装运的化学货物。

下列货物的运送必须按特殊规定办理。

（1）危险货物。

（2）押运人押运的货物。

（3）易腐货物。

（4）集装箱货物。

（5）托盘货物。

（6）不属于铁路或铁路出租的空车、重车。

（7）货捆货物。

第三节　国际铁路集装箱运输

国际集装箱运输就是以集装箱作为运输单位进行货物运输的一种现代化的、先进的运输方式。它既适合于各种运输方式的单独运输，也适合于不同运输方式的联合运输。使用集装箱运输货物，可直接在发货人的仓库装货，送到收货人的仓库卸货，中途更换车、船时，无须将货物从箱内取出换装。

知识链接

一个 20 英尺的国际标准集装箱（也被称为 20 英尺标箱）为一个 TEU（Twenty-feet Equivalent Unit），一个 40 英尺的国际标准集装箱（也被称为 40 英尺标箱）为一个 FEU（Forty-feet Equivalent Units），1 FEU＝2 TEU。

一、国际铁路集装箱运输发展

国际铁路集装箱运输是指使用国际标准或国家与部门标准的集装箱，通过铁路进行运输。为了鼓励使用集装箱，一般实行“四优先”原则，即优先管理、优先配装、优先进站、优先装车，而且不受停装和限装的限制。因此，集装箱运输因发送速度快、到达速度快而为客户所欢迎。

集装箱运输最早起源于铁路，其历史一直可以追溯到 19 世纪中叶，当时英国曾用类似集装箱的容器装运木材，美国铁路运输业也曾使用过集装箱。在当时铁路运输属于先进的运输方式，很难与其他运输方式配合，使集装箱运输方式的推广和应用受到了很大的限制。到了 20 世纪初，欧洲资本主义国家之间贸易的发展，货运量迅速增加，铁路运输得到很大发展，铁路集装箱运输也得到很大发展，由此国际铁路集装箱运输才真正开展起来。到 20 世纪 50 年代，美国铁路运输受到快速发展的公路运输的冲击，铁路运输开始采用将载有集装箱的半挂车装载在平车上的“驮背”运输方式，实现了门到门的运输。我国从 1955 年才开展集装箱运输，1980 年开始接运 20 英尺国际铁路联运集装箱。近年来，我国针对铁路集装箱运量增长缓慢的局面和铁路集装箱运输中存在的问题，优化了集装箱的箱源结构和运输结构，增加了 10 英尺、20 英尺、40 英尺国际标准集装箱的数量和运量，加快了传统集装箱运输办理站的改造和调整进度，提高了集装箱运输的整体水平，扩大了集装箱运输的规模总量，推动了集装箱运输的发展，促进集装箱运输结构全面优化升级。

铁路集装箱运输作为一种特殊的运输方式，在融入现代物流过程中有着其他运输方式所无法比拟的优势。

1. 铁路集装箱运输管理信息化

物流过程具有信息量大、交换频繁、实践性强等特点。铁路集装箱运输目前已有比较成熟的应用信息技术，例如，铁路运输管理信息系统（Transportation Management Information System，TMIS），铁路行车调度指挥系统（Dispatching Information Management System，DIMS）。铁路集装箱运输目前已有的比较成熟的应用信息系统，发挥着组织日常运输生产和确保运输安全的重要作用，这是其他运输方式无法与之相比的。

2. 铁路集装箱运输专业化

铁路集装箱运输是一种先进的运输方式，具有安全、迅速、简便等优点，同时可以节省包装费用，便于开展多式联运，实现门到门运输，便于实现运输管理现代化。因而铁路集装箱运输的发展前景广阔。铁路集装箱运输公司可以为物流企业、货运代理公司提供专业的服务。

二、我国铁路集装箱运输相关规定

（1）各类集装箱在相同箱型的集装箱办理站办理运输手续。自备集装箱，除可在相同箱型的办理站运输外，还可在经国家铁路局批准的专用线间办理运输手续。

（2）集装箱适箱货物。通用集装箱以装运贵重、易碎和怕湿货物为主，如家电、小型机械、玻璃陶瓷、建材、工艺品、文化体育用品、医药、卷烟、酒、食品、日用品、化工产品、针纺织品、小五金和其他适合集装箱运输的货物。下列货物不能使用集装箱运输：易于污染和腐蚀箱体的货物、易于损坏箱体的货物、鲜活货物、危险货物。

（3）托运的集装箱总重量不得超过该集装箱的标记总重量。

（4）集装箱不得用于军事运输。

（5）托运人托运集装箱货物，应按批提出货物运单和铁路货物运输服务订单，集装箱总重之和不得超过容许载重，铁路集装箱与自备集装箱不得按一批处理。

（6）集装箱由托运人负责，使用前必须检查箱体状态，箱体不良时，应要求承运人更换。装箱后，由托运人施封，集装箱掏箱由收货人负责。托运人、收货人也可委托承运人承担掏箱作业。集装箱掏空后应清扫干净、关闭箱门，有污染的须进行洗刷。

（7）使用自备集装箱时，收货人将同时领取自备集装箱与货物。需要向原发站回送的，收货人在领取时填写特价证明书，经到站确认后在30日内向原发站回送。承运人核收回送运费，承运人利用回送的自备集装箱运送货物至回送的到站时，免收回送运费。

知识链接

为了便于对集装箱在流通和使用中进行识别和管理，便于单据编制和信息传输，国际标准化组织制定了相关标准，即《集装箱的代号、识别和标记》[ISO 6346—1981 (E)]。国际标准化组织规定的标记有必备标记和自选标记两类，每一类标记中又分为识别标记和作业标记。具体来说，集装箱上有箱主代号；箱号或顺序号；核对数字；集装箱尺寸及类型代号（此部分不做介绍）。

1. 必备标记

1）识别标记

(1) 箱主代号。国际标准化组织规定，箱主代号由4个大写的拉丁文字母表示，前3位由箱主自己规定，第4个字母一律用U表示。

(2) 顺序号，又称箱号，由6位阿拉伯字母组成。如不是6位时，则在有效数字前用“0”补足6位。如“053842”。

(3) 核对数字。核对数字是用来核对箱主代号和顺序号记录是否准确的依据。它位于箱号后，以一位阿拉伯数字加一方框表示。

2）作业标记

(1) 额定重量和自定重量标记。额定重量即集装箱总重，自重即集装箱空箱质量（或空箱重量），ISO 688规定应以千克（Kg）和磅（Lb）同时表示。

(2) 空陆水联运集装箱标记。由于该集装箱的强度仅能堆码两层，因而国际标准化组织对该集装箱规定了特殊的标记，该标记为黑色，位于侧壁和端壁的左上角，并规定标记的最小尺寸为高127毫米、长355毫米，字母标记的字体高度至少为76毫米。

(3) 登箱顶触电警告标记。该标记为黄色底黑色三角形，一般设在罐式集装箱和位于登顶箱顶的扶梯处，以警告登顶者有触电危险。

2. 自选标记

1）识别标记

(1) 国家和地区代号，如中国用CN美国用US。

(2) 尺寸和类型代号（箱型代码）。

2）作业标记

(1) 超高标记，该标记为在黄色底上标出黑色数字和边框，此标记贴在集装箱每侧的左下角，距箱底约0.6米处，同时贴在集装箱主要标记的下方。凡高度超过2.6米的集装箱应贴上此标记。

(2) 国际铁路联盟标记。凡符合《国际铁路联盟条例》规定的集装箱，可以获得此标记。该标记是在欧洲铁路上运输集装箱的必要通行标记。

3. 通行标记

集装箱在运输过程中能顺利地通过或进入他国国境，箱上必须贴有按规定要求的各种通行标记，否则，必须办理烦琐的证明手续，集装箱的周转时间延长。

集装箱上主要的通行标记有：安全合格牌照、集装箱批准牌照、防虫处理板、检验合格徽及国际铁路联盟标记等。

三、集装箱运输的交接

（一）集装箱货物的装箱方式

集装箱货物按其装载货物所属货主，可分为整箱货和拼箱货。

1. 整箱货（Full Container Load，FCL）

整箱货是指由发货人负责装箱、计数、积载并加以铅封的货物。这种方式通常在货主有足够货源装载一个或数个整箱时采用。

整箱货的拆箱，一般由收货人办理，也可以委托承运人在货运站拆箱。承运人不负责箱内的货损、货差，除非货方举证确属承运人责任造成的损害，承运人才负责赔偿。承运人对整箱货以箱为交接单位，只要集装箱外表与收箱时相似且铅封完整，就视承运人已完成了承运责任。整箱货运单上要加上“委托人装箱、计数并加铅封”的条款。

2. 拼箱货（Less Than Container Load，LCL）

拼箱货是指不满一整箱的小票货物。承运人（或其代理人）接受货主托运的货物数量不足整箱的小票货物后，根据货物的性质和目的进行分类整理，把去往同一目的地的货物集中到一定数量，拼装入箱。由于一个箱内有不同货主的货拼装在一起，所以称为拼箱。这种方式在货主托运的货物不足以装满整箱时采用。

对于拼箱货，承运人要负责装箱与拼箱作业。通常是，在装箱地由承运人分别揽货并集中于集装箱货运站（处理拼箱货的场所）或内陆转运站，而后将两票或两票以上的货物拼装在一个集装箱内，经过运输后，同样要在目的地的集装箱货运站或内陆转运站拆箱并分别交付货物。承运人对拼箱货的责任，基本上与传统杂货运输相同。

（二）集装箱货物的交接方式

1. 整箱交、整箱接（FCL/FCL）

货主在工厂或仓库把装满货的整箱交给承运人，收货人在目的地以同样的方式整箱接货。

2. 拼箱交、拆箱接（LCL/LCL）

各货主将不足整箱的小票托运货物在集装箱货运站或内陆转运站交给承运人，由承运人负责拼箱和装箱，运到目的地货运站或内陆转运站，由承运人负责拆箱，拆箱后各收货人凭单接货。货物的装箱和拆箱均由承运人负责。

3. 整箱交、拆箱接（FCL/LCL）

各货主在工厂或仓库把装满货的整箱交给承运人，在目的地集装箱货运站或内陆转运站由承运人负责拆箱后，各收货人凭单接货。

4. 拼箱交、整箱接（LCL/FCL）

各货主将不足整箱的小票托运货物在集装箱货运站或内陆转运站交给承运人，由承运人分类调整，把同一收货人的货物集中拼装成整箱，运到目的地后，承运人以整箱交货，收货人以整箱接货。

（三）集装箱货物的交接地点

货物运输中的交接地点是指根据运输合同，承运人与托运人交接货物、划分责任风险和费用的地点。目前集装箱运输中货物的交接地点有门（双方约定的地点）、集装箱堆场、船边或吊钩以及集装箱货运站。

1. 门（Door）

门指收托运人的工厂、仓库或双方约定收、交集装箱的地点。在多式联运中经常使用门。

2. 集装箱堆场（Container Yard，CY）

集装箱堆场（以下简称“场”）是交接和保管空箱（Empty Container）和重箱（Loaded Container）的场所，也是集装箱换装运输工具的场所。

3. 船边或吊钩（Ship's Rail or Hook/Tackle）

船边或吊钩（以下简称“钩”）指在装货港或卸货港装卸时，将货物交至船边或码头集装箱装卸吊钩处，并以此为界区分运输装卸费用的责任界限。

4. 集装箱货运站（Container Freight Station，CFS）

集装箱货运站（以下简称“站”），是拼箱货交接和保管的场所，也是拼箱货装箱和拆箱的场所。集装箱堆场和集装箱货运站也可以同处于一处。

门、场、钩主要是整箱货（FCL）的交接场所；站主要是拼箱货（LCL）的交接场所。

除了根据集装箱货物的交接形态划分出的四种交接方式，根据集装箱货物的交接地点不同，理论上可以通过排列组合的方法得到集装箱货物的交接方式为16种。这里仅介绍大家常见的9种情况，其他情况可以根据以下内容推导。

1. 门到门（Door to Door）交接方式

门到门交接方式是指运输经营人在发货人的工厂或仓库接收货物，负责将货物运至收货人的工厂或仓库交付。在这种交接方式下，货物的交接形态都是整箱交接。

2. 门到场（Door to CY）交接方式

门到场交接方式是指运输经营人在发货人的工厂或仓库接收货物，并负责将货物运至卸货港码头的集装箱堆场或其在内陆地区的集装箱堆场，向收货人交付。在这种交接方式下，货物的交接形态也都是整箱交接。

3. 门到站（Door to CFS）交接方式

门到站交接方式是指运输经营人在发货人的工厂或仓库接收货物，并负责将货物运至卸货港码头的集装箱货运站或其在内陆地区的货运站，经拆箱后向各收货人交付。在这种交接方式下，运输经营人一般是以整箱形态接收货物，以拼箱形态交付货物。

4. 场到门（CY to Door）交接方式

场到门交接方式是指运输经营人在装货港码头的集装箱堆场或其在内陆地区的集装箱堆场接收发货人的货物（整箱货），并负责把货物运至收货人的工厂或仓库向收货人交付（整箱货）。

5. 场到场（CY to CY）交接方式

场到场交接方式是指运输经营人在装货港码头的集装箱堆场或其在内陆地区的集装箱堆场接收货物（整箱货），并负责运至卸货港码头的集装箱堆场或其在内陆地区的集装箱堆场，以整箱形态向收货人交付。

6. 场到站（CY to CFS）交接方式

场到站交接方式是指运输经营人在装货港码头的集装箱堆场或其在内陆地区的集装箱

堆场接收货物（整箱货），负责运至卸货港码头集装箱货运站或其在内陆地区的集装箱货运站，一般经拆箱后向收货人交付。

7. 站到门（CFS to Door）交接方式

站到门交接方式是指运输经营人在装货港码头的集装箱货运站或其在内陆地区的集装箱货运站接收货物（经拼箱后），负责运至收货人的工厂或仓库交付。在这种交接方式下，运输经营人一般是以拼箱形态接收货物，以整箱形态交付货物。

8. 站到场（CFS to CY）交接方式

站到场的交接方式是指运输经营人在装货港码头的集装箱货运站或其在内陆地区的集装箱货运站接收货物（经拼箱后），负责运至卸货港码头的集装箱堆场或其在内陆地区的集装箱堆场交付。在这种方式下货物的交接形态一般也是以拼箱形态接收货物，以整箱形态交付货物。

9. 站到站（CFS to CFS）交接方式

站到站的交接方式是指运输经营人在装货港码头的集装箱货运站或其在内陆地区的集装箱货运站接收货物（经拼箱后），负责运至卸货港码头的集装箱货运站或其在内陆地区的集装箱货运站，（经拆箱后）向收货人交付。在这种方式下，货物的交接形态一般都是拼箱交接。

以上 9 种交接方式，进一步可归纳为以下 4 种方式。

（1）门/场到门/场：这种运输方式的特征是，在整个运输过程中，完全是整箱货物运输，并无拼箱货物运输，故最适宜整箱交、整箱接。

（2）门/场到站：这种运输方式的特征是，由门/场到站为整箱货物运输，由站到门/场是拼箱货物运输，故适宜整箱交、拆箱接。

（3）站到门/场：这种运输方式的特征是，由站到门/场是拼箱货物运输，由门/场至站是整箱货物运输，故适宜拼箱交、整箱接。

（4）站到站：这种运输方式的特征是，除中间一段为整箱货物运输外、两端的内陆运输均为拼箱货物运输，故适宜拼箱交、拆箱接。

第四节　国际陆路货物运输规章及单据

一、国际公路货物运输相关规章

1. 《国际公路货物运输合同公约》

《国际公路货物运输合同公约》（Convention on the Contract for the International Carriage of Goods by Road，CMR）（以下简称《CMR 公约》）。该公约于 1956 年 5 月 19 日在日内瓦联合国欧洲经济委员会会议上通过，并于 1961 年 7 月 2 日起生效。

《CMR 公约》旨在统一公路运输所使用的单证和承运人的责任。《CMR 公约》规定每一份营运车辆的公路货物运输的合同，不管缔约方居住地和国籍，凡合同中规定的接管和交付货物的地点位于两个不同国家，其中至少有一个是缔约国，即适用公约。公约中“车辆”是指在 1949 年 9 月 19 日《道路交通公约》第 4 条中所规定的机动车辆、转接车辆、挂车和半挂车。当承运人的代理人、受雇人或其他人在其受雇范围内行事，承运人应对这些代理人、受雇人和为履行运输而使用其服务的任何其他人的行为和不作为一如他本人的行为一样负责。运输合同应以签发运单来确认，无运单、运单不正规或丢失不影响运输合同的成立或有效性。承运人负责赔偿货物的全部和部分灭失价值时，这种赔偿应参照接运地点和货物的价值进行计算。货物的价值应根据商品交易所价格，若无此种价格则根据现行市价，若无商品交易所价格或现行市价，则参照同类、同品质货物的通常货价决定。对于货物的灭失或损坏，收货人如要保持诉讼权，应向承运人提交损害通知书。灭失或残损明显的应于接货时提出；不明显的，应于 7 天内提出。延迟交货通知应于实际交货后 21 天内提出。有关货物的灭失、残损或延迟，对承运人的诉讼时效为 1 年。

2.《TIR 公约》

《TIR 公约》中译全称为《国际公路运输公约》（Transport International Router，TIR）是一种全球通用的国际海关中转和担保系统。

为了顺利开展集装箱联合运输，使集装箱能原封不动地通过经过国，联合国所属欧洲经济委员会成员国于 1956 年缔结了关于集装箱的关税协定。参加该协定的签字国，有欧洲 21 个国家和欧洲以外的 7 个国家。协定的宗旨是相互间允许集装箱免税过境，在这个协定的基础上，根据欧洲经济委员会倡议，还缔结了《国际公路运输公约》。根据规则规定，集装箱的公路运输承运人，如持有 TIR 手册，在海关签封下，由发运地到达目的地，中途可不接受检查、不支付关税，也可不提供押金。这种 TIR 手册由有关国家政府批准的运输团体发行，这些团体大都是国际道路联合会的成员，它们必须保证监督其所属运输企业遵守海关法规和其他规则。

《TIR 公约》是建立在联合国公约基础上的国际跨境货物运输领域的全球性海关便利通关系统，其中大多数位于丝绸之路经济带沿线重要地区。为了推进“一带一路”建设，我国于 2016 年 7 月 5 日正式加入该公约（应用此公约的跨境公路运输称为 TIR 运输），2018 年 5 月公约正式在中国落地实施。2019 年 5 月，海关总署宣布，将全面实施该公约。获得 TIR 运输资质的企业，仅凭一张单据就可以在同样实施该公约的多个国家间通行，只需要接受始发地和目的地国家的海关检查，途经国一般情况下不再开箱查验。

二、国际铁路货物运输有关规章

国际铁路联运牵涉面广，从发货站发运货物起，须经过出口国的国境站，经过国的进口和出口国境站，直到进口国的进口国境站，环节多，交接复杂。因此，要求货物的包装要适合长途运输的需要，票据规范、清晰，随附单证齐全，运送车辆为国际列车，设备必须完好无损。

1.《国际铁路货物运送公约》

1890 年，在瑞士首都伯尔尼举行的欧洲各国铁路代表大会上，制定了《国际铁路货物运送规则》，即所谓的《伯尔尼公约》，并自 1893 年 1 月起实行，后经多次修订。1934 年在伯尔尼会议上重新修订，改称为《国际铁路货物运送公约》（以下简称《国际货约》），并于 1938 年 10月生效，至今仍在使用。

2.《国际铁路货物联运协定》

1951年11月1日罗马尼亚、捷克等八个国家签订了《国际铁路货物联运协定》(以下简称《国际货协》)。1954年1月中国加入了该协定，随后朝鲜、蒙古、越南也加入进来。1991年苏东政局发生巨大变化以后，该协定也宣告解散，但铁路联运业务尚未有重大的改变。

《国际货协》规定了货物运送条件、运送组织、运送费用计算核收办法，以及铁路与发货人、收货人之间的权利与义务等。

3.《国际铁路货物联运协定统一过境运价规程》

该规程也简称《统一货价》，它对过境参加《国际货协》的铁路部门办理货物运送手续，过境运送费和杂费计算，过境铁路里程表、货物品名分等和分类表，以及货物运费计算表等进行了规定。

三、国际铁路货物运输单据

铁路运单是铁路承运人收到货物后所签发的铁路货物运输单据。我国对外贸易铁路运输按营运方式分国际铁路联运和我国港澳铁路运输两种方式。前者使用《国际货协》运单，后者使用承运货物收据。

(一)《国际货协》运单

《国际货协》运单(国际铁路货物联运运单)是参加国际铁路货物联运的铁路部门与发货人、收货人之间缔结的运输合同。体现了参加联运的各国铁路部门和发货人、收货人之间在缔结运送上的权利、义务责任和豁免，对铁路部门和发货人、收货人都具有法律效力。但《国际货协》运单不能转让。

国际铁路货物联运运单由以下几部分组成。

(1) 运单正本。运单正本是货物运送合同，随同货物至到站，并随同货物到达通知单和货物一起交给收货人。作为铁路部门向收货人交付货物的凭证。

(2) 运单副本。运单副本是在运送合同缔结后交给发货人，不具有运单的效力，仅仅作为货物已经由铁路部门承运的证明，由发货人凭之向银行结汇。

(3) 运行报单。运行报单是参加联运的各铁路部门办理货物交接、划分运送责任以及清算运费、统计运量和运费收入的原始依据，它随同货物至到站，并留存在到站铁路部门。

(4) 货物交付单。随同货物至到站，并留存在到站铁路部门。

(5) 货物到达通知单。随同货物至到站，并同运单正本和货物一起交给收货人。

(二) 承运货物收据

承运货物收据是我国港澳铁路运输中使用的一种结汇单据。该收据包括内地路段和港澳路段两端运输，是代办运输业务的外运公司向出口方签发的货物收据，也是承运人与托运人之间的运输契约，同时还是出口方办理结汇手续的凭证。

第五节　国际陆路运输费用、保险及保价运输

一、国际陆路运输费用

（一）国际铁路联运运输费用

国际铁路联运运输费用由发送路运输费用、过境路运输费用和到达路运输费用三部分构成。国际铁路联运运输费用的计算和核收，必须遵循《国际货协》《统一货价》和我国原铁道部《铁路货物运价规则》（以下简称《国内价规》）的规定。

1. 运费计算的原则

（1）发送路运输费用。按承运当日发送路所在国国内规章规定计费，以发送国货币在发运站向发货人核收。

（2）过境路运输费用。对参加《统一货价》的铁路均按承运当日《统一货价》规定计算，由发货人或收货人支付。如在参加《国际货协》的国家与未参加《国际货协》的国家之间运送货物，则有关未参加《国际货协》的国家中铁路的运费，可按其所参加的其他联运协定计算。

（3）到达路运输费用。按承运当日到达路所在国国内规章规定计费，以到达国货币在到达站向收货人核收。

我国出口的联运货物的交货条件一般均规定在卖方车辆上交货，因此我方仅负责国内发运站至出口国境站一段的运送费用。但联运进口货物，则要负担过境运送费和我国铁路段的费用。

2. 过境运费的计算

过境运费按《统一货价》的规定计算，计算程序如下。

（1）根据运单上载明的运输路线，在过境里程表中，查出各经过国的过境里程。

（2）根据货物品名，在货物品名分等表中查出其可适用的运价等级和计费重量标准。

（3）在慢运货物运费计算表中，根据货物运价等级和总的过境里程查出适用的运费率，计算公式如下。

基本运费额＝货物运费率×计费重量

运费总额＝基本运费额×（1＋加成率）

慢运整车货物运费＝货物运费率×计费重量

快运整车货物运费＝慢运整车货物运费×（1＋100％）

随旅客列车挂运整车货物运费＝慢运整车货物运费×（1＋200％）

慢运零担货物运费＝慢运整车货物运费×（1＋50％）

快运零担货物运费＝慢运零担货物运费×（1＋100％）

注：加成率是指运费总额按托运类别在基本运费额基础上所增加的百分比。

3. 国内段运费的计算

国内段运费按《国内价规》计算，程序如下。

(1) 根据货物运价里程表确定发到站间的运价里程。一般应根据最短路径确定，并需将国境站至国境线的里程计算在内。

(2) 根据运单上所列货物品名，查找货物运价分号表，确定适用的运价号。

(3) 根据运价里程与运价号，在货物运价表中查出适用的运价率。

(4) 运价率与计费重量相乘，即得出该批货物的国内运费，计算公式如下。

国内运费＝运价率×计费重量

(二) 国际公路货物运输费用

各个国家和地区对公路货运都有详细的收费规则、办法、收费类目与标准。

运价是指货物运输的基本收费标准，以吨公里为计算单位。按承运货物的类别，公路运价分为整车货物运价、零担货物运价、集装箱货物运价、特殊货物运价等。零担运费费率一般比整车运费费率高30％～50％。按我国公路运输部门规定，一次托运货物在2.5吨以上的为整车运输，适用整车费率；不满2.5吨的为零担运输，适用零担费率。凡1千克重的货物，体积超过4立方分米的为轻泡货物（或尺码货物)。整车轻泡货物的运费按装载车辆核定吨位计算；零担轻泡货物的运费，按其长、宽、高计算体积，每4立方分米折合1千克，以千克为计费单位。此外，包车费率按车辆使用时间（小时或天）计算。

公路运价一般通过运价本予以公布；特殊货物和重大件货物等一般采用议价收费。

运价有两种计算标准，一是按货物等级规定基本运费费率，二是以路面等级规定基本运价。凡是一条运输路线包含两种或两种以上等级公路时，则以实际行驶里程分别计算运价。特殊道路，如山岭、河床、原野地段，则由承运双方另议商定。

(三) 国际集装箱铁路运输费用

1. 国际集装箱铁路运价的形式

国际集装箱铁路运价所采用的形式通常为附带最低装载量条款的均一包箱费率（FAK费率）或包干费率。国际集装箱铁路运价的核算对重箱和空箱分别依据不同的运费率，并对同一承运人运送的对流回程空箱给予一定的费率折扣。此外，为避免过量运送收益不大的空箱，规定对于新启用集装箱以及非同一承运人运输的对流空箱按重箱运费率计收运费。

集装箱铁路运价通常应以箱为计费单位，并对整车装运集装箱给予一定的折扣。但是，应避免以整车为计费单位计算运费，因为这可能会出现当托运人一次托运集装箱数不足一整车时，为避免承担过高运费，托运人不得不承担起本应由承运人负责的货源组织任务，从而影响铁路集装箱运输的发展。同时，整车计费对托运人可能不利，因为这种计费方式为货运代理人或有关承运人在向托运人计收运费时留有一定的自由度。

2. 我国的国际集装箱铁路运价

根据我国原铁道部于1986年制定的《大型集装箱运输货物暂行规定》，20英尺国际标准集装箱按20吨的整车9号运价率计收运费，1989年又做了修改通知，规定40英尺国际标准集装箱按50吨、20英尺箱按25吨的整车9号运价率计收运费。

经过一段时间的试行后，在1990年修订的新《铁路货物运价规则》中，对集装箱运价作了按箱计费的规定，集装箱货物的运费按照使用的箱数及铁路货物运价率表规定的集装箱运价率计算。

为促进国际集装箱铁路运输的发展，在集装箱铁路运输收费方面，我国给予了一定的减免。如1991年原铁道部征收铁路建设基金，对整车货物收取铁路建设基金，但对集装箱货物免收该项费用。这样进一步缩小了原来铁路集装箱货物与整车散件货的价格差距，有利于集装箱铁路运输的发展。

二、国际陆路货物运输保险及铁路货物保价运输

（一）国际陆路货物运输保险

国际陆路货物运输保险是指为火车和汽车等陆上运输工具跨国运输货物所设立的保险。它们亦是国际贸易货物运输的重要组成部分。目前，陆路运输在内陆国家占的比重较大。

国际陆路货物运输保险包括国际铁路货物运输保险和国际公路货物运输保险。考虑到铁路货物运输和公路货物运输相近，世界各国的有关立法一般都是将国际铁路货物运输保险和国际公路货物运输保险作为国际陆路货物运输保险一并加以规定。

1. 国际陆路货物运输保险的险别

在国际货物运输保险实务中，国际陆路货物运输保险的险别，一般包括陆上运输险和陆上运输一切险两种。

（1）陆上运输险（Overland Transportation Risks），是国际陆路货物运输保险中最基本的保险险别，其责任范围与国际海上货物运输保险中的水渍险的责任范围相类似。保险人对于被保险货物在运输过程中遭受暴风雨、雷电、地震、洪水等自然灾害，或由于火灾、爆炸以及运输工具遭受碰撞、倾覆、出轨、道路坍塌、岩崩和驳运工具的搁浅、触礁、沉没、碰撞等意外事故所造成的全部或部分损失向被保险人承担补偿责任。

（2）陆上运输一切险（Overland Transportation All Risks）。在承保陆上运输一切险的情况下，保险人除了应该承担陆上运输险中所规定的责任以外，还应该对承保货物在运输途中由于一切其他外来原因所造成的全部或部分损失，出现如承保货物的短少、短量、损坏、损失等情况时承担补偿责任。

2. 国际陆路货物运输保险的责任期限

在国际陆路货物运输保险中，保险人的责任期限与国际海上货物运输保险中的期限基本相同，也同样采用“仓至仓”条款，即保险人的责任自被保险货物运输保险单所载明的起运地的发货人仓库开始，直至被保险货物经正常陆运和与其有关的水上驳运而送交运输保险单所载明的目的地的收货人仓库时为止。不过，如果被保险货物运抵运输保险单所载明的目的地以后没有及时地送交收货人仓库，作为例外，保险人的最长责任期限一般以有关货物运抵目的地时起60日为限。

3. 国际陆路货物运输保险的免责条款

在国际陆路货物运输保险中，对于那些由于被保险人的故意或过失行为，或由于发货

人的责任，或由于被保险货物的潜在缺点或自然损耗，以及由于战争、工人罢工等导致运输延迟所造成的货物损失，保险人可以不负责任。

（二）铁路货物保价运输

铁路货物保价运输是指托运人在托运货物时向承运人声明货物的实际价值，并缴纳相应的费用，当货物在运输过程中发生损坏时，承运人按照托运人的声明价值赔偿损失。

1. 保价运输的特征

一般而言，保价运输的特征主要有以下几点。

（1）承运人与托运人双方先订有合法有效的保价协议。在托运单上，一般包含可选择的保价条款。由于托运单属于格式合同，有关承运人责任限额的条款属于格式条款，因此在订立合同时，承运人应该尽到合理的提醒义务，即提醒托运人是否选择保价运输。反之，如果承运人未尽到合理提醒义务，则该托运单承运人责任限额的格式条款无效。一般来说，托运单上的保价条款应采用加大、加黑字体。填单时，承运人及时提醒托运人认真阅读保价条款即可认为承运人尽到了合理提醒义务。如果托运人选择保价，应该额外缴纳保值附加费，并在托运单上记载“保价运输”。按照国际惯例，保值附加费一般按照货物离岸价格的1%收取。

（2）承运人对保价货物采取特殊处理方式，以最大限度地保证货物的安全性。承运人对保价货物的赔偿不适用限额赔偿制度，因此承运人一般要强化各种管理措施，如采取特殊的装运容器、特殊的运输路线和运输方式、特殊的交接方式等，确保货物安全、及时、准确地运抵收货人手中。可见，保价运输增加了承运人的运营成本，保值附加费在一定程度上讲就是对承运人额外运营成本的一种补偿。

（3）由于承运人的过失导致货物损失。货物损失包括货物灭失、损坏、交付迟延等形式，其原因可能是来自承运人过失行为、托运人过失行为、第三人侵权行为以及不可抗力等原因。但保价货物的赔偿原因只可能是承运人行为过失。除非合同有其他相关规定，否则存在托运人过失行为、第三人侵权行为和不可抗力时，承运人不负货物损失的赔偿责任。

（4）承运人对托运人的赔偿以托运人声明价值为限，按照货物损失的实际价值或货物在目的地交付时的实际利益赔偿。为防止道德风险，承运人一般要求托运人按照不超过货物的实际价值或货物在目的地交付时的实际利益填写声明价值。因此，如果保价货物出现损失，承运人按照不超过托运人声明价值的货物实际损失价值进行赔偿。

2. 保价运输的办理条件

国际铁路保价运输原则上适用于按照《国际货协》条件办理的所有货物，国内发运站至出境口岸站间或进口货物自进境口岸站至国内到达站间办理保价运输。收货人、发货人或其代理人可自愿保价。托运人办理保价运输时，须在货物运单“托运人记载事项”栏内注明“保价运输”字样，在“货物价格”栏内注明全批货物的实际价格，在缴纳运输费用的同时，缴纳货物保价费。

（1）必须全批保价，不能只保一批货物中的一部分货物。

（2）保价费率不同的货物，作一批托运时，在货物运单上须分别填写货物品名和实际价格，保价费分别计算。

（3）保价费率不同的货物合并计算保价费时，适用于其中最高的保价费率。

（4）必须足额缴纳保价费，只有足额缴纳保价费才能得到足额的赔偿。

3. 保价费和保价费率

保价费＝声明的货物实际价格×适用的货物保价费率

（1）保价费率分为5个基本级，2个特定级。一级为1‰；二级为2‰；三级为3‰；四级为4‰；五级为6‰；特六级为10‰；特七级为15‰。

（2）集装箱装运的货物及“货物保价费率表”所列品名以外的货物，保价费率均按3‰计算。

（3）冷藏车装运的需要制冷的货物，按该货物保价费率的50%计费。

（4）超限货物均按该货物的保价费率加收50%计费。

（5）铁路所承运的货物，未按保价运输承运的，实行限额赔偿。不参加保价运输的货物，不按件数只按重量承运的货物，每吨最高赔偿100元。按件数和重量承运的货物，每吨最高赔偿2000元。个人托运的搬家货物、行李每10千克最高赔偿30元。实际损失低于上述赔偿限额的，按货物实际损失的价格赔偿。

第六节　国际陆路运输业务操作流程

一、国际铁路联运的一般流程

1. 接受客户询价

如有客户询问国际铁路联运的业务时，应向客户确认以下问题。

（1）运输方式：①整车；②集装箱。

（2）发送站和运往的国家及到达站。

（3）货物的品名和数量。

（4）预计运输的时间。

（5）客户单位名称、电话、联系人等。

（6）其他问题。

2. 接受委托

客户一旦确认报价，同意各公司代理运输后，需要客户以书面形式委托货代公司。委托书主要内容包括上述“接受客户询价”中的各项问题。

3. 提供运输单证

要求客户提供以下单证：①运输委托书；②报关委托书；③报检委托书；④报关单、报检单（加盖委托单位的专用章）；⑤合同；⑥箱单；⑦发票；⑧商检放行单；⑨核销单等。

4. 填写铁路国际联运大票

在当地购买铁路国际联运大票，由货代公司的国际部填写好样单后传真给当地公司由相关人员填写正式国际联运大票，或由货代公司的国际部制单后快递给当地公司。

5. 报关

客户可以自理报关，也可以委托某些货代公司报关，如果在发货地报关不方便，可以将上述单证备齐在出境口岸报关。

在国际联运报关中海关要求一车一份核销单，同时客户需要在相应的出境口岸的海关、商检部门办理注册备案手续。

6. 发车

根据运输计划安排通知，客户送货发运时，在发货地报关的货物需将报关单、合同、箱单、发票、关封等单证与国际联运单一同随车带到口岸。

在口岸报关的需将合同、箱单、发票、报关单、商检放行单等单证快递给货代公司的口岸代理公司。

货物发运后将国际联运单第三联交给发货人。

7. 口岸交接

货物到达出境口岸后需要办理转关换装手续，待货物换到外方车发运后，货代公司将该货的换装时间、外方换装的车号等信息通知发货人。

8. 退客户单证

货物换装交接后，海关将报关单核销联退给物流公司，由货代公司根据运费的支付情况再退给客户。

9. 收费

国际铁路联运运费以美元报价，客户需向货代公司以美元支付运费，如客户要以人民币支付需经国际部同意。

运费支付的时间应在发车后的 10 天内支付完毕。

注：在运费没有收到前，不能将报关单核销联退给客户。

二、国际公路整车运输操作流程

国际公路整车运输操作流程具体包括以下内容。

(1) 托运人填制承运人印制的运单向承运人托运。

(2) 承运人审核运单，确定运输里程以计算运杂费，签章受理，并会同托运人理货、验货，配车装运。

(3) 装货完毕，承托双方按行车路单包装货物件办理交接手续。

(4) 承运人发车运输。

(5) 承运人将货物运到目的地向收货人交付。

三、国际集装箱运输的操作流程

(一) 集装箱的发放和交接

1. 集装箱发放和交接的依据

集装箱的发放和交接，应依据“进口提货单”“出口订舱单”“场站收据”以及这些文件内列明的集装箱交付条款，实行“集装箱设备交接单”制度。从事集装箱业务的单位必须凭集装箱代理人签发的“集装箱设备交接单”办理集装箱的提箱（发箱）、交箱（还箱）、进场（港）、出场（港）等手续。

2. 交接责任的划分

(1) 船方与港方交接以船边为界。

(2) 港方与货方（或其代理人）、内陆（公路）承运人交接以港方检查桥为界。

(3) 堆场、中转站与货方（或其代理人）、内陆（公路）承运人交接以堆场、中转站道口为界。

(4) 港方、堆场、中转站与内陆（铁路、水路）承运人交接以车皮、船边为界。

3. 进口重箱提箱出场的交接

进口重箱提离港区、堆场、中转站时，货方（或其代理人）、内陆（水路、公路、铁路）承运人应持海关放行的“进口提货单”到集装箱代理人指定的现场办理处办理集装箱发放手续。

集装箱代理人依据“进口提货单”、集装箱交付条款和集装箱运输经营人有关集装箱及其设备使用和租用的规定，向货方（或其代理人）、内陆（水路、公路、铁路）承运人签发“出场集装箱设备交接单”和“进场集装箱设备交接单”。

货方（或其代理人）、内陆（水路、公路、铁路）承运人凭“出场集装箱设备交接单”到指定地点提取重箱，并办理出场集装箱设备交接；凭“进场集装箱设备交接单”将拆空后的集装箱及时交到集装箱代理人指定的地点，并办理进场集装箱设备交接手续。

4. 出口重箱交箱（收箱）、进场的交接

出口重箱进入港区，货方（或其代理人）、内陆（水路）承运人凭“出口集装箱预配清单”“场站收据”“进场集装箱设备交接单”到指定的港区交付重箱，并办理进场集装箱设备交接手续。

指定的港区依据“出口集装箱预配清单”“场站收据”“进场集装箱设备交接单”收取重箱，并办理进场集装箱设备交接手续。

5. 空箱的发放和交接

空箱提离港区、堆场、中转站时，提箱人［货方（或其代理人）、内陆（水路、公路、铁路）承运人］应向集装箱代理人提出书面申请。

集装箱代理人依据“出口订舱单”“场站收据”或“出口集装箱预配清单”向提箱人签发“出场集装箱设备交接单”或“进场集装箱设备交接单”。

提箱人凭“出场集装箱设备交接单”到指定地点提取空箱，办理出场集装箱设备交接手续，凭“进场集装箱设备交接单”到指定地点交付集装箱，并办理进场集装箱设备交接手续。

6. 收、发箱地点应办理的手续

指定的收、发箱地点，凭集装箱代理人签发的“出场集装箱设备交接单”或“进场集装箱设备交接单”受理集装箱的交接手续。凭“出场集装箱设备交接单”发放集装箱，并办理出场集装箱设备交接手续；凭“进场集装箱设备交接单”收取集装箱，并办理进场集装箱设备交接手续。

1）出场集装箱设备交接单的主要内容

(1) 用箱人和运箱人。

(2) 发往地点。
(3) 用途（出口载货、修理、进口重箱等）。
(4) 集装箱号、封号（铅封号、关封号）。
(5) 集装箱尺寸、类型。
(6) 集装箱所有人。
(7) 提离日期。
(8) 提箱运载工具牌号。
(9) 集装箱出场检查记录（完好或损坏）。

2) 进场集装箱设备交接单的主要内容

(1) 送箱人。
(2) 送箱日期。
(3) 集装箱号、封号。
(4) 集装箱尺寸、类型。
(5) 集装箱所有人。
(6) 用途（返还重箱）；出口集装箱此时需登记该集装箱发送的时间、发往的地点、航次。
(7) 送箱运载工具牌号。
(8) 进场检查记录。

集装箱交接地点应详细、认真地对交接单信息进行检查和录入，并将进出场集装箱的情况及时反馈给集装箱代理人，积极配合集装箱代理人的工作，使集装箱代理人能够及时、准确地掌握集装箱的利用情况，及时安排集装箱的调运、修理，追缴集装箱延期使用费和损坏、灭失费用等工作。

(二) 集装箱运输出口流程

1. 订舱

发货人根据贸易合同或信用证条款的规定，在货物托运前的一定时间内填好集装箱货物托运单（Container Booking Note），委托其代理或直接向船公司申请订舱。

2. 接受托运申请

船公司或其代理根据自己的运力、航线等具体情况考虑发货人的要求，决定接受与否，若接受申请就着手编制订舱清单，然后分送 CY、CFS，据以安排空箱及办理货运交接手续。

3. 发放空箱

通常整箱货货运的空箱由发货人到集装箱码头堆场领取，拼箱货货运的空箱由集装箱货运站负责领取。

4. 拼箱货装箱

发货人将不足一整箱的货物交至货运站，由货运站根据订舱清单和场站收据负责装箱，然后由装箱人编制集装箱装箱单（Container Load Plan）。

5. 整箱货交接

由发货人自行负责装箱，并将已加关封的整箱货运到 CY。CY 工作人员根据订舱清单核对场站收据及装箱单验收货物。

6. 集装箱的交接签证

CY或CFS工作人员在验收货物/集装箱后，即在场站收据上签字，并将签署后的D/R交还给发货人。

7. 换取提单

发货人凭D/R向集装箱运输经营人或其代理换取提单，然后去银行办理结汇。

8. 装船

集装箱装卸区根据装货情况，制订装船计划，并将出运的集装箱调整到集装箱码头前方堆场，待船靠岸后，即可装船出运。

四、大陆桥运输进出口流程

（一）大陆桥运输出口流程

我国对外出口成交的货物通过大陆桥运输时大多采用大陆桥专门价格术语CIF，即采用在买方的国内铁路车站车皮上的交货价，卖方承担至合同指定的买方国内到货站的运费和保险费。

大陆桥运输出口流程具体如下。

（1）办理铁路或公路出口运输业务，托运与承运手续。

（2）配箱、配载、装箱。

（3）报关。

（4）制单签发正本提单。

（5）口岸交接。

（6）国外交货。

（二）大陆桥运输进口流程

根据交货条件不同，大陆桥进口运输业务承运人所承担的责任和义务也不同。在西伯利亚大陆桥进口运输业务中，对于进口货物在欧洲某站发货或工厂交货的运输业务，外运公司可以接受我国买方委托，以收货人全权代理的身份负责组织全程运输；对于进口货物在中国边境或内陆城市交货的运输业务，外运公司可以作为接受国外货运代理人委托的分承运人身份办理我国境内的运输工作。

实　训

一、实训目的

通过项目实训，使学生进一步熟悉国际陆路货物运输进出口业务流程，掌握报关单证填制方法。

二、实训内容

学生以小组形式，通过实验软件分别模拟国际铁路货物联运出口货物运输的工作流程和国际铁路货物联运进口货物运输的工作流程，并填制相关单证。

练习题

一、判断题

1. 国际公路货物运输是人类交通发展史中国际陆路货物运输最初形成的运输方式。（ ）

2. 国际铁路货物运输是我国对外贸易运输中一个重要的运输方式，仅次于国际海上货物运输。（ ）

3. 国际铁路物流主要表现为国际铁路货物联运物流。（ ）

4. 凡按一份运单托运的，按其体积或种类需要单独用一辆车运送的货物，即为整车货物。（ ）

5. 我国与独联体国家铁路轨距相同，车辆无须换装便可原车过轨。（ ）

二、选择题

1. 公路运输的经营方式不包括（ ）。

A. 公共运输企业　　B. 契约运输企业

C. 汽车货运代理运输企业　　D. 公路集装箱运输企业

2. 国际标准集装箱数量的标准换算单位为（ ）。

A. 10 英尺　　B. 20 英尺

C. 30 英尺　　D. 40 英尺

3. 国际铁路货物运输干线主要有（ ）。

A. 西伯利亚大铁路干线　　B. 加拿大连接东西两大洋的铁路干线

C. 美国连接东西两大洋的铁路干线　　D. 中东—欧洲铁路干线

4. 依托（ ），我国已形成西、中、东三条中欧铁路运输通道：西部通道由我国中西部经（ ）出境，中部通道由我国华北地区经（ ）出境，东部通道由我国东南部沿海地区经（ ）出境。

A. 阿拉山口（霍尔果斯）　　B. 新亚欧大陆桥和西伯利亚大陆桥

C. 二连浩特　　D. 满洲里（绥芬河）

5. 经过西伯利亚，往返于欧亚之间的大陆桥运输路线主要有（ ）三条。

A. 铁铁路线　　B. 铁海路线

C. 铁公路线　　D. 铁空路线

三、简答题

1. 简述国际铁路货物运输在我国对外贸易中的地位和作用。

2. 简述我国国际铁路货物运输的主要形式。

3. 国际铁路集装箱运输的优势有哪些？

4. 国际铁路货物联运的运送条件有哪些？

5. 国际铁路集装箱运输应具备哪些条件？

6. 国际公路整车运输操作流程包括哪些内容？

第四章 国际航空货物运输实务

学习目标

1. 了解航空货物运输的特点。
2. 掌握国际航空货物运输的主要方式。
3. 掌握不同种类的国际航空货物运费的计算方法。
4. 掌握国际航空货物运输的操作流程并会填写航空货运单。

导入案例

卢森堡国际货运航空公司

卢森堡国际货运航空公司是欧洲一家规模巨大的定期全货运航空公司，利用现代化的波音 747-400 和波音 747-8 货机组成的机队和货运承包商建立了全球航空货运网络，覆盖 90 个目的地，在 50 个国家拥有超过 85 个办事处，并从运输活体动物、敏感商品以及易腐烂货物中获利。卢森堡国际货运航空公司同时是欧洲航空公司协会（Association of European Airlines，AEA）和国际航空运输协会（International Air Transport Association，IATA）的成员。

卢森堡货运航线于 1970 年 3 月由卢森堡国际货运航空公司、冰岛航空公司等多家公司共同开设，1983 年中华航空（股份有限公司）成为第一家与卢森堡货运航线签署联盟的航空公司，2014 年 1 月，河南民航发展投资有限公司（以下简称“河南航投”）收购了卢森堡国际货运航空公司 35％的股权，并构建起以郑州为亚太物流中心、以卢森堡为欧美物流中心，覆盖全球的航空货运网络。

第一节 国际航空货物运输概述

一、国际航空货物运输的概念

国际航空货物运输是指以航空器作为运输工具，根据当事人订立的航空货物运输合同，无论运输有无间断或者有无转运，运输的出发地、目的地或者约定的经停地之一不在本国境内，而将货物运送至目的地并收取报酬或提供免费服务的运输方式的统称。国际航空货物运输为较长距离的物流提供了快速、便捷的运输服务，或者通过与其他运输方式的联运，加快了物流的速度。随着人们对时间和效率的日益重视，航空运输在物流服务中的地位和作用也越来越重要。

国际航空运输协会（International Air Transport Association，IATA，以下简称“国际航协”）发布的全球航空定期数据显示，2016 年全球航空货物运输量为 5430 万吨，不到全球贸易货物总运输量的 1%，但是占到全球贸易额总值的 1/3 左右。2017 年，全球航空货物运输量达到 0.62 亿吨，同比增长 7.9%，创下 2010 年以来最大的增长幅度。全球航空公司总收入达 7540 亿美元，同比增长 6.3%，其中航空货物运输业务营业收入为 959 亿美元，同比增长 18.7%。2018 年，全球航空货物运输需求按货运吨公里计算同比增长 3.5%。

从市场趋势来看，市场的不确定性将对全球航空货运行业带来巨大挑战。但从长远来看，得益于主要贸易路线运力提升，全球航空货运市场仍将保持上升态势。据民航数据分析系统（CADAS）预测，2017—2022 年，中东与欧洲和亚洲贸易路线上的运力增长将最明显，分别达到 7.9%、7.8%。

我国的航空运输业起步较晚，但是从 20 世纪 90 年代开始得到快速发展。根据统计，2020 年我国共有定期航班航线 5581 条，其中国际航线 895 条，国际航线完成运输周转量 210.83 亿吨公里。

知识链接

世界主要国际航空货物运输组织如下。

1. 国际民用航空组织

国际民用航空组织（International Civil Aviation Organization，ICAO）是政府间的国际航空机构，它是根据 1944 年签署的《国际民用航空公约》（又称《芝加哥公约》）设立的，是联合国所属专门机构之一。国际民用航空组织正式成立于 1947 年 4 月 4 日，总部设在加拿大的蒙特利尔，现有成员国 193 个。我国是该组织成员国，也是理事国。该组织的宗旨为：发展国际航行的原则和技术，并促进国际航空运输的规划和发展，以保证全世界国际民用航空的安全和有秩序地发展；鼓励发展和平用途的航空器的设计和操作技术；鼓励发展国际民用航空应用的航路、机场和航行设施；满足世界人民对安全、正常、有效和经济的航空运输的需要；防止因不合理的竞争造成经济上的浪费；保证缔约国的权利充分受到尊重，每个缔约国均有经营国际空运企业的公平机会；避免缔约国之间的差别待遇；促进国际航班的飞行安全；普遍促进国际民用航空在各方面的发展。

2. 国际航空运输协会

国际航空运输协会（简称“国际航协”）是各国航空运输企业之间的联合组织，其会员包括全世界多个国家中经营国际、国内定期航班的航空公司。我国的中国国际航空股份有限公司、中国东方航空集团有限公司等多家航空公司已是该协会的正式会员。国际航空运输协会于 1945 年 4 月 16 日在古巴哈瓦那成立，目前下设法律、技术、运输、财务等事务部。其主要宗旨是：促进安全、正常和经济的航空运输以造福于世界各族人民，扶植航空商业并研究与之相关的问题；为直接或间接从事国际航空运输服务的各航空运输企业提供协作的途径；与国际民用航空组织及其他国际组织合作。

长期以来，国际航空运输协会充分利用航空公司的专门知识在多个方面做出了重大贡献，包括推动地空通信、导航、航空器安全飞行等新技术；制定机场噪声、油料排放等环境政策；协助航空公司处理有关法律纠纷；筹建国际航空清算组织；推进行业自动化，促进交流；对发展中国家航空运输企业提供从技术咨询到人员培训的各种帮助；在航空货运方面制定空运集装箱技术说明及航空货运服务有关规章；培训国际航协代理人等。

二、航线

民用航空从事运输飞行，必须按照规定的线路进行，这种路线称为航空交通线，简称航线。航线不仅确定了航行的具体方向、经停地点，还根据空中管理的需要规定了航线的宽度和飞行的高度层，以维护空中交通秩序，保证飞行安全。航线按飞机飞行的路线分为国内航线和国际航线。飞机飞行的线路起讫点、经停点均在本国国内的称为国内航线；飞机飞行的线路跨越本国国境，通达其他国家的航线称为国际航线。

世界上最繁忙的航线主要有以下三条。

(1) 北大西洋航线。本航线连接西欧、北美两大经济中心区，是当今世界最繁忙的航线，主要往返于西欧的巴黎、伦敦、法兰克福和北美的纽约、芝加哥、蒙特利尔等机场。

(2) 北太平洋航线。本航线连接远东和北美两大经济中心区，是世界又一重要航线，它从中国香港、日本东京和中国北京等重要国际机场，经过北太平洋上空到达北美西海岸的温哥华、西雅图、旧金山、洛杉矶等重要国际机场，再接北美大陆其他的航空中心。

(3) 西欧—中东—远东航线。本航线连接西欧各主要航空港和远东的中国香港、中国北京、日本东京、韩国首尔等重要机场，为西欧与远东两大经济中心区之间的往来航线。

除以上三条最繁忙的国际航线外，重要的航线还有：北美—南美、西欧—南美、西欧—非洲、西欧—东南亚—澳新、远东—澳新、北美—澳新等航线。

三、民用机场

民用机场是指专供民用航空器起飞、降落、滑行、停放以及进行其他活动划定的区域，包括附属的建筑物、装置和设施。民用机场不包括临时机场和专用机场。

（一）民用机场的组成

(1) 飞行区是机场的主要组成部分，有跑道、滑行道和停机坪，以及各种保障飞行的设施，如无线电导航设施（包括仪表着陆系统、雷达和灯光助航设施）、气象自动观测系统及指挥系统等。在机场飞行区及其邻近地区上空，为保证飞机安全起飞着陆，会根据机场起降飞机的性能规定若干障碍物限制面，这些限制面以上的空域称为净空区。

（2）客货运输服务区，也称航站区，是为旅客、货物邮件提供运输服务的区域。区域内设施包括客机坪、候机楼、停车场等，其主体建筑是候机楼，也称航站楼。货运量较大的民用机场还设有专门的货运站或货运楼。

（3）机务维修区一般包括维修机坪、维修机库、维修工厂或维修车间、航空器材库等，为飞机、发动机、机上各种设施提供维修服务。

（4）航空油料的储存、供应设施和飞机的加油设施，机场的消防和急救设施，以及供水、供电、供热、污水处理、通信、地面交通等公用和市政设施，对每个民用机场来说都是必不可少的。

（二）民用机场飞行区等级

国际民用航空组织规定，按照民用机场跑道的长短和能起落的飞机的类型相结合的方法划分民用机场飞行区的等级。根据民用机场飞行区使用的最大飞机的基准飞行场地长度，分为1、2、3、4四个等级；根据民用机场飞行区使用的最大飞机的翼展和主起落架外轮外侧间的距离，从小到大分为A、B、C、D、E、F六个等级。

知识链接

全球主要国际机场如下。

1. 中国香港国际机场

中国香港国际机场是世界一级机场，是重要的国际客货运枢纽之一，超过100家航空公司在机场营运，每天提供约1000班航班。中国香港国际机场也一直是全球极为繁忙的国际航空货运机场。

据2019年6月中国香港国际机场官网信息显示，中国香港国际机场拥有两座航站楼；两条跑道，停机位共182个；通航城市超过220个。

中国香港国际机场拥有完善的货运设施，每年能够处理几百万吨的货物，机场设有两个楼层提供货运服务。

（1）第一层（航空货运服务）

中国香港空运货站：目前能处理机场中约一半的货物。而中国香港空运货站的总部——超级一号货站占地约39万平方米，耗资10亿美元兴建，由全自动化的航空货箱储存系统控制，每年能容纳350万吨货物。

亚洲空运中心：根据2021年12月亚洲空运中心官网信息显示，其预装货物处理系统能收发预装货物及载具，一号及二号空运货站分别配备2台及4台的升降转载车，共可处理1750个预装货物；散装货物处理系统用以收发散装货物，一号及二号空运货站分别配备4台及9台堆叠式起重机，共可应付4850个储存位置的散装货物存取工作；预装货物绕道设于一号空运货站地下并邻近停机坪，采用直通隧道的概念，使货物可全程于地面上运送，特别适用于处理大型动物及预装货物等；除了货物处理系统之外，空运货站拥有94个工作台同时负责组合及分拆货物的工作，配备充裕的转载车、升降较剪台及货物升降架等；并且设有230个货车停泊位，崭新的货车控制系统自动分配货车停泊位，确保货车能迅速被安排至合适楼层。

国泰航空货运站：该货运站为国泰集团投资59亿港元兴建的航空货运站，每年能容纳260万吨货物。

DHL中亚区枢纽中心（DHL Central Asia Hub）：是中国香港国际机场第一座快递货运站，为敦豪航空货运公司（DHL）处理快件业务的枢纽。

空邮中心（Airmail Centre）：由香港邮政营运，占地2公顷（1公顷≈0.01平方千米），耗资5.66亿港元兴建。中心设有先进的邮件机械处理系统，邮件分类、包装、装箱及运上飞机的所有工序，均全部实现自动化。每天可处理邮件量为70万件。

（2）第二层（空运货物仓储及物流服务）

海运码头：24小时运作，年货运可达15万吨，由珠江海空联运有限公司营运。

机场空运中心：占地6公顷，总楼面面积为139000平方米，提供货物仓储设施和物流服务。

商贸港物流中心：由香港商贸港有限公司营运，占地1.38公顷，总楼面面积为31400平方米，位于机场岛的南商业区，提供物流服务。

2. 孟菲斯国际机场

孟菲斯国际机场位于美国田纳西州孟菲斯，是世界上规模巨大的航空货运机场，同时它还是美国西北航空公司（已被兼并）排名前列的转运中心，2020年的货物吞吐量为461万吨，全球排名第一。孟菲斯国际机场也是联邦快递（FedEx）总部所在地。联邦快递在孟菲斯国际机场建立了364公顷的超级转运中心，300多英里（1英里≈1609.344米）的传送带平均每小时处理95000个包裹，700多架飞机通过这里向全球220个国家和地区提供服务。2008年，联邦快递贡献了孟菲斯国际机场95%以上的物流量，而在2007年6月，联邦快递又与机场续签了30年的租赁合同，为孟菲斯国际机场继续保持世界顶级物流转运中心地位提供了保障。在规划上，孟菲斯国际机场始终定位于国际顶级货运枢纽。

3. 上海浦东国际机场

2016年，上海浦东国际机场获得亚洲货运及供应链大奖的“全球最佳货运机场奖”。截至2017年年底，上海浦东国际机场已建成3个货运区，UPS（美国联合包裹运送服务公司）也在这里设立国际转运中心，负责中国除华南以外地区及北亚的快件运营。

根据2017年11月官网信息显示，上海浦东国际机场有2座航站楼和3个货运区，总面积82.4万平方米，有218个机位，其中客机位135个。拥有跑道4条，分别为3800米2条、3400米1条、4000米1条。截至2016年年底，上海浦东国际机场已吸引了37家航空公司在此运营全货机业务，全货机通航31个国家、112个通航点，每周全货机起降近1000架次。2017年，年货邮吞吐量383.56万吨，年起降航班496879架次。截至2017年年底，已有110家航空公司开通了飞往上海两大机场的定期航班，上海浦东国际机场联通全球47个国家和地区的297个通航点。

一期货运区：建于T1航站楼的北面，配合T1航站楼各航空公司基地中心及货物中心进行物流运转工作。

东货运区：建于T2航站楼的北面，配合T2航站楼各航空公司基地中心及货物中心进行物流运转工作。

西货运区：建于第三跑道西侧，为规模及吞吐量最大的专属货运区，总建筑面积 37 万平方米，并可配合位于机场南侧的上海洋山深水港进行海空货运的运转。配合货运专用的第三跑道使用。

4. 韩国仁川国际机场

仁川国际机场是韩国国际客运及货运的航空枢纽，在亚洲国际机场繁忙程度中排名居于前列。仁川国际机场共有 6 个货运站和 5 个独立的仓库。A 货运站由大韩航空管理，它是全机场面积最大的货运大楼，面积约 60000 平方米，可处理必须冷藏的特殊货品或运载活动物；B 货运站由韩亚航空管理；C 货运站是国外航空货运所用，包括 FedEx、UPS。2019 年货物吞吐量为 276 万吨。仁川国际机场作为东北亚的交通枢纽，是东北亚国际物流中心之一。

为了增加机场的货运服务功能，满足货主的需求，仁川国际机场得到政府的大力支持，在机场内建立自由贸易区。韩国电子企业三星集团和 LG（乐金）集团均在仁川国际机场租赁了专属物流中心。自由贸易区的建立既满足了客户需求，又给机场带来了大量货源，提高了机场设施的利用率，增加了机场的竞争力。

5. 德国法兰克福国际机场

法兰克福国际机场又称为莱茵-美因国际机场，是位于德国黑森州法兰克福市中心南方约 12 千米的一座民用机场，由法兰克福机场公司运营管理，为法兰克福以及整个“法兰克福/莱茵-美因都会区”提供航空服务。它是德国规模巨大的机场，是世界排名前列的机场，也是欧洲效率极高、全球领先的航空货运机场，货运量位居欧洲前列，通航上百个国家，每年处理大批量空运货物。此外，法兰克福国际机场是欧洲极为重要的客运航空枢纽，是欧洲境内货运航班量排名前列的集散点。

法兰克福货运区就建在机场附近，占地面积约 300 公顷，聚集了上百家航空公司和运输服务公司（如 DHL、FedEx 等）专订从事物流服务。

四、航空货物运输的特点

航空货物运输具有其他运输方式所不能比拟的优越性。概括起来，航空货物运输的主要特点如下。

1. 运送速度快

到目前为止，飞机仍然是最快捷的交通工具，常见的喷气式飞机的经济巡航速度大都在每小时 850～900 千米。快捷的交通工具大大缩短了货物在途时间，对于那些易腐烂、变质的鲜活商品，时效性、季节性强的报刊，节令性商品，以及抢险、救急品的运输，这一特点显得尤为重要。运送速度快、在途时间短，也使得货物在途风险降低，因此许多贵重物品、精密仪器也往往采用航空运输的形式。当今国际市场竞争激烈，航空运输所提供的快速服务也使得供货商可以对国外市场瞬息万变的行情即刻做出反应，迅速推出适销产品占领市场，获得较好的经济效益。

2. 不受地面条件影响，可深入内陆地区

航空运输利用天空这一自然通道，不受地理条件的限制。对于地面条件恶劣、交通不便的内陆地区非常合适，有利于当地资源的出口，促进当地经济的发展。航空运输使内陆地区与外界相连，对外的辐射面广，而且与公路运输、铁路运输相比，航空运输占用土地少，对于寸土寸金、地域狭小的地区发展对外交通来说，无疑是十分合适的。

3. 节约包装、保险等费用

由于采用航空运输方式，货物在途时间短、周转速度快，企业存货可以相应减少，一方面有利于资金的回收，减少利息支出；另一方面也可以降低企业仓储费用。又由于航空货物运输安全、准确，货损、货差少，保险费用相对较低。与其他运输方式相比，航空运输的包装简单，包装成本较少。这些都可以使企业隐性成本下降，收益增加。

当然，航空货物运输也具有一定的局限性，主要表现为：航空货物运输的运输费用较其他运输方式更高，不适合低价值货物的运输；航空运载工具——飞机的舱容有限，对大件货物或大批量货物的运输有一定的限制；飞机飞行安全容易受恶劣气候影响等。

五、国际航空货物运输的主要方式

（一）班机运输

班机运输是指在固定航线上飞行的航班，它有固定的始发站、途经站和目的站。一般航空公司都使用客货混合机型，舱容有限，难以满足大批量的货物运输要求。但一些较大的航空公司会在一些航线上开辟定期的货运航班，使用全货机运输。班机运输有以下特点。

（1）迅速准确。由于班机具有固定航线、固定始发站和目的站、固定航期以及固定停靠站等特点，因此国际间货物流通多使用班机运输方式，使得货物能安全迅速地到达世界上各通航地点。

（2）方便货主。收货人、发货人可以确切掌握货物起运和到达时间，这对市场上急需的商品、鲜活易腐货物以及贵重商品的运送是非常有利的。

（3）舱位有限。班机运输一般为客货混载，因而舱位有限，不能满足大批量货物的出运，往往需要分批运输。例如，三叉戟飞机的货舱只有 1～2 吨的舱位，波音 707 只有 3～6 吨的舱位。

近几年来，有些航线使用了波音 747－400 Combi（混合型飞机），加大了货运量，满足了一些货物舱位需求。但是在旅游旺季，航空公司往往先满足旅客的要求，导致货物舱位紧张，不能满足相应的货物舱位需求。因此，遇有大批量货物时，必须考虑其他运输方式。

（二）包机运输

包机运输可分为整架包机和部分包机。

（1）整架包机又称为整包机，即包租整架飞机，指航空公司按照与包机人事先约定的条件及费用，将整架飞机租给包机人，从一个或几个航空港装运货物至指定目的地的运输方式。这种方式适用于运输大批量货物。但整包机的租期要在货物装运前一个月与航空公司联系确定，以便航空公司安排运载和向起降机场及有关政府部门申请、办理过境或入境的有关手续。

整架包机的运费是一次一议，随国际机场供求情况变化而调整。中国民用航空局（以下简称中国民航）整架包机运费是按照每一飞行公里固定费率核收，并对空驶里程按每一飞行公里运价的80%收取空驶费。因此，大批量货物使用整架包机时，要争取来回程都有货载，这样费用比较经济，如果只有单程载货，则运费较不经济。

（2）部分包机是指由发货人（或几家航空货运代理公司）联合包租一架飞机，或者由航空公司把一架飞机的舱位分别租给几家航空货运代理公司装载货物。部分包机形式适用于托运货物不足一整架飞机舱容，但运量在1吨以上的货物运输。

部分包机与班机相比，有一些不同之处。首先，时间比班机要长，尽管部分包机有固定时间表，往往因其他原因而不能按时起飞，但运费比班机低。其次，各国政府为了保护本国航空公司的利益，常对从事部分包机运输业务的外国航空公司实行各种限制。例如，降落地点受到限制，如当需要降落在指定地点外的其他地点时，必须向当地政府的有关单位申请，经过同意后才能降落，因此部分包机的活动范围比较狭窄。

部分包机的优点如下。

（1）解决班机舱位不足的矛盾。

（2）货物全部由包机运出，节省时间和减少发货的手续。

（3）弥补没有直达航班的不足，且不用中转。

（4）减少货损、货差或丢失的现象。

（5）在空运旺季缓解航班紧张状况。

（6）满足海鲜、活动物的运输需求。

（三）集中托运

集中托运是由空运代理将若干单独发货人的货物集中起来组成一整批货物，由其向航空公司办理托运，集中发运到同一目的站，货物运到国外后由目的地的空运代理办理收货、报关并分拨给各个实际收货人的一种货运组织方法，过程示意如图4-1所示。集中托运方式在航空货物运输界使用比较普遍，也是航空货运代理公司的主要业务之一和主要盈利手段。

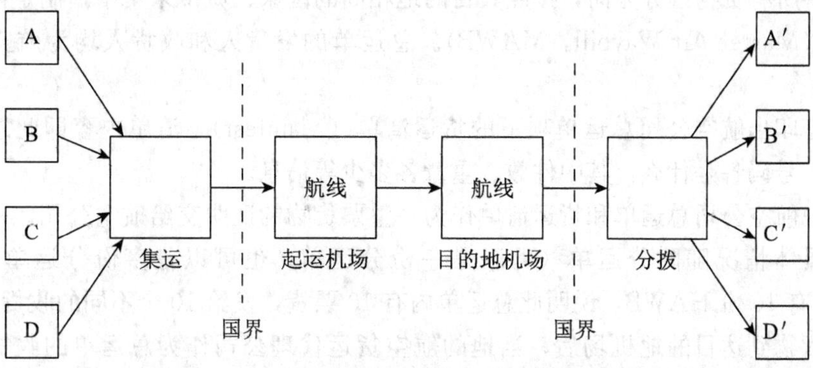

图4-1　航空货物运输货物集中托运过程示意

知识链接

空运货物集中托运与直接运输的区别如下。

(1) 交付承运人的过程不同。直接运输时，货物由承运人的委托人——代理人交付给承运人；集中托运货物由托运人的委托人——集中托运人交付给承运人。

(2) 货运单的填开人不同。直接运输的货运单由代理人填开，并列明真正的托运人和收货人；集中托运货物的货运单由集中托运人填开，货物的收货和发货人分别为集中托运人和分拨代理人。

集中托运方式已在世界范围内普遍开展，形成了较完善、较有效的服务系统，为促进国际贸易发展和国际科技文化交流起了良好的作用。集中托运也已成为我国进出口货物的主要运输方式之一。

1. 集中托运的特点

(1) 节省运费。航空公司的集中托运运价一般都低于航空协会的运价。发货人可得到低运价，从而节省费用。

(2) 落地方便。将货物集中托运，可使货物到达航空公司指定到达地点以外的地方，拓展了航空公司的服务市场，方便了货主。

(3) 提早结汇。发货人将货物交航空货运代理公司后，即可取得货物分运单，可持分运单到银行尽早办理结汇。

2. 集中托运的限制

(1) 集中托运只适合办理普通货物的运输，对于等级运价表中的货物，如贵重物品、危险物品、活动物以及文物等不能办理集中托运。

(2) 目的地相同或临近的可以办理，如某一国家或地区，其他则不宜办理。

3. 集中托运的具体做法

(1) 给每一票货物分别制定航空运输分运单（House Air Waybill，HAWB），即出具货运代理的运单。

(2) 将所有货物区分方向，按照其目的地相同的国家、城市来集中，制定出航空公司的总运单（Master Air Waybill，MAWB）。总运单的发货人和收货人均为航空货运代理公司。

(3) 打印出航空公司总运单项下的货运清单（Manifest），清单内容即此总运单有几份分运单，号码各是什么，其中件数、重量各多少等信息。

(4) 把航空公司总运单和货运清单作为一整票货物的证明交给航空公司。一份总运单可视货物具体情况随附分运单（可以是一份分运单，也可以是多份分运单）。如一份MAWB内有10份HAWB，说明此总运单内有10票货，发给10个不同的收货人。

(5) 货物到达目的地机场后，当地的航空货运代理公司作为总运单的收货人负责接货、分拨，按不同的分运单制订各自的报关单据并代为报关，为实际收货人办理有关接货、送货事宜。

（6）实际收货人在分运单上签字以后，目的地航空货运代理公司以此向发货的航空货运代理公司反馈到货信息。

（四）航空快递

航空快递是指具有独立法人资格的企业将进出境的货物从发件人所在地，通过自身或代理的快递网络运达收件人的一种快速运输方式。其中采用这种运输方式进出境的货物被称为快件。快件业务从所发运快件的内容上看，又可分为快件文件和快件包裹两大类。

快件文件以商务文件、资料等印刷品为主，也包括银行单证、合同、照片、机票等。

快件包裹也叫小包裹服务，包裹是指一些贸易成交的小型样品、零配件返修及采用快件运送方式的一些进口货物。航空快递的业务性质和运输方式与普通航空货运有较多近似之处，可以看作航空货运的延续和发展。因而许多航空货运代理公司都兼营快件业务，同时也有一些经营快件业务的公司从事国际航空货运代理业务。

除了快件的运输由航空公司承运外，其全程运行必须置于快递公司的操作和控制之下。这样才能提高运送速率，减少差错，为跟踪查询提供条件，使快件运输较之于普通空运在服务水准上有质的提高。

1. 航空快递的特点

（1）有完善的快递网络。快递在递送时间、递送质量区别于其他运输方式，它的高效运转只有建立在拥有完善网络的基础上才能进行。这种网络要求无论始发地、中转地、目的地都能以服务于这个网络为目的进行，同时，具有相当强的整合能力。

（2）以收运文件和小包裹为主。从收运范围来看，航空快递业务以商务文件、资料、小件样品和小件货物为主。不能受理私人信函。

（3）特殊的单证。航空快递业务中有一种其他运输形式所没有的单证，即交付凭证（Proof of Delivery，POD）。

知识链接

交付凭证一式四份。第一联留在始发地并用于出口报关；第二联贴附在快件表面，随件同行，收件人可以在此联签字表示收到快件（交付凭证由此得名），但通常快件的收件人在快递公司提供的送货记录上签字，而将此联保留；第三联作为快递公司内部结算的依据；第四联作为发件凭证留存在发件人处，同时该联印有背面条款，一旦产生争议，可作为判定各方当事人权益、解决争议的依据。

（4）速度快于普通的航空货运。航空快递设有专人负责，减少了内部交接环节，缩短了衔接时间，因而速度快于普通航空货运业务。

（5）高度的信息化控制。航空快递在整个运输过程中都处于快递公司的监控之下，这种运输方式使收货人、发货人都感到安全、可靠。

2. 航空快递的主要业务形式

（1）门到门（也称桌到桌）。发件人在发货时打电话给快递公司，快递公司接到客户发件通知后，立即派人到发件人所在地取件，然后将所有收到的快件集中在一起，根据其目的地分拣、整理、制单、报关，然后发往世界各地。快件发出后，马上通知目的地快递公司按时办理清关、提货等手续，并将快件及时递送到收件人手中。目前这种服务形式是航空快递中最常用的一种服务形式。

（2）机场到机场。发货人在飞机始发机场将货物交给快递公司，快件到达目的地机场后，由目的地快递公司及时将货物到货信息通知给收件人，收件人需要自己办理清关、提货等手续。

（3）专人运送。专人运送是指快递公司派专人携带快件随飞机而行，直到货物安全送达收货人手中。

（五）联运方式

联运方式（Combined Transport）是包括空运在内的两种以上运输方式的联合运输。具体分三种：一是火车—飞机—卡车（Train－Air－Truck，TAT）的联运；二是卡车—飞机（Truck－Air）的联运；三是火车—飞机（Train－Air）的联运。我国空运进出口货物通常采用陆空联合运输方式，主要原因是我国幅员辽阔，而国际航空口岸主要在北京、上海、广州等地，虽然省会城市和一些主要城市每天都有班机飞往北京、上海、广州等地，但是班机所带货量有限，费用较高。如果采用国内包机，费用更加昂贵。因此，在货量较大的情况下，往往采用陆运至航空口岸，再与国际航班衔接。此外，由于汽车具有机动灵活的特点，在运输时间上更具控制力，因此，一般采用 TAT 联运方式组织出运。

第二节　国际航空货物运输业务流程

国际航空货物运输的主要业务流程包括国际航空货物运输的出口业务流程和进口业务流程。

一、国际航空货物运输的出口业务流程

国际航空货物运输的出口业务流程是指从托运人委托运输货物到航空承运人将货物装上飞机的货物流、信息流的组织与控制管理的全过程。

一般地，托运人采用委托航空货运代理公司运输或直接委托航空公司运输两种方式。因此，国际航空货物运输的出口业务流程包括航空货物出口运输代理业务流程和航空公司出港货物的业务流程。

（一）航空货物出口运输代理业务流程

航空货物出口运输代理业务流程主要包括以下 20 个环节。

1. 市场销售

作为航空货物运输代理业务销售人员，其销售的产品是航空公司的舱位，只有飞机舱

位配载了货物，航空货运才真正具有了实质性的内容，因此承揽货物处于航空货物出口运输代理业务流程的核心地位。

2. 委托运输

航空货运代理公司与出口单位（发货人）就出口货物运输事宜达成一致后，可以向发货人提供所代理的有关航空公司的国际货物托运书。对于长期出口或出口货量大的单位，航空货运代理公司一般都与之签订长期的代理协议。发货人发货时，首先需填写国际货物托运书，并加盖公章，作为发货人委托代理承办航空货物出口运输代理业务的依据。航空货运代理公司根据国际货物托运书要求办理出口手续，并据以结算费用。因此，国际货物托运书是一份重要的法律文件。

根据《统一国际航空运输某些规则的公约》（以下简称《华沙公约》）的规定，货运单应由托运人填写，也可由承运人或其代理人代为填写。实际上，目前货运单均由承运人或其代理人代为填写。为此，作为填开货运单的依据——国际货物托运书，应由托运人自己填写，而且托运人必须在上面签字或盖章。

3. 审核单证

(1) 发票、装箱单：发票上一定要加盖公司公章（业务科室章、部门章无效），标明价格术语和货价（包括样品的发票）。

(2) 国际货物托运书：一定要注明目的港名称和目的港所在城市名称，明确运费预付或运费到付、货物毛重、收货人、发货人、电话/传真号码。托运人签字处一定要有托运人签名。

(3) 报关单：注明经营单位注册号、贸易性质、收汇方式，并要求在申报单位处加盖公章。

(4) 外汇核销单：在出口单位备注栏内，一定要加盖公司章。

(5) 许可证：明确合同号、出口口岸、贸易国别、有效期。一定要符合要求并与其他单证相符。

(6) 商检证：提供商检证、商检放行单、盖有商检放行章的报关单均可。商检证上应有海关放行联字样。

(7) 进料/来料加工核销本：要注意本上的合同号应与发票上的合同号相符。

(8) 索赔/返修协议：要求提供协议正本，要求协议双方盖章，外方无章时，可以签字。

(9) 到付保函：凡到付运费的货物，发货人都应提供到付保函。

(10) 关封。

4. 预配舱

航空货运代理公司汇总所接受的委托和客户的预报信息，并输入电脑，计算出各航线的件数、重量、体积，按照客户的要求和货物重量、高度情况，根据各航空公司不同机型对不同板箱的重量和高度要求，制订预配舱方案，并给每票货配上运单号。

5. 预订舱

航空货运代理公司根据所指定的预配舱方案，按航班、日期确定总运单号、件数、重量、体积，向航空公司预订舱。

6. 接受单证

接受发货人或其代理人送交的已经审核确认的国际货物托运书及报关单证和收货凭证。将收货记录与收货凭证核对，制作操作交接单，填上所收到的各种报关单证份数，给每份交接单配一份总运单或分运单。将制作好的交接单以及配好的总运单或分运单、报关单证移交制单。

7. 填制货运单

航空货运单包括总运单和分运单，填制航空货运单的主要依据是发货人提供的国际货物托运书，托运书上的各项内容都应体现在货运单上，一般用英文填写。

8. 接受货物

接受货物，是指航空货运代理公司把即将发运的货物从发货人手中接过来并运送到自己的仓库。

接受货物一般与接受单证同时进行。对于通过航空运输或铁路运输从始发地运往出境地的出口货物，航空货运代理公司按照发货人提供的总运单号、航班号及接货地点、日期，代其提取货物。如货物已在始发地办理了出口海关手续，发货人应同时提供始发地海关的关封。

接受货物时应对货物进行过磅和丈量，并根据发票、装箱单或送货单清点货物，核对货物的数量、品名、合同号或唛头等是否与货运单上所列一致。

9. 标记和标签

标记包括发货人、收货人的姓名、地址、联系电话、传真，合同号等；操作（运输）注意事项；单件超过150千克的货物。航空公司标签上3位阿拉伯数字代表所承运航空公司的代号，后8位数字是总运单号码。分标签是航空货运代理公司自己的标签，分标签上应有分运单号码和货物到达城市或机场的三字代码。一件货物贴一张航空公司标签，有分运单的货物，再贴一张分标签。

10. 配舱

航空公司核对货物的实际件数、重量、体积与托运书上预报数量的差别。对预订舱位、板箱进行有效利用、合理搭配，按照各航班机型、板箱型号、高度、数量进行配载。

11. 订舱

接到发货人的发货预报后，向航空公司吨控部门领取并填写订舱单，同时提供相应的信息：货物的名称、体积、重量、件数、目的地以及要求出运的时间等。航空公司根据实际情况安排舱位和航班。航空货运代理公司订舱时，可依照发货人的要求选择适合的航线和承运人，同时为发货人争取合理的运价。

订舱后，航空公司签发舱位确认书（舱单），同时给予装货集装器领取凭证，以表示舱位订妥。

12. 出口报关

首先将发货人提供的出口货物报关单的各项内容输入电脑，即电脑预录入。在打印的报关单上加盖报关单位的报关专用章；然后将报关单与有关的发票、装箱单和货运单整合在一起，并根据需要随附有关的证明文件；以上报关单证齐全后，由持有报关单的报关员正式向海关申报；海关审核无误后，海关官员即在用于发运的运单正本上加盖放行章，同时在出口收汇核销单和出口报关单上加盖放行章，在发货人用于产品退税的单证上加盖验讫章，粘上防伪标志，完成出口报关手续。

13. 编制出仓单

配舱方案制定后就可着手编制出仓单，出仓单的内容包括：出仓单的编制日期、承运航班的日期、装载板箱型式及数量、货物进仓顺序编号、总运单号、货物件数、货物重量、货物体积、目的地三字代码和备注。

14. 提板箱

向航空公司申领板箱并办理相应的手续。提板箱时，应领取相应的塑料薄膜和网，对所使用的板箱要登记、销号。

15. 货物装箱、装板

货物装箱、装板时的注意事项如下：不要用错集装箱、集装板，不要用错箱型、板型；不要超集装箱、集装板尺寸；要垫衬，封盖好塑料纸，防潮、防雨淋；集装箱、集装板内货物尽可能配装整齐，结构稳定，并接紧网索，防止运输途中倒塌；对于大宗货物、集中托运货物，尽可能将整票货物装在一个或几个集装箱、集装板内运输。

16. 签单

货运单在盖好海关放行章后还需要到航空公司签单，只有签单确认后才允许将单证、货物交给航空公司。

17. 交接发运

交接是向航空公司交单交货，由航空公司安排航空运输。交单就是将随机单证和应由承运人留存的单证交给航空公司。随机单证包括第二联航空货运单正本、发票、装箱单、产地证明、品质鉴定证书。交货即把与单证相符的货物交给航空公司。交货前必须粘贴或拴挂货物标签，清点和核对货物，填制货物交接清单。大宗货物、集中托运货物，以整板、整箱称重交接。零散货物按票称重，计件交接。

18. 航班跟踪

需要联程中转的货物，在货物运出后，要求航空公司提供二程、三程等航班中转信息，确认中转情况。及时将上述信息反馈给客户，以便遇到不正常情况时及时处理。

19. 信息服务

从多个方面做好信息服务，包括：订舱信息，审单及报关信息，仓库收货信息，交运称重信息，一程、二程等航班中转信息，集中托运信息，单证信息等方面的服务。

20. 费用结算

费用结算主要涉及发货人、承运人和国外代理人（即航空货运代理公司）三个方面的结算。

与发货人结算费用，即承运人向发货人收取航空运费（在运费预付的情况下），同时收取地面操作费以及各种服务费和手续费。

与承运人结算费用，就是发货人向承运人支付航空运费，同时国外代理人向其收取代理佣金。

与国外代理人结算主要涉及支付运费和手续费。有时到付运费是由发货方的航空货运代理公司为收货人所垫付的，因此收货方的航空货运代理公司在将货物移交收货人时，应收回到付运费并退还发货方的航空货运代理公司。同时发货方的航空货运代理公司应向目的地的航空货运代理公司支付一定的手续费及产生的其他相关费用。

由于航空货运代理公司之间存在长期的互为代理协议，因此与其结算时一般不采取一票一结的办法，而采取应收应付互相抵消、在一定期限内以清单冲账的办法。

（二）航空公司出港货物的业务流程

航空公司出港货物的业务流程是指自航空货运代理公司将货物交给航空公司，直到货物装上飞机的整个业务流程。航空公司出港货物的业务流程如下。

1. 预审国际货物订舱单

国际货物订舱单（Cargo Booking Advance，CBA）由航空公司吨控部门的国际吨控室开具，为配载人员进行配载工作的依据，配载人员一般应严格按照CBA要求配货。

（1）根据CBA，了解旅客人数，货邮订舱情况，有无特殊货物。对经停的国际航班，需了解前后站的旅客人数、舱位利用情况。

（2）估算本航班最大可利用货邮业载和舱位，计算公式如下。

货邮业载＝商务业载－行李重量货邮舱位＝总货舱位－行李舱位

（3）预划平衡。根据订舱情况，旅客人数及前、后舱分布，对飞机内舱位使用情况做到胸中有数，如有问题，可在预配货物时及时调整。

（4）了解有关航线上待运货物情况。结合CBA，及时发现有无超订情况，如有疑问，及时向航空公司吨控部门了解。

2. 整理货物单证

货物单证主要包括已入库大宗货物、现场收运的货物、中转的散货三个方面的单证。

1）已入库大宗货物的单证

（1）检查入库通知单，交接清单（板箱号、高低板标识、重量及组装情况）是否清楚完整，运单是否和交接单一致。

（2）核对CBA，做好货物实际到达情况记录，如果出现未订舱货物，应将运单放回原处。

2）现场收运的货物的单证

根据航空货运代理公司提供的报关单、货物清单对运单进行审核，主要查看货物品名、件数、重量、运价及海关放行章。对化工产品，要求提供化工部门非危险品证明。

3）中转的散货的单证

（1）整理运单，询问货物到达情况及所在仓库区位。

（2）寻找并清点货物，决定组装方式。

3. 货物过磅、入库

（1）检查货物箱板（集装箱和集装板）组装情况，高度、收口等是否符合规定。

（2）将货物送至电子磅，记录重量，并悬挂吊牌。

（3）对装有轻泡货物的箱板，查看相应的运单，做好体积记录。

（4）在电脑中输入箱板号码、航班日期等，将货物码放在货架上。

4. 货物出港

对于货物出港环节，重点处理好制作平衡交接单和舱单的业务。

1）制作平衡交接单

配载工作全部完成后，制作平衡交接单。

(1) 注明航班、日期、机型、起飞时间、板箱号、重量、总板箱号、总重量。

(2) 对鲜活物品、快件、邮件及特殊物品作出标识。

(3) 标明高、中、低板。

(4) 交接单一式四份，一份交平衡室，一份交外场，一份交内场出仓，一份交接后留底。

2）制作舱单

(1) 对航班所配货物的运单进行整理核对。

(2) 将运单和货物组装情况输入电脑。

(3) 制作舱单。

知识链接

货运舱单（Cargo Manifest）：是每一架飞机所装载货物、邮件的运输凭证清单；是每一航班总申报单的附件；是向出境国、入境国海关申报飞机所载货物、邮件情况的证明文件；也是承运人之间结算航空运费的重要凭证之一。

货物转港舱单（Cargo Transfer Manifest，CTM）：由交运承运人填写，是货物交运承运人和货物接运承运人之间交接货物的重要运输凭证；也是承运人之间结算航空运费的重要凭证之一。

二、国际航空货物运输的进口业务流程

国际航空货物运输的进口业务流程主要包含两大部分：航空公司进港货物的业务流程和航空货物进口运输代理业务流程。

（一）航空公司进港货物的业务流程

航空公司进港货物的业务流程是指从飞机到达目的地机场，承运人把货物卸下飞机直到交给收货人或其代理人的整个业务流程。

1. 进港航班预报

填写航班预报记录本，以当日航班进港预报为依据，在航班预报记录本中逐项填写航班号、预计到达时间。预先了解货物情况，在每个航班到达之前，从查询部门获取航班电报，了解到达航班的货物装机情况及特殊货物的处理情况。

2. 办理货物海关监管

业务袋收到后，首先检查业务袋中的文件是否完备，业务袋中通常包括货运单、货运舱单、邮件路单等运输文件。检查完后，将货运单送到海关办公室，由海关人员在货运单上加盖海关监管章。

3. 分单业务

在每份货运单的正本上书写到达航班的航班号和日期。认真审核货运单，注意货运单上所列目的港、代理公司、品名和运输保管注意事项。如有联程货运单则转交货物中转部门。

4. 核对货运单和货运舱单

若货运舱单上有分批货，则应把分批货的总件数标在总运单号之后，并注明分批标志；把货运舱单上列出的特种货物、联程货物圈出。查看运单份数与舱单份数是否一致，做好多单、少单记录，将多单运单号码加在货运舱单上，多单运单交查询部门。

5. 制作国际进口货物航班交接单

根据标好的一套货运舱单，将航班号、日期、总运单号、数量、重量、特种货物、代理商、分批货、不正常现象等信息输入电脑，打印出国际进口货物航班交接单。

6. 货物交接

中转货物和中转运单、货运舱单交出港操作部门；邮件和邮件路单交邮局。

（二）航空货物进口运输代理业务流程

航空货物进口运输代理业务流程，是指航空货运代理公司对于货物从入境到提取或转运整个流程的各个环节办理所需手续及准备相关单证的全过程。航空货物进口运输代理业务流程包括代理预报、交接单货、理货与仓储、理单与到货通知、制单与报关、发货与收费、送货与转运等。

1. 代理预报

在国外发货前，由发货地航空货运代理公司将总运单号、航班号、件数、重量、品名、实际收货人及地址、联系电话等内容发给目的地航空货运代理公司，这一过程被称为预报。预报的目的是使目的地航空货运代理公司做好接货前的所有准备工作。注意事项如下。

（1）注意中转航班。中转航班的延误会使实际到达时间和预报时间出现差异。

（2）注意分批货物。从国外一次性运来的货物在国内中转时，由于国内载量的限制，往往采用分批的方式运输。

2. 交接单货

航空货物入境时，与货物相关的单证也随机到达，运输工具及货物处于海关监管之下。货物卸下后，将货物存入航空公司或机场的监管仓库，进行进口货物舱单录入，将舱单上总运单号、收货人、始发站、目的站、件数、重量、货物品名、航班号等信息通过电脑传输给海关留存，供报关使用。同时根据运单上的收货人及地址邮寄发取单、提货通知单。若运单上的收货人或通知人为某航空货运代理公司，则把运输单据及与之相关的货物交给该航空货运代理公司。

航空公司的地面代理人向航空货运代理公司交接的有：国际货物交接清单、总运单、随机文件、货物。交接时做到单单核对，即交接清单与总运单核对；单货核对，即交接清单与货物核对。

航空货运代理公司在与航空公司办理交接手续时，应根据运单及交接清单核对实际货物，若存在有单无货或有货无单的情况，应在交接清单上注明，以便航空公司组织查询并通知入境地海关。

发现货物短缺、破损或其他异常情况时，应向航空公司索要商务事故记录，以作为实际收货人交涉索赔事宜的依据。部分货损不属于运输责任，因为在实际操作中，部分货损是指整批货物或整件货物中极少一部分受损，是航空运输极易发生的损失，故航空公司不一定愿意开具证明，即使开具了“有条件、有理由”证明，实际收货人也难以向航空公司索赔，但可据以向保险公司提出索赔。对货损责任难以确定的货物，可暂将货物留在机场，商请实际收货人一并到场处理。

3. 理货与仓储

航空货运代理公司自航空公司接货后，即将货物通过短途驳运运进自己的监管仓库，组织理货及仓储工作。

4. 理单与到货通知

(1) 理单。集中托运，总运单项下拆单；分类理单、编号；编制种类单证。

(2) 到货通知。货物到目的港后，货运代理人应从航空运输的时效角度出发，为货主（即实际收货人）减少所需支付的仓储费，避免海关征收滞报金，尽早、尽快地通知货主到货情况，提醒货主配齐有关单证，尽快报关。

(3) 正本运单处理。电脑打印海关监管进口货物入仓清单（一式五份），分别提交检验检疫部门和海关，提交给海关的两份中，一份海关留存，另一份海关签字后收回存档。运单上一般需盖妥多个章：监管章（总运单）、航空货运代理公司分运单确认章（分运单）、检验检疫章、海关放行章等。

5. 制单与报关

1) 制单、报关、运输的形式

除部分进口货物存放航空公司监管仓库外，大部分进口货物存放于各航空货运代理公司自有的监管仓库。由于货主的需求不一，货物到货后的制单、报关、运输一般有以下几种形式。

(1) 航空货运代理公司代办制单、报关、运输手续。

(2) 货主自行办理制单、报关、运输手续。

(3) 航空货运代理公司代办制单、报关手续，货主自行办理运输手续。

(4) 货主自行办理制单、报关手续后，委托航空货运代理公司运输。

(5) 货主自行办理制单手续，委托航空货运代理公司报关和办理运输手续。

2) 进口制单

制单指按海关要求，依据运单、发票、装箱单及证明货物合法进口的有关批准文件，制作“进口货物报关单”。部分货主要求异地清关时，在符合海关规定的情况下，制作“转关运输申报单”办理转关手续。

3) 进口报关

报关大致分为初审、审单、征税、验放四个主要环节。

4) 报关期限与滞报金

(1) 按《中华人民共和国海关法》（以下简称《海关法》）规定，进口货物报关期限为自运输工具进境之日起14日内，超过这一期限报关的，由海关征收滞报金。

（2）滞报金每天的征收标准为进口货物完税价格的千分之零点五。

5）航空货运代理公司对开验工作的实施

客户自行报关的货物，一般由货主到航空货运代理公司监管仓库借出货物，由航空货运代理公司派人陪同货主一并协助海关开验。客户委托航空货运代理公司报关的，航空货运代理公司通知货主，由其派人前来或书面委托代办开验。开验后，航空货运代理公司须将已开验的货物封存，运回监管仓库储存。

海关对开箱后影响运输的大件货物实施开验时，航空货运代理公司及货主应如实将情况向海关说明，可申请海关特派员到航空货运代理公司监管仓库开验，或直接到货主单位实施开验。

6. 发货与收费

（1）发货。办完报关、报检等手续后，货主须凭盖有海关放行章、检验检疫章的进口提货单到所属监管仓库付费提货。仓库发货时，须检验提货单上各类报关、报检章是否齐全，并登记提货人的单位、姓名、身份证号以确保准确发货。保管员发货时，须再次检查货物情况，遇有破损、短缺，应向货主做出交代。

（2）收费。航空货运代理公司监管仓库在发放货物前，一般先将费用收妥。收费内容有：到付运费及垫付佣金；单证、报关代办费；仓储费；装卸、铲车费；航空公司到港仓储费；海关预录入、报检等代收代付费；关税及垫付佣金等。

除每次结清费用并提货的货主外，长期货主可与航空货运代理公司签订财务付费协议，实施先提货、后付款、按月结账的付费方法。

7. 送货与转运

出于多种因素考虑（对便利性、节省费用、运力所限的考虑），许多货主或国外发货人要求将进口到达货由航空货运代理公司报关、垫税，提货后直接运输到收货人手中。航空货运代理公司在代理客户制单、报关、垫税、提货、运输的一揽子业务中，工作熟练，衔接紧密，服务到位，因而受到货主的欢迎。

（1）送货上门业务。主要指进口清关后货物直接运送至货主单位，运输工具一般为汽车。

（2）转运业务。主要指将进口清关后的货物转运至内地的航空货运代理公司，运输方式为航空运输、公路运输、铁路运输、水路运输等。

办理转运业务，需由内地的航空货运代理公司协助收取相关费用，同时口岸航空货运代理公司亦应支付一定比例的代理佣金给内地航空货运代理公司。

（3）进口货物转关及转关运输业务。进口货物转关是指货物入境后不在进境地海关办理进口报关手续，而运往另一设关地点办理进口报关手续，在办理进口报关手续前，货物一直处于海关监管之下。转关运输亦称监管运输，意为此运输过程置于海关监管之中。

知识链接

1. 转关条件

进口货物经申请人向进境地海关提出申请，并具备下列条件者，经海关核准方可办理转关运输手续。

(1) 指运地设有海关机构的，或虽未设海关机构，但分管海关机构同意办理转关运输手续，即收货人所在地必须设有海关机构，或邻近地区设有分管该地区的海关机构。

(2) 运载转关货物的运输工具和装备具备密封和加封条件（超高、超长及无法封入运输工具和装备的除外）。海关规定，转关货物采用汽车运输时，必须使用封闭式的集装箱车，由进境地海关加封，指运地海关启封。

(3) 承运转关货物的企业是经海关核准的运输企业。一般运输企业，尤其是个体运输者，即使拥有集装箱车，也不能办理转关运输手续。

不具备上述条件，但有特殊情况的，经海关核准，也可以办理转关运输手续。

办理转关运输手续还应遵守海关的其他有关规定，如转关货物必须存放在海关同意的仓库、场所，并按海关规定办理收存、交付手续；转关货物未经海关许可，不得开拆、改装、调换、提取、交付；对海关加封的运输工具和货物，应当保持关封完整，不能擅自开启，必须负责将进境地海关签发的关封完整、及时地交指运地海关，并在海关规定的期限内办理进口手续。

2. 转关运输手续

转关货物无论采用航空运输、公路运输、铁路运输，转关申请人（或货运代理）均须首先向指运地海关申请“同意接收××运单项下进口货物转关运输至指运地”的关封。

办理进口货物转关运输手续时，应向进境地海关递交以下资料。

(1) 指运地海关同意转关运输的关封。

(2) 转关运输申报单。

(3) 国际段空运单、发票。

进境地海关审核货运单证，同意转关运输后，应进行以下操作。

(1) 将货物运单号和指运地的地区代号输入电脑进行核销，并将部分单证留存。

(2) 将运单、发票、转关货物准单各备一份装入关封内，填妥关封号，加盖验讫章。

(3) 在运单正本上加盖放行章。

(4) 在海关配发给各货运代理公司的转关登记簿上登记，待以后收回回执核销。

(5) 采用汽车转关运输时，需在海关颁发的货运代理监管运输车辆的载运海关监督货物车辆登记簿上登记、核销。

三、航空货物运价和费用

（一）航空运费计算基础知识

1. 航空运价的概念

航空运价又称航空费率，是指承运人对所运输的每一重量单位货物（千克或磅）所收取的自始发地机场至目的地机场的航空费用。货物的航空运价一般以运输始发地的本国货币表示。

2. 航空运费的概念

货物的航空运费是指将一票货物自始发地机场运输到目的地机场所应收取的航空运输费用。货物的航空运费主要由两个因素组成，即货物适用的运价与货物的计费重量。航空运费不包括其他费用，如地面运输、仓储、制单、清关等费用。

（二）航空运输区划分

与其他运输方式不同的是，国际航空货物运输中与运费有关的各项规章制度、运费水平都是由国际航协统一协调、制定的。在充分考虑了世界上各个国家、地区的社会经济、贸易发展水平后，国际航协将全球分成三个区域，简称航协区，每个航协区内又分成几个亚区。由于航协区的划分主要从航空运输业务的角度考虑，划分的依据是不同地区不同的经济、社会以及商业条件，因此和我们熟悉的世界行政区划有所不同。

（1）一区（TC1）。包括北美、中美、南美大陆及格陵兰岛、百慕大群岛和夏威夷群岛。

（2）二区（TC2）。由整个欧洲大陆（包括俄罗斯的欧洲部分）及毗邻岛屿，冰岛、亚速尔群岛，非洲大陆和毗邻岛屿，亚洲的伊朗及伊朗以西地区组成。本区也是和我们所熟知的政治地理区划差异最大的一个区，它主要由三个亚区组成：①非洲区：含非洲大多数国家及地区，但非洲北部的摩洛哥、阿尔及利亚、突尼斯、埃及和苏丹不包括在内。②欧洲区：包括欧洲国家，摩洛哥、阿尔及利亚、突尼斯三个非洲国家，土耳其（既包括其欧洲部分，也包括其亚洲部分）和俄罗斯（仅包括其欧洲部分）。③中东区：包括巴林、塞浦路斯、埃及、伊朗、伊拉克、以色列、约旦、科威特、黎巴嫩、阿曼、卡塔尔、沙特阿拉伯、苏丹、叙利亚、也门等国家及地区。

（3）三区（TC3）。由整个亚洲大陆及毗邻岛屿（已包括在二区的部分除外），澳大利亚、新西兰及毗邻岛屿，太平洋岛屿（已包括在一区的部分除外）组成。它主要由四个亚区组成：①南亚大陆区：包括阿富汗、印度、巴基斯坦、斯里兰卡等南亚国家。②东南亚区：包括中国（含港、澳、台地区）、东南亚诸国、蒙古、俄罗斯（亚洲部分）及土库曼斯坦等独联体（独立国家联合体）国家、密克罗尼西亚等群岛地区。③西南太平洋区：包括澳大利亚、新西兰、所罗门群岛等。④日本、朝鲜区：仅含日本和朝鲜。

（三）航空运输的计费重量

航空运输的计费重量是指用以计算货物航空运费的重量。货物的计费重量或者是货物的实际毛重，或者是货物的体积重量，或者是较高重量分界的重量。

1. 实际毛重（Actual Gross Weight）

实际重量包括货物包装在内的货物重量，称为货物的实际毛重。由于飞机最大起飞重量及货舱可用货载的限制，一般情况下，对于高密度货物（High Density Cargo），应考虑其货物实际毛重可能会成为计费重量。

2. 体积重量（Volume Weight）

按照国际航协规则，将货物的体积按一定的比例折合的重量，称为体积重量。由于货舱空间体积的限制，一般对于低密度的货物（Low Density Cargo），即轻泡货物，考虑其体积重量可能会成为计费重量。

不论货物的形状是否为规则的长方体或正方体，计算货物体积时，均应以最长、最宽、最高的三边厘米长度计算。长、宽、高的小数部分按四舍五入取整，体积重量的换算标准为每 6000 立方厘米折合 1 千克。

3. 计费重量（Chargeable Weight）

一般地，计费重量采用货物的实际重量与货物的体积重量两者中较高者；但当货物按较高重量分界点的较低运价计算的航空运费较低时，则此较高重量分界点的货物起始重量作为货物的计费重量。国际航协规定，国际货物的计费重量以 0.5 千克为最小单位，重量尾数不足 0.5 千克的，按 0.5 千克计算；0.5 千克以上不足 1 千克的，按 1 千克计算。例如，103.003 千克货物的计费重量为 103.5 千克，103.502 千克货物的计费重量为 104.0 千克。当使用同一份运单，收运两件或两件以上可以采用同样种类运价计算运费的货物时，其计费重量规定如下：计费重量为货物总的实际毛重与总的体积重量两者中较高者。同上所述，较高重量分界点的货物起始重量也可能成为货物的计费重量。

4. 最低运费（Minimum Charge）

最低运费是指一票货物自始发地机场至目的地机场航空运费的最低限额。货物按其适用的航空运价与其计费重量计算所得的航空运费，应与货物最低运费相比，最终取两者中较高者。

（四）普通货物运价

1. 基本知识

普通货物运价是指除了等级货物运价和指定商品运价以外的适用于普通货物运输的运价。该运价公布在《世界（除北美）运价手册》中。通常，普通货物运价根据货物重量不同，分为若干个重量等级分界点运价。例如，“N”表示标准普通货物运价（Normal General Cargo Rate），是指 45 千克以下的普通货物运价（如无 45 千克以下的普通货物时，N 表示 100 千克以下普通货物运价）。对于 45 千克以上的不同重量分界点的普通货物运价均用“Q”表示。同时，普通货物运价还公布有“Q 45”“Q 100”“Q 300”等不同重量等级分界点的运价。这里“Q 45”表示 45 千克以上（包括 45 千克），100 千克以下的普通货物的运价，以此类推。用货物的计费重量和其适用的普通货物运价计算而得的航空运费不得低于运价资料上公布的航空运费的最低收费标准（M）。

这里，代号“N”“Q”“M”在航空货运单（AWB）的销售工作中，主要用于填制货运单运费计算栏中“Rate Class”（运价种类）一栏。

2. 运费计算

1）运费计算步骤的术语解释

Volume：货物体积。

Volume Weight：体积重量。

Gross Weight：货物毛重。

Chargeable Weight：计费重量。

Applicable Rate：适用运价。

Weight Charge：航空运费。

2）计算步骤

第1步：计算出航空货物的体积及体积重量。体积重量的换算标准为每6000立方厘米折合1千克。

第2步：计算货物的总重量，公式如下。

总重量＝单个商品重量×商品总数

第3步：比较体积重量与总重量，取大者为计费重量。根据国际航协规定，国际货物的计费重量以0.5千克为最小单位，重量尾数不足0.5千克的，按0.5千克计算；0.5千克以上不足1千克的，按1千克计算。

第4步：根据公布运价，找出适合计费重量的适用运价。

（1）计费重量小于45千克时，适用运价为GCR N的运价（GCR为普通货物运价，N运价表示重量在45千克以下的普通货物运价）。

（2）计费重量大于45千克（包括45千克）时，适用运价为GCR Q 45、GCR Q 100、GCR Q 300等与不同重量等级分界点相对应的运价（航空货运对于45千克以上的不同重量分界点的普通货物运价均用“Q”表示）。

第5步：计算航空运费，公式如下。

航空运费＝计费重量×适用运价

第6步：若采用较高重量分界点的较低运价计算出的运费比第5步计算出的航空运费低时，取低者。

第7步：比较第6步计算出的航空运费与最低运费，取高者。

【例4-1】

有6箱工具由上海运往巴黎，具体信息如下。

货物：工具

货物毛重：59.70千克

每箱货物包装尺寸：23厘米×28厘米×84厘米

公布运价如表4-1所示。

表 4-1　　公布运价 1

KGS	CNY
M	320.00
N	50.70
45	41.43
300	37.90

求：计算应收运费，并填写航空货运单运费计算栏。

解：

（1）工具属于普通货物。

（2）货物体积为：23×28×84×6＝324576.00（立方厘米）

体积重量为：324576÷ 6000≈54.10（千克）

实际毛量为：59.70 千克

计费重量 I 为：60.00 千克

（3）适用运价：Q45 41.43 元/千克

运费 I：60.00×41.43＝2485.80（元）

（4）较高临界点运价：Q300 37.90 元/千克

较高临界点运费 II：300×37.90＝11370.00（元）

（5）运费 I 与运费 II 两者取小，即 2485.80 元。

（6）与最低运费比较，取大，即 2485.80 元。

这里航空运价是 Q 45，故航空货运单运费计算栏中“Rate Class”为 Q，而不是 N。

（五）指定商品运价

1. 基本知识

指定商品运价（Specific Commodity Rate，SCR）是指适用于自规定的始发地至规定的目的地特定品名货物的运价。

通常情况下，指定商品运价低于相应的普通货物运价。就其性质而言，该运价是一种优惠性质的运价。

国际航协公布指定商品运价时，将货物划分为下列各品种。

（1）0001～0999 食用动物和植物产品。

（2）1000～1999 活动物和非食用动物及植物产品。

（3）2000～2999 纺织品、纤维及其制品。

（4）3000～3999 金属及其制品，不包括机械、车辆、电器设备。

（5）4000～4999 机械、车辆和电器设备。

（6）5000～5999 非金属矿产品及其制品。

（7）6000～6999 化工品及其制品。

（8）7000～7999 纸、芦苇、橡胶和木材及其制品。

（9）8000～8999科学和贵重的仪器及其零件。

（10）9000～9999其他货物。

这些大的品类下还会再细分，较详细地解释各种货物。

指定商品运价适用于在特定的始发站和到达站航线上运输的特种货物。公布指定商品运价时，同时公布最低重量。

2. 运费计算

1）条件

在使用指定商品运价时，只要所运输的货物满足下述三个条件，则运输始发地和运输目的地就可以直接使用指定商品运价。

（1）运输始发地至目的地之间有公布的指定商品运价。

（2）托运人所交运的货物，其品名与有关指定商品运价的货物品名相吻合。

（3）货物的计费重量满足指定商品运价使用时的最低重量要求。

2）计算步骤

（1）先查询运价表，如有指定商品代号，则考虑使用指定商品运价。

（2）查找《世界（除北美）运价手册》的品名表，找出货物的指定商品代号。

（3）如果货物的计费重量超过指定商品运价的最低重量，则优先使用指定商品运价。如果货物的计费重量没有达到指定商品运价的最低重量，分别按普通运价和指定商品运价使用规则计算运费，取运费较低者。

【例4-2】有一票货物需从北京运至日本大阪，具体信息如下。

货物：鲜苹果

货物毛重：每箱重65.20千克，共5箱

每箱货物包装尺寸：102厘米×44厘米×25厘米

计算该票货物的航空运费。

公布运价如表4-2所示。

表4-2　　　　公布运价2

BEIJING	CN		BJS
Y. RENMINBI	CNY		KGS
OSAKA	JP	M	230.00
		N	37.51
		45	28.13
	0008	300	18.80
	0300	500	20.61
	1093	100	18.43
	2195	500	18.80

解：

符合“0008”SCR使用条件。

货物体积：102×44×25×5＝561000.00（立方厘米）

体积重量：561000÷6000＝93.50（千克）

货物毛重：65.20×5＝326.00（千克）

计费重量：326.00千克

适用运价：SCR 0008/Q 300 18.80元/千克

航空运费：326.00×18.80＝ 6128.80（元）

（六）货物的等级运价

货物的等级运价，仅适用于在指定的地区内少数货物的运输，通常是在普通货物运价基础上加或减一定的百分比。当某一种货物没有特定货物运价可适用时，方可使用合适的等级运价。其最低重量规定为5千克。适用等级运价的主要有以下货物。

（1）活动物、活动物集装箱和笼子。

（2）贵重物品。

（3）尸体。

（4）纸、定期刊物、书籍、商品目录、盲人和聋哑人专用设备等。

（5）作为货物托运的行李。

前3类的运价按45千克以下的普通货物运价的200%计收。

第4~5类的运价按45千克以下的普通货物运价的50%计收。

第三节 航空货运单证

一、基本概念

航空货运单（Air Waybill，AWB）是托运人或托运人委托承运人或其代理人填制的，托运人和承运人之间为在承运人的航线上承运托运人货物所订立运输契约的凭证，其内容对双方均具有约束力。常见的航空货运单上有出票航空公司标志。

二、航空货运单性质

航空货运单与海运提单有很大不同，不是代表所托运货物的所有权的物权凭证，持有航空货运单也并不能说明具有对货物的所有权，而是不可议付的单据。航空货运单不可转让，所有权属于出票航空公司，对在右上端印有“不可转让”（Not Negotiable）字样的航空货运单，不得随意删除或篡改。

三、航空货运单作用

1. 航空货运单是承运人签发的已接收货物的证明

航空货运单也是货物收据，在发货人将货物发运后，承运人或其代理人就会将其中一联（发货人联）交给发货人，作为已经接收货物的证明。除非另外注明，它是承运人收到货物并在货物良好条件下装运的证明。

2. 航空货运单是承运人据以核收运费的账单

航空货运单分别记录着应由收货人负担的费用，包括应支付给承运人的费用和应支付给代理人的费用，并详细列明费用的种类、金额，因此可作为运费账单和发票。承运人往往也将其中的承运人联作为记账凭证。

3. 航空货运单是报关单证之一

出口时航空货运单是报关单证之一。在货物到达目的地机场进行进口报关时，航空货运单通常是海关查验放行的基本单证。

4. 航空货运单同时可作为保险证书

如果承运人承办保险或发货人要求承运人代办保险，则航空货运单也可用来作为保险证书。

5. 航空货运单是承运人处理内部业务的依据

航空货运单随货同行。运单上载有有关该票货物发送、转运、交付的事项，承运人会据此对货物的运输作出相应安排。

航空货运单的正本一式三份，每份都印有背面条款，其中一份交发货人，是承运人或其代理人接收货物的依据；一份由承运人留存，作为记账凭证；最后一份随货同行，在货物到达目的地，交付给收货人时作为核收货物的依据。

四、航空货运单的种类

航空货运单主要分为两大类。

1. 航空主运单（Master Air Waybill，MAWB）

凡由航空运输公司签发的航空货运单就称为主运单。它是航空运输公司据以办理货物运输和交付的依据，是航空运输公司和托运人订立的运输合同，每一批航空运输的货物都有与该批货物相对应的航空主运单。主运单一般一式12联，包括3联正本、6联副本、3联额外副本，其中3份正本分别交给航空运输公司、托运人和收货人。6份副本分别用于提取货物、交目的地机场、交代理和交第一、二、三承运人。

2. 航空分运单（House Air Waybill，HAWB）

集中托运人在办理集中托运业务时签发的航空货运单被称作航空分运单。在集中托运的情况下，除了航空运输公司签发主运单外，集中托运人还要签发航空分运单。航空主运单与航空分运单流转过程如图4-2所示。

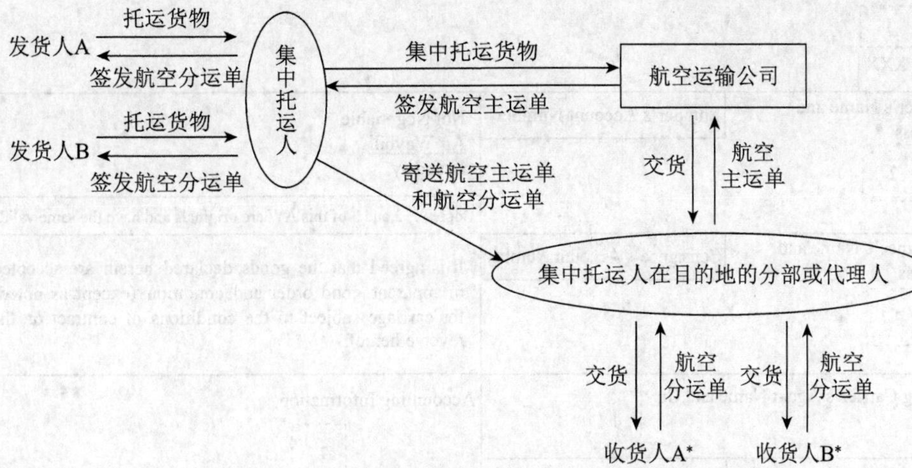

图 4-2 航空主运单与航空分运单流转过程示意

航空分运单作为集中托运人与发货人之间的货物运输合同，合同双方分别为集中托运人和发货人；航空主运单作为航空运输公司与集中托运人之间的货物运输合同，合同双方为航空运输公司和集中托运人。发货人与航空运输公司没有直接的契约关系。不仅如此，由于在起运地，货物由集中托运人交付航空运输公司，在目的地由集中托运人或其代理从航空运输公司处提取货物，再转交给收货人，所以发货人与航空运输公司也没有直接的货物交接关系。

五、航空货运单的内容

航空货运单与海运提单类似，也有正面、背面条款之分，不同的航空公司也会有自己独特的航空货运单格式。所不同的是，航运公司的海运提单可能千差万别，但各航空公司所使用的航空货运单则大多借鉴 IATA 所推荐的标准格式，差别并不大。下面以图 4-3 为例，对需要填写的主要栏目进行说明。

根据图 4-3 数字代码所表示的区域，将航空货运单填写内容剖析如下。

(1) 始发站机场：需填写 IATA 统一制定的始发站机场或城市的三字代码。航空公司代码同样采用 IATA 统一编制的航空公司代码。

(2) 托运人姓名、住址（Shipper's Name and Address）：填写发货人姓名、地址、所在国家及联系方式。

托运人账号（Shipper's Account Number）：只在必要时填写。

(3) 收货人姓名、住址（Consignee's Name and Address）：应填写收货人姓名、地址、所在国家及联系方式。与海运提单不同，因为航空货运单不可转让，所以“To order”之类的字样不得出现。

收货人账号（Consignee's Account Number）：同 2 栏中的托运人账号一样，只在必要时填写。

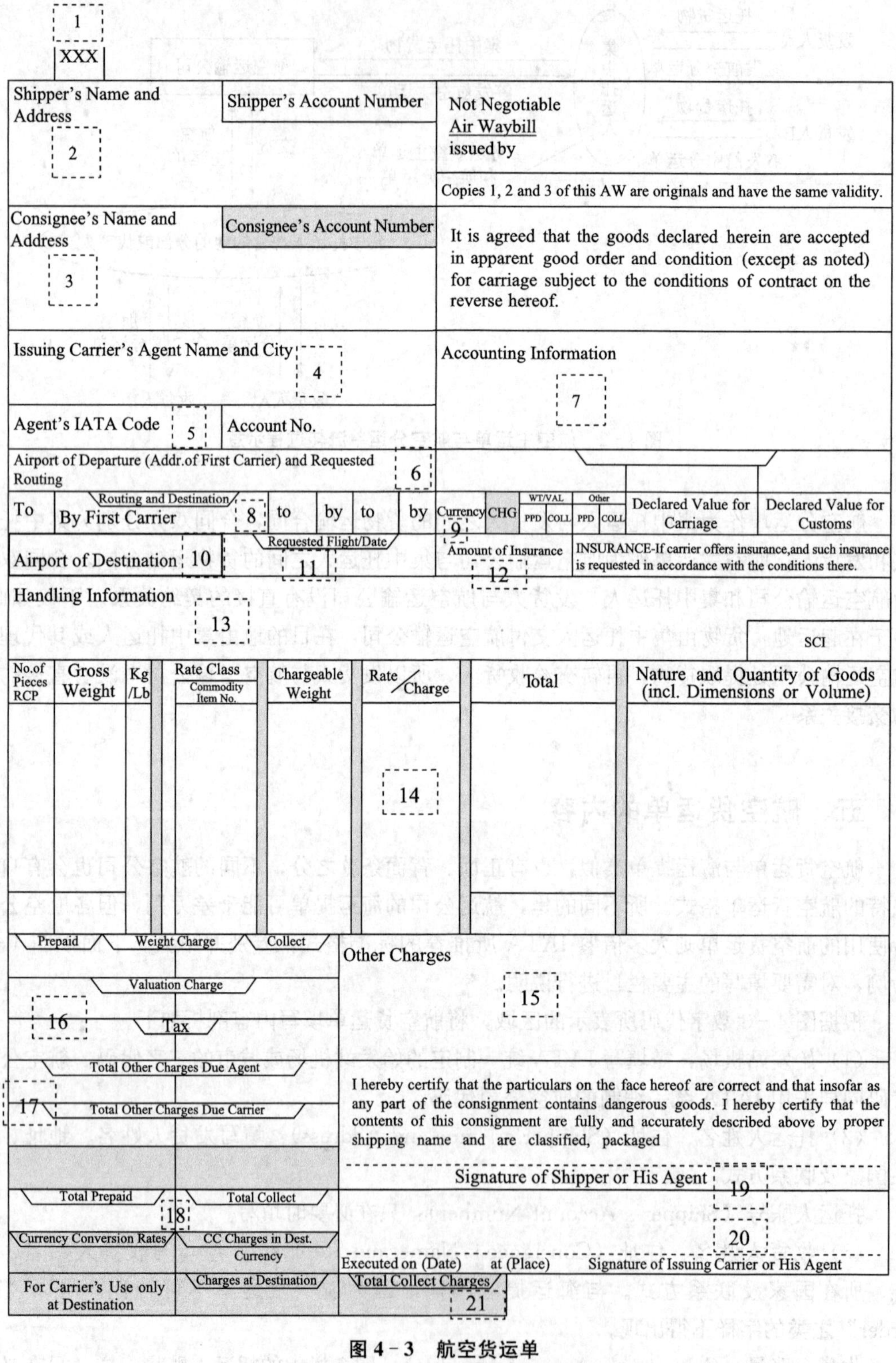

1 XXX

Shipper's Name and Address 2 | Shipper's Account Number | Not Negotiable Air Waybill issued by

Copies 1, 2 and 3 of this AW are originals and have the same validity.

Consignee's Name and Address 3 | Consignee's Account Number | It is agreed that the goods declared herein are accepted in apparent good order and condition (except as noted) for carriage subject to the conditions of contract on the reverse hereof.

Issuing Carrier's Agent Name and City 4 | Accounting Information 7

Agent's IATA Code 5 | Account No.

Airport of Departure (Addr.of First Carrier) and Requested Routing 6

To | Routing and Destination By First Carrier 8 | to | by | to | by | Currency 9 | CHG | WT/VAL PPD COLL | Other PPD COLL | Declared Value for Carriage | Declared Value for Customs

Airport of Destination 10 | Requested Flight/Date 11 | Amount of Insurance 12 | INSURANCE-If carrier offers insurance,and such insurance is requested in accordance with the conditions there.

Handling Information 13

SCI

No.of Pieces RCP | Gross Weight | Kg /Lb | Rate Class Commodity Item No. | Chargeable Weight | Rate / Charge | Total | Nature and Quantity of Goods (incl. Dimensions or Volume)

14

Prepaid | Weight Charge | Collect | Other Charges 15

Valuation Charge

16 Tax

Total Other Charges Due Agent

17 Total Other Charges Due Carrier

I hereby certify that the particulars on the face hereof are correct and that insofar as any part of the consignment contains dangerous goods. I hereby certify that the contents of this consignment are fully and accurately described above by proper shipping name and are classified, packaged

Signature of Shipper or His Agent 19

Total Prepaid | 18 | Total Collect

Currency Conversion Rates | CC Charges in Dest. Currency | 20

Executed on (Date) at (Place) Signature of Issuing Carrier or His Agent

For Carrier's Use only at Destination | Charges at Destination | Total Collect Charges 21

图 4-3　航空货运单

注：为保证英文释义的完整性，以下英文描述文字不与图 4-3 中完全对应。

(4) 承运人的代理人名称和所在城市（Issuing Carrier's Agent Name and City)。

(5) 代理人的 IATA 代号（Agent's IATA Code)、代理人账号（Account No.)。

(6) 始发站机场及所要求的航线［Airport of Departure（Addr. of First Carrier) and Requested Routing]：这里的始发站应与1栏填写的相一致。

(7) 支付信息（Accounting Information)：此栏只有在采用特殊付款方式时才填写。

(8) 去往（To)：分别填入第一、二、三中转站机场的 IATA 代码。承运人（By First Carrier)：分别填入第一、二、三段运输的承运人。

(9) 货币（Currency)：填入 ISO 货币代码（由国际标准化组织制定的货币代码)。

收费代号：表明支付方式。

运费及声明价值费（Weight Charge/Valuation Charge，WT/VAL)：此时可以有两种情况：预付（Prepaid，PPD）或到付（Collect，COLL)。如预付在 PPD 栏目中填入“√”，否则在 COLL 栏目中填“√”。需要注意的是，航空货物运输中运费与声明价值费支付的方式必须一致，不能分别支付。

其他费用（Other)：也有预付和到付两种支付方式。

运输声明价值（Declared Value for Carriage)：在此栏填入发货人要求的，用于运输的声明价值。如果发货人不要求声明价值，则填入“NVD”。

海关声明价值（Declared Value for Customs)：发货人在此填入对海关的声明价值，或者填入“NVC”，表明没有海关声明价值。

(10) 目的地机场（Airport of Destination)：填写最终目的地机场的全称。

(11) 航班及日期（Requested Flight/Date)：填入所载货物航班及日期。

(12) 保险金额（Amount of Insurance)：只有在航空公司提供代办保险业务，而客户也有此需要时才填写。

(13) 操作信息（Handling Information)：一般填入承运人对货物处理的有关注意事项的说明，如“Shipper's certification for live animals（托运人提供活动物证明）”等。

(14) 此区域填写货物运价与运费细节。

货物件数和运价组成点（No. of Pieces RCP)：填入货物包装件数。如 10 包即填“10”。当需要组成比例运价或分段相加运价时，在此栏填入运价组成点机场的 IATA 代码。

毛重（Gross Weight)：填入货物总毛重。

重量单位（Kg/Lb)：可选择千克（Kg）或磅（Lb)。

运价等级（Rate Class)：针对不同的航空运价共有 M、C、S、R、N、Q 6 种代码。

商品代码（Commodity Item No.)：在使用特种运价时需要在此栏填写商品代码。

计费重量（Chargeable Weight)：此栏填入航空公司据以计算运费的计费重量，该重量可以与货物毛重相同，也可以不同。

运价（Rate/Charge)：填入该货物适用的费率。

运费总额（Total)：此栏数值应为最低运费值或者是运价与计费重量两栏数值的乘积。

货物的品名、数量，含尺码或体积［Nature and Quantity of Goods（incl. Dimensions or

Volume）]：货物的尺码应以厘米或英寸（1英寸≈2.54厘米）为单位，尺码分别以货物最长、最宽、最高边为基础。体积则是上述三边的乘积，单位为立方厘米或立方英寸。

（15）其他费用（Other Charges）：指除运费和声明价值费以外的其他费用。根据IATA规则，各项费用分别用3个英文字母表示。其中前两个字母是某项费用的代码，如运单费（Air Waybill Fee）就表示为AW。第三个字母是C或A，分别表示费用应支付给承运人（Carrier）或货运代理人（Agent）。

（16）分别记录运费、声明价值费（Valuation Charge）和税款金额（Tax），有预付与到付两种方式。

（17）分别记录需要付给货运代理人（Due Agent）和承运人（Due Carrier）的其他费用合计金额（Total Other Charges）。

（18）预付、到付的总金额（Total Prepaid，Total Collect）。

（19）发货人或其代理人的签字（Signature of Shipper or His Agent）。

（20）签单时间（日期）[Executed on（Date）]、地点[at（Place）]、承运人或其代理人的签字（Signature of Issuing Currier or His Agent）。

（21）到付费用总额（Total Collect Charges）：填写到付费用总额。

以上所有内容不一定要全部填入空运单，IATA规则也并未反对在运单中写入其他所需的内容。但这种标准化的单证对航空货运经营人提高工作效率，促进航空货运业向电子商务的方向迈进有着积极的意义。

第四节　国际航空运输中货运事故的处理

一、航空货物运输承运人的责任

针对航空货物运输中因货物的损失而产生的航空承运人与托运人之间的纠纷，于1929年通过的《华沙公约》系统地确立了航空承运人对托运人、乘客或收货人予以民事赔偿的责任制度。依《华沙公约》的规定，承运人应对货物在航空运输期间因毁灭、遗失或损坏而产生的损失负责。航空运输期间的活动不包括在航空站以外的任何陆运、海运或河运活动，但如果该项运输活动是为了履行航空运输合同而进行的装载、交货或转运空运货物的运输活动，如发生损失，也应视为是在航空运输期间发生的活动，除非有相反的证据，承运人也应对该损失负责。承运人还应对在航空运输中因延误而造成的货物损失负责。

同时《华沙公约》规定，承运人在下列情况下可以免除或减轻其责任：第一，如承运人能证明他和他的代理人或雇员为了避免损失，已经采取了一切必要的措施，或不可能采取这种措施时，承运人对货物的损失可以不负责任。第二，如承运人证明损失的发生是由于驾驶时、操作航空器时或航行时的过失引起的，并证明他和他的代理人已经在其他一切方面采取了必要的措施以避免损失时，承运人对货物的损失可不负责任。第三，如承运人证明受害人自己的过失是造成损失的原因或原因之一，则法院可依法免除或减轻承运人的责任。

二、索赔

(一) 索赔的含义

货物索赔是托运人、收货人或其代理人向承运人因其在货物运输组织的全过程所造成的货物毁灭、破损、遗失、变质、污染、延误、内容短缺等提出赔偿。

(二) 航空货物索赔的依据

我国航空货物索赔在航空货物运输过程中，主要是两种运输范围的问题：国际运输和国内运输。在国际航空货运中，索赔的主要法律依据是华沙体制中的《华沙公约》和《海牙议定书》(全称为《修改 1929 年 10 月 12 日在华沙鉴订的统一国际航空运输某些规则的公约的议定书》)；在国内航空货运中，主要是《中华人民共和国民用航空法》和《中国民用航空货物国内运输规则》。

知识链接

有权提出索赔的人员主要有以下几种。

1) 航空货运单上列明的托运人或收货人

向航空公司提出索赔的应是航空主运单上填写的托运人或收货人。客户或航空分运单上的托运人、收货人或其代理人应向航空主运单上填写的托运人或收货人提出索赔。

2) 持有航空货运单上托运人或收货人签署的权益转让书的人员

(1) 承保货物的保险公司。

(2) 索赔人委托的律师。

(3) 其他的有关单位。

(4) 集中托运货物的主托运人和主收货人。

如果收货人在到达站已将货物提取，则托运人将无权索赔。如托运人要求索赔，应该提供收货人出具的权益转让书。

(三) 航空货物索赔的地点和时限

1. 索赔的地点

托运人、收货人或其代理人在货物的始发站、目的站或损失事故发生时所在中转站，可以以书面的形式向承运人（第一承运人或最后承运人或当事承运人）或其代理人提出索赔要求。

2. 索赔的时限

(1) 基于货物损坏（包括短缺）提出的赔偿要求，应在发现时立即提出，最迟延至收到货物之日起 14 天内提出。

(2) 基于货物运输延误提出的赔偿要求应在货物由收货人支配之日起 21 天内提出。

(3) 基于货物毁灭或遗失提出的赔偿要求，应自填开货运单之日起 120 天之内提出。

任何异议均按上述规定期限向承运人以书面形式提出。除承运人有欺诈行为外，有权提取货物的人如果在规定时限内没有提出异议，将丧失对承运人或其代理人提出索赔的权利。

（4）对于提出索赔的货物，航空货运单的法律有效期为2年。

（四）航空货物索赔所需的文件

（1）正式索赔函2份（收货人/发货人向航空货运代理公司索赔、航空货运代理公司向航空公司索赔）。

（2）航空货运单正本或副本。

（3）货物商业发票、装箱清单和其他必要资料。

（4）货物舱单（航空公司复印）。

（5）货物运输事故签证（货物损失的客观详细情况）。

（6）商检证明（货物损失后由商品检验机构等中介机构所做的鉴定报告）。

（7）运输事故记录。

（8）来往电传。

三、理赔

（一）理赔的含义

理赔，即索赔的受理与审核，即承运人或其代理人受理索赔案件后，即须对这一索赔案件进行审核。通过举证与反举证，明确责任，确定损失金额的标准。如果在赔偿上未能达成一致意见，则根据法院判决或决议支付索赔金。

（二）理赔的最高限额

（1）理赔的最高限额以不超过声明价值为限。

（2）没有办理声明价值，按实际损失的价值进行赔偿，最高赔偿限额为20美元/千克。

（3）已使用航段的运费不退还，未使用航段的运费应退还索赔人。

实　训

一、实训目的

掌握国际航空运价的种类、航空运费的计算方法；理解航空货运单的填写方式。

二、实训内容

学生根据国际物流实务操作中关于出口货运代理的资料，按流程独自完成各环节业务操作，并提交操作结果；要求学生缮制国际货物托运单与航空货运单，完成出口货运代理业务的办理，填写国际货物托运单、航空货运单，并完成国际航空运费的计算。

练习题

一、判断题

1. 填写国际货物托运书时，若机场名称不明确，可填城市名称。（　　）
2. 航空货运单是一种运输合同。（　　）
3. 航空货运单和海运提单都属物权凭证。（　　）
4. 航空货运单是不可以转让的。（　　）
5. 航空货运单应用英文大写字母填制。（　　）

二、选择题

1. 以下四种国际航空运输方式中，（　　）是最快捷的运输方式。

A. 航空快件运输　　B. 联合运输

C. 包机运输　　D. 集中托运

2. 由航空公司签发的航空货运单均称为（　　）。

A. 航空分运单　　B. 航空主运单

C. 航空货运单　　D. 国内航空分运单

3. 航空货物运输费用包括运费和（　　）。

A. 附加费　　B. 声明价值附加费

C. 地面运费　　D. 中转手续费

4. 某种普通货物从 A 国运至 B 国，毛量为 4 千克，M 级运费为人民币 37.5 元，而 45 千克以下货物运价即等级运价为人民币 8 元/千克，应收运费为（　　）元。

A. 32　　B. 37.5

C. 32 或 37.5　　D. 35

5. 航空运费的计费重量，以实际毛重表示时，计费重量的最小单位是（　　）。

A. 0.5 千克　　B. 0.1 千克

C. 2 千克　　D. 5 千克

三、简答题

1. 航空货运的特点有哪些？
2. 航空快递的特点有哪些？
3. 简述航空货运单的性质和作用。
4. 航空货运单中 M、N、Q 各是何种含义？
5. 简述国际航空货运进、出口流程。

四、计算题

1. 从北京运往阿姆斯特丹的一批零部件，毛重 38.60 千克，体积尺寸为 101 厘米×58 厘米×32 厘米，请计算对应的航空运费，公布运价如表 4－3 所示。

2. 由北京运往东京一箱服装，毛重 28.40 千克，体积尺寸为 82 厘米×48 厘米×32 厘米，公布运价如表 4－4 所示。请计算该票货物的航空运费并将航空货运单的运费栏目填写完整（见表 4－5）。

表 4-3　公布运价 3

BEIJING	CN		BJS
Y. RENMINBI	CNY		KGS
AMSTERDAM	NL	M	320.00
		N	50.22
		45	41.53
		300	37.52

表 4-4　公布运价 4

BEIJING	CN		BJS
Y. RENMINBI	CNY		KGS
TOKYO	JP	M	320.00
		N	52.81
		45	44.46
		100	40.93

表 4-5　航空货运单的运费栏目

No. of Pieces	Gross Weight	Kg，Lb.	Rate Class	Chargeable Weight	Rate/ Charge	Total	Nature and Quantity of Goods

第五章　国际物流多式联运实务

学习目标

1. 掌握国际多式联运的概念与特点。
2. 理解国际多式联运经营人的概念和责任。
3. 熟悉国际多式联运业务组织与形式。
4. 掌握国际多式联运主要业务与流程。

导入案例

上海铁洋的国际多式联运

上海铁洋多式联运有限公司（以下简称“上海铁洋”）是中铁集装箱系统下，专业从事以铁路为主导的跨境多式联运全程物流解决方案供应商。公司是首家由中铁集装箱公司与外企合资、从事铁路集装箱运输业务的公司，由中铁铁龙集装箱物流股份有限公司（以下简称“中铁铁龙物流”）、中铁集装箱运输有限责任公司（以下简称“中铁集装箱公司”）和丹麦A.P.穆勒-马士基集团（以下简称“马士基集团”）共同出资。

上海铁洋总部设立于上海，自1996年成立以来，随着业务的不断拓展，已分别在深圳、哈尔滨、重庆、广州、郑州、成都、大连、乌鲁木齐、太原、呼和浩特、南宁、济南以及汉堡、阿拉木图、多斯特克和塔什干等地设立了分公司及办事处，形成了覆盖跨国境的铁路国际多式联运全程服务网络。公司核心运输业务有：铁路冷链及特种箱物流运输，中欧班列用箱管理，跨境铁路多式联运，国际铁路散、包列运输，国际海铁联运，国际公路联运、超限及超重货物运输以及内贸运输等。

上海铁洋拥有一支专业的国际联运操作团队，在秉承“诚信可靠、客户至上”的服务理念，并严格遵循安全、环保、健康、安保规定的前提下，对以铁路为主导的跨境多式联运全程物流各环节具备强大的控制能力和配备完善的保险制度。同时，上海铁洋通过先进的报价系统、成本控制系统、单证及货物跟踪系统，以及丰富的超限货物陆运经验，整合优化运输方案成本、节省运输时间，为客户创建安全、可靠、迅捷的多式联运运输体验。

上海铁洋拥有着铁路与船东背景的双重强力支持：中铁集装箱公司——中欧班列全程经营服务平台，中铁铁龙物流——中国铁路特种箱的唯一经营主体，马士基集团——全球规模较大的船公司，通过综合中方、外方股东的优势资源，上海铁洋成为其在未来推动和发展铁路集装箱业务的首选合资公司。公司拥有国际一级货运代理资质、中国无船承运经营资格、国际船舶代理经营资格、危险化学品经营许可、道路运输经营许可、海关进出口货物收发货人报关许可、主要沿海及内陆城市铁路车站国联直发代理资质等。公司利用这些特有的许可证和代理资质，提供例如国内货运、海关清关服务以及用户化一站式物流解决方案。上海铁洋希望通过向客户提供出色的定制物流解决方案，成为中国大陆地区国际铁路运输领域里的领先者。

第一节　国际多式联运概述

国际多式联运是国际物流发展的趋势，是现代国际物流发展的一个重要标志，它是现代物流思想的体现。

一、国际多式联运的概念和基本条件

（一）概念

国际多式联运是在集装箱运输的基础上产生和发展起来的一种综合性的连贯运输方式，它一般是以集装箱为媒介，把海、陆、空各种单一运输方式有机地结合起来，组成国际连贯运输。因此，多式联运是由两种及两种以上的交通工具相互衔接、转运而共同完成的运输过程。《联合国国际货物多式联运公约》对国际多式联运所下的定义是：按照多式联运合同，以至少两种不同的运输方式，由多式联运经营人将货物从一国境内接管货物的地点运到另一国境内指定交付货物的地点。而《海商法》对于国内多式联运的规定是，在所采用的运输方式中必须有海运。

多式联运是由多式联运经营人对托运人签订的一个运输合同统一组织全程运输，实行运输全程一次托运、一单到底、一次收费、统一理赔和全程负责，是一种以方便托运人和货主为目的的先进的货物运输组织形式。多式联运通常是以集装箱为运输单元，将不同的运输方式有机地组合在一起，构成连续的、综合性的一体化货物运输。通过一次托运、一次计费、一份单证、一次保险，由各运输区段的承运人共同完成货物的全程运输，即将货物的全程运输作为一个完整的单一运输过程来安排，与传统的单一运输方式在组织管理上有很大的不同，尤其是国际多式联运。

（二）基本条件

根据以上描述，构成国际多式联运的基本条件有以下几项。

（1）必须要有一个多式联运合同。该运输合同是多式联运经营人与托运人之间权利、义务、责任与豁免的合同关系和运输性质的确定，也是区别多式联运与一般的多种货物运输方式互相联结完成同一批货物的运输的主要依据。

（2）必须使用一份全程多式联运单证。该单证应满足不同运输方式的需要，并按单一运费率计收全程运费。

（3）必须是两种或两种以上的不同运输方式进行的连续运输。

（4）货物在运输全程的责任必须由一个多式联运经营人负责。该多式联运经营人不仅是订立多式联运合同的当事人，也是多式联运单证的签发人。当然，在多式联运经营人履行多式联运合同所规定的运输责任的同时，可将全部或部分运输业务委托他人（分承运人）完成，并订立分运合同。但分运合同的承运人与托运人之间不存在任何合同关系。

（5）对于国际多式联运，必须是通过两个或两个以上国家的国际间的货物运输。

二、国际多式联运的构成要素

1. 多式联运经营人

多式联运经营人一般是指经营多式联运业务的企业或机构。《联合国国际货物多式联运公约》中对多式联运经营人的定义：指本人或通过其代表订立多式联运合同的任何人，他是事主，而不是发货人的代理人或代表，或参加多式联运的承运人的代表人或代表，并且负有履行合同的责任。根据《国际集装箱多式联运管理规则》，多式联运经营人是指本人或者委托他人以本人名义与托运人订立一项多式联运合同并以承运人身份承担完成此项合同责任的人。由此可见，多式联运经营人是一个独立的法律实体，他的身份是一个对货主（托运人）负有履行合同责任的承运人。

2. 多式联运合同

多式联运合同一般是指货物托运人与多式联运经营人就运输对象全程联运达成的协议。在《联合国国际货物多式联运公约》中对多式联运合同规定：多式联运合同是指多式联运经营人凭以收取运费、负责完成或组织完成国际多式联运的合同。在国际上，这种合同一般是不要式（没有书面文本），是以多式联运单据来证明的。

3. 多式联运单据（票据）

多式联运单据可分为多式联运提单与多式联运运单。多式联运单据是指证明多式联运合同订立以及证明多式联运经营人接管货物并负责按合同条款交付货物的单据。多式联运经营人接管货物时，应签发一项多式联运单据，该单据应依发货人的选择，或为可转让单据，或为不可转让单据。多式联运单据应由多式联运经营人或经其授权的人签字。

4. 发货人

发货人一般是指本人或以其名义或其代表与多式联运经营人订立多式联运合同的任何人，或指本人或以其名义或其代表按照多式联运合同将货物实际交给多式联运经营人的任何人。

5. 收货人

收货人一般指有权提取货物的人。在国际多式联运中一般是指多式联运提单持有人，在国内多式联运中一般是指合同票据中记名的收货人。

6. 契约承运人与实际承运人

契约承运人一般是指与货主订立运输合同的人，在多式联运中是指与发货人订立多式联运合同的人（多式联运经营人）。根据合同，他是全程运输的总承运人，对货物全程运输负有责任。而实际承运人一般是指实际完成运输的承运人，在多式联运中是指与多式联运经营人订立组成全程运输的各区段运输合同（分运合同或分包合同），并实际承担各区段运输的人，他们是多式联运全程运输中的分运人或分包人，仅对自己承担区段的货物运输负责。

7. 货物

《联合国国际货物多式联运公约》中规定货物是由发货人提供的任何集装箱、货盘或类似的装运工具或包装。

三、国际多式联运的优越性

多式联运跟区段运输相比，是一种更高级的运输组织形式。传统的运输通常按运输方式来划分，如陆运、铁运或海运。尽管每一种运输方式都有其特有的功能（不同的成本和服务属性），但是各运输方式之间有很强的互补性。国际多式联运是目前的主要趋势，是这些年来发展起来的，将不同运输方式的优势组合起来，以满足运输需求者的特定运输要求。国际多式联运的优越性具体体现在以下几个方面。

(1) 使托运、结算及理赔手续更为简化，从而节省人力、物力和有关费用。在国际多式联运方式下，无论货物运输距离有多远，由几种运输方式共同完成，且不论运输途中货物经过多少次转换，所有一切运输事项均由多式联运经营人负责办理。托运人只需办理一次托运，订立一份运输合同，支付一次费用，购买一次保险，从而省去托运人办理托运手续的许多不便。同时，由于多式联运采用一份货运单证，统一计费，因而也可简化制单和结算手续，节省人力和物力。此外，一旦运输过程中发生货损、货差，由多式联运经营人对全程运输负责，从而也可简化理赔手续，减少理赔费用。

(2) 通过缩短货物运输时间和减少库存，降低货损、货差事故发生率，从而提高货运质量，提高客户满意度。在国际多式联运方式下，各个运输环节和各种运输工具之间配合密切，衔接紧凑，货物所到之处中转迅速、及时，大大减少货物的在途停留时间，从根本上保证了货物安全、迅速、准确、及时地运抵目的地，也相应地降低了货物的库存量和库存成本。同时，多式联运以集装箱为运输单元进行直达运输，尽管货运途中需经多次转运，但由于使用专业机械装卸，且不涉及箱内货物，因此货损、货差事故大大减少，从而在很大程度上提高了货物的运输质量。

(3) 通过降低运输成本，节省各种支出。多式联运的特点是可实现门到门运输，因此对货主来说，在货物交由第一承运人以后即可取得货运单证，并据以结汇，从而提前了结汇时间。这不仅有利于加速货物占用资金的周转，而且可以减少利息的支出。此外，由于货物是在集装箱内进行运输的，因此从某种意义上来看，可相应地节省货物的包装、理货和保险等费用的支出。

(4) 通过提高运输管理水平，实现运输合理化。对于区段运输而言，由于各种运输方式的经营人各自为政，自成体系，因而其经营业务范围受到限制，货运量有限。而一旦由不同的经营人共同参与多式联运，经营的范围可以大大扩展，同时可以最大限度地发挥其现有设备作用，选择最佳运输线路组织合理化运输。

(5) 其他作用。从政府的角度而言，国际多式联运的发展具有重要意义，使得政府部门对整个货物运输链的监督与管理加强；保证本国在整个货物运输过程中获得较大的运费收入分配比例；有助于引进新的先进运输技术；减少外汇支出；改善本国基础设施的利用状况；通过国家的宏观调控与指导职能，保证使用对环境破坏最小的运输方式，达到保护本国生态环境的目的。一国范围内的多式联运也具有简化手续、缩短货物运输时间、降低货损、货差事故发生率、提高货运质量、降低运输成本、提高运输管理水平等优点。

四、国际多式联运的起源、发展问题和发展现状

(一) 国际多式联运的起源

国际多式联运发展至今已经有几十年的历史了，追溯其起源和发展过程，首先要从集装箱的出现说起。从 19 世纪甚至更早的时候，很多人就开始探索提高运输装卸效率的有效途径。集装化、单元化的思想应运而生，将货物装入集装箱进行运输的构想不断被实现和推广。随着国际贸易和运输技术的发展，传统的海运、陆运、空运等互不连贯的单一运输方式已不能适应形势发展，在国际集装箱运输发展和集装箱国际标准化的基础上，出现了新型的运输方式，即国际多式联运。国际上率先试办多式联运业务的国家是美国，在刚开始实践时便受到了货主的欢迎。随后，多式联运扩展为国际多式联运，在北美洲、欧洲和远东地区国际多式联运业务开始发展。20 世纪 80 年代，国际多式联运已逐步在发展中国家实行。目前，国际多式联运已成为一种新型的、重要的国际贸易运输方式，受到国际航运界的普遍重视。

1. 多式联运的起源

多式联运的起源要从货运代理人说起，最初铁路公司发现自己并不能很好地组织零担运输，于是在第一次世界大战前后开始允许货运代理人帮助其开展运输业务。货运代理人把不同货主的小批量货物集中起来，利用铁路托运到目的地城市，再把分散的货物交给目的地的收货人。

2. 驮背运输的出现和发展

20 世纪 20 年代出现了将公路挂车放在铁路平板车上进行运输的驮背运输方式，随着公路网的日益完善，卡车也能提供远距离的运输服务，这使得铁路所承受的竞争压力和威胁日益增大。铁路公司担心货主会把货物从铁路转到公路上去，于是制定了不少试图阻止这一运输形式的办法。这时的驮背运输各方面是受限制的。

20 世纪 50 年代国际商会（International Chamber of Commerce，ICC）开始允许驮背运输，并批准铁路公司和公路承运人之间的联运路径和联合定价，但这些联运仍被限制在一些特别设定的所谓的“计划”中，每个“计划”都对可以提供的联运服务做了详细限定。例如，计划 1 规定必须由公路运输公司提供公路挂车，而计划 2 却规定这类公路挂车必须遵守承运货物的铁路公司的相关规定。这些刻板的管理规定严重限制了多式联运的发展，直到 20 世纪 80 年代放松管制以后情况才得到根本扭转。

3. 集装箱的出现

美国海陆轮船公司（Sea-Land）的 Ideal X 号（理想 X 号）轮船，于 1956 年 4 月第一次装载了 58 只集装箱从新泽西州纽华克港运至得克萨斯州的休斯敦，开辟了集装箱海运的先河。以此为开端的集装箱革命在多式联运发展中产生了重要而深远的影响。集装箱的采用，改变了以往海陆运输需要重复装卸货物的局面，大大减少了货物装卸时间，也节约

了劳动力和运输成本，促进了集装箱在海运进而在联运体系上的逐步广泛运用。

1984 年美国总统轮船（American President Line，APL）公司与铁路车辆制造公司合作研制了轻型双层集装箱专用车辆，并推荐给铁路公司运营使用。由于双层集装箱运输大大提高了列车的载运能力，降低了运输成本，很快被美国主要的铁路公司接受和效仿，双层列车的集装箱运量大幅度增加。

4. 现代多式联运时代的开始

随着海运中的大型集装箱轮船不断升级换代，到 21 世纪初，国际集装箱船装载容量已从几百标箱发展到第五代的上万标箱，公铁联运、海铁联运都有了很大的进步，真正意义的现代多式联运时代已经开始了。

1980 年 5 月在日内瓦召开的联合国国际货物多式联运公约会议上缔结了《联合国国际货物多式联运公约》。该公约在 30 个国家批准、加入一年后生效。它的生效对国际多式联运的发展产生了积极的影响。1991 年美国颁布《多式地面运输效率法》（ISTEA，俗称《冰茶法》），宣布将“构造一个统一、无缝、有效、经济、安全和环保的国家多式联运系统”确立为国家运输政策的核心，并致力于不断减少影响多式联运发展的各种制度障碍。

20 世纪 90 年代以后，西方国家的多式联运已经由市场主导，无论是公路、铁路、水路运输企业还是其他多式联运企业，都在提供客户所需要的各种多式联运服务。

（二）国际多式联运发展问题

制约国际多式联运和物流服务发展的因素主要集中在基础设施和技术、安全问题、便利措施、法律框架和市场准入门槛等方面。

1. 基础设施和技术尚需完善

在多式联运中，最主要的运输方式是集装箱运输。其中船舶港口、火车站、汽车站、机场、集装箱分拨中心等场地必须要有完善的基础设施和先进的技术，才能满足集装箱运输的需求。在许多发展中国家，特别是不发达国家，这些场地的基础设施由于缺乏资金投入，显得十分薄弱。有些国家即使有投资，但维护得也比较差，这是运输经营者不能开展多式联运主要的障碍之一。同时，集装箱运输还要求运输各个环节中的操作人员少而精，这对发展中国家而言也是一个挑战。另外，如同以前货物集装箱化一样，当今信息和通信技术基本改变了国际贸易和运输的方式。对引进新技术比较迟的发展中国家来说，既需要增加对基础设备的投资，也需要加快对新技术的引进和应用。

2. 安全问题带来额外支出

在国际物流与运输过程中，贪污、盗窃和意外事故不仅引发直接损失，还将造成出口竞争力降低。特别是在港口或其他货物转换运输方式的地点，安全风险仍然很高。当一个国外的承运人要对跨国家和地区的运输过程中的所有风险承担责任时，发展中国家安全保障体系不健全成为多式联运发展受阻的原因之一。

3. 便利措施不能完全配套

贸易与运输的便利措施包括海关改革以及程序和单据的简化和统一等，所以贸易与运输的便利措施非常广泛，这对国际物流和多式联运的发展是非常重要的。货物和船舶的跨国大移动，需要大量的控制与监测工作。但控制范围及时长，成为物流服务和多式联运计划与操作的重要制约因素。例如，发展中国家的清关时间通常是发达国家的 2～5 倍，这严重阻碍贸易的顺利进行。

4. 法律框架缺席造成诉讼成本居高不下

目前，大多数国际贸易都是以门到门运输为基础的，由合同的缔约一方（承运人）承担全部运输责任。对于多式联运过程中的货物灭失、损坏和延迟而引发的责任，目前没有统一、有效的国际规则来规范。相反，目前规范多式联运的法律框架是由一系列复杂的、调整单一运输方式的国际公约、大量的区域性条约、国内法律法规和标准格式合同组成的。多年来，有些国家一直不断努力试图起草一套规范多式联运责任的规则，但都没有得到国际上的普遍认可。松散而复杂的法律框架造成法律的不确定性和不可预见性，容易增加诉讼、举证以及保险费用的成本。

5. 市场准入门槛有待重新界定

在多式联运中的一个非常重要的影响因素是市场准入门槛。在许多国家之间的边境地带，运输经营者不得不进行卡车货物换装。为了保护本国公路运输，外国卡车在完成进口货物运输后通常被限制承运回程货物，对于内陆国家而言，这无疑增加了成本，造成这些国家不得不更加依赖外国港口。在海上运输方面，这些内陆国家不能充分利用本国、本地区以及全球的所有运力来订舱。空运亦是如此，为了保护本国承运人，很多国家往往限制人们对其他国家航空公司的选择。

目前大多数发展中国家尚不能提供完善的多式联运服务，或表现为运输成本高、服务水平差，或表现为不能实现国内与国外运输网络对接，或表现为因多式联运要求高导致当地没有经营者可以提供此类服务。在多数发展中国家，多式联运和物流服务发展的滞后与国家对外贸易的发展受到制约两种现象已形成恶性循环。发展中国家只能从实际出发，制定符合本国国情的发展规划和多种形式的投资计划来开展多式联运，降低运输成本，提高服务质量，打破恶性循环。同时，各国政府与国际组织应相互协调，加强国际合作，为发展中国家提供切实有效的帮助。

（三）我国多式联运发展现状

随着我国经济的不断发展，单一的运输方式很难再满足企业庞大的物流需求。多式联运能让固有单一运输方式间实现优势互补，削弱单一运输方式的不利影响。随着运输结构调整的需求，多式联运可有效实现物流中成本与效率的统一，成为物流业降本增效和新时代经济发展的引擎，是综合运输服务效率提升的主攻方向。多式联运业在我国起步较晚，但随着多式联运业各项规划的落实、规则的出台实施，我国多式联运呈现了全面发展的良好势头，多式联运正在从认知阶段走向全面实践阶段。

1. 政策红利不断加持

2014 年国务院印发的《物流业发展中长期规划（2014—2020 年）》中将着力降低物流成本列在发展重点第一位，将多式联运工程列为重点工程第一位。2017 年 1 月《交通运输部等十八个部门关于进一步鼓励开展多式联运工作的通知》，是对发展多式联运的顶层设计，致力于从国家层面全力解决多式联运发展水平较低、协同衔接不顺畅、市场环境不完善、法规标准不适应、先进技术应用滞后等问题。2018 年 10 月，国务院印发《推进运输结构调整三年行动计划（2018—2020年）》，要求大幅度提高港口铁路集疏运量和集装箱多式联运量；研究推进铁路双层集装箱、驮背运输产品开发进度，提升通道配套设施设备能力。一系列国家文件的出台，标志着我国已将多式联运发展上升为国家层面的制度安排，政府将持续加大对多式联运的支持力度。随着“一带一路”倡议的提出，我国多式联运发展将面临更多的发展机遇和挑战。

2. 经济发展基础良好

多式联运业作为物流行业的创新业务组织形式，与国民经济的发展和规模有着密切的联系。根据国家统计局发布数据，2020年我国国内生产总值首次突破100万亿元大关，在发展多式联运上具有着较好的经济基础和发展趋势。

3. 行业发展速度较快

多式联运作为我国第三方物流行业中新兴的业务模式和内容，业务模式尚在起步阶段，但发展速度较快，市场容量增速较快。多式联运的运量已连续多年不断增长，以海铁联运为例，2014—2017年，海铁联运箱在我国主要港口的吞吐量年均复合增长率达到22.57%。同时，铁路系统全线发力，以中欧班列为代表的国际铁路联运成为中国多式联运领域新的增长点，逐步成为多式联运的主力军。海路运输、航空运输、水路运输和公路运输把多式联运作为业务创新与市场扩张的战略突破口。

4. 技术装备持续升级

我国的集装箱行业是改革开放的产物，随着我国经济融入全球市场的规模不断壮大，如今已经具备集装箱生产、集装箱运输、集装箱金融、集装箱科技服务全产业链的服务能力，我国集装箱生产能力占全球市场的95%，集装箱航运市场占了全球市场的半壁江山。我国集装箱行业在国际市场的话语权与日俱增。同时，在新装备、新技术带动下，多元化的多式联运形态和服务开始起步，如驮背运输、公铁两用车、智能空轨系统等创新技术与装备陆续出现。

随着一系列突破性的政策和举措以空前力度进行推动，我国多式联运进入提速发展时期。从政府到企业，从沿海到内陆，从航运到铁路，从硬件到软件，破局之举措，破题之探索，正在逐步打破物流和运输领域多年来的僵局。虽然多式联运“一单制”、运贸互促、信息系统、装备标准、运行规则等软性要素都还需要进一步规划和完善标准，但是相信在众多政策利好、示范工程和技术创新合力作用下，我国多式联运一定能够突破重围、蓬勃发展。

第二节　国际多式联运经营人

一、国际多式联运经营人的性质

国际多式联运经营人不是发货人的代理人或代表，也不是参加联运的承运人的代理人或代表，而是多式联运的当事人，是一个独立的法律实体。对于货主来说，他是货物的承运人，但对分承运人来说，他又是货物的托运人。他一方面同货主签订多式联运合同，另一方面又与分承运人以托运人身份签订各段运输合同，所以他具有双重身份。在国际多式联运方式下，根据合同规定，国际多式联运经营人只重视货物运输的总承运人，对货物负有全程运输的责任。国际上承办国际多式联运业务的一般都是规模较大的货运公司或货运代理公司，具有一定的运输资源，如车辆、仓库等，并与货主和各类运输公司都有密切的业务关系。

二、国际多式联运经营人应具备的基本条件

针对到底应具备什么资质才能成为国际多式联运经营人，《联合国国际货物多式联运公约》并未作出具体的规定，只在公约的第四条“多式联运的管理”中做了一个一般化的规定，即多式联运经营人应遵守其营业所在国所适用的法律和本公约的规定。

从加强国际多式联运的有效管理和控制的角度来考虑，确定国际多式联运经营人应具备的资质要求是必要的，它是保证国际多式联运顺利开展的重要前提条件，因为多式联运经营人是多式联运的组织者或主要承担人。国际多式联运经营人要在法律上和服务上适应国际多式联运的需要，必须具备以下条件。

(1) 在国际货物运输业务往来中拥有一个较为完整的分支机构和代理网络。国际多式联运经营人或其代表就国际多式联运的货物必须与发货人或其代表订立国际多式联运合同，而且合同中列明至少使用两种运输方式完成全程货物运输，合同中的货物系国际间的货物。

(2) 从发货人或其代表那里接管货物时起即签发国际多式联运单据，并对接管的货物开始负有责任。

(3) 承担国际多式联运合同规定的与运输和其他服务有关的责任，并保证将货物交给国际多式联运单据的持有人或单据中指定的收货人。

(4) 具有与经营业务相适应的资金能力，对运输全过程所发生的货物灭失或损害，国际多式联运经营人首先对货物受损人负责，并应具有足够的赔偿能力。

(5) 国际多式联运经营人的技术能力应与国际多式联运要求适应，具有从事国际运输所需的专业知识、技能和经验。确保自己签发的国际多式联运单据的流通性，并使其作为有价证券在经济上达到令人信服的担保程度。

三、服务范围

国际多式联运经营人的服务范围除全程运输外，还常常包括以收货人或托运人的名义（也包括以多个收货人或托运人的名义）在目的地分发全部货物。下面按照国际多式联运服务过程，分别列明国际多式联运经营人的服务范围。

（一）整箱货服务

当货主（托运人）托运的集装箱货物为整箱货时，通常是由货主或其代理自行装箱，并负责运送至国际多式联运经营人的集装箱堆场。某些国际多式联运经营人提供由集装箱货运站到货主指定地点接收重箱或运送空箱的辅助性服务。同样，在进出口运输中，也可以在收货人指定地点提供这种服务。国际多式联运经营人为此还常常提供集装箱租赁服务。

对于由货主自行装箱的整箱货，国际多式联运经营人通常不监督其装箱过程，但应其

要求，国际多式联运经营人可向其提供装箱咨询服务。对于此类集装箱，国际多式联运经营人通常要在多式联运单据上注明“据称装有”。

（二）拼箱货服务

对于拼箱货，货主通常是在国际多式联运经营人或其代理的监督下，在其内陆货运站或港口集装箱货运站进行装箱；同时，在目的地所在国的集装箱货运站监督拆箱。如果是在货运代理公司的货运站装箱，则其装箱过程不受国际多式联运经营人的监督，且该集装箱货物将被视作整箱货。

（三）货物的计量

货物重量或体积的计量是由货主或其代理在国际多式联运经营人或其代理的监督下进行的。

（四）报关

许多集装箱货运站可以设在内陆清关货运站内，并在那里进行海关检验。通常，海关清关、进出口手续、外汇兑换等业务是由货主或其代理负责办理的。但依照国际多式联运经营人与货主的双方协议，也可由国际多式联运经营人或其代理办理上述业务，这取决于买卖双方所约定的价格条款。

此外，为保证国际多式联运货物顺利通过海关，国际多式联运经营人应负责向过境海关机构提供必要的担保，并在国内边境派驻代理，以确保符合海关手续及当地国家法律规定的任何其他要求。

（五）签发国际多式联运单据

多式联运单据作为多式联运合同的证明，由国际多式联运经营人或其代理签发给货主或其代理。根据货主的要求，该单据可以是可转让单据，也可以是不可转让单据，这取决于各国的有关法规。

（六）订舱

在从货主处接收货物后，国际多式联运经营人就必须向与其订立了分运合同的不同运输方式的分承运人订舱，以便将货物运至最终目的地。

（七）多式联运过程的监督与管理

在接管了货物后，国际多式联运经营人就开始对货物负有责任，直到将货物交付给收货人为止。为此，国际多式联运经营人或其代理须对多式联运链中货物的运输、装卸和储存等环节进行监督与管理，以确保货物能安全、迅速、顺利地运抵目的地。

（八）保险与索赔

多式联运经营人应按国际多式联运单据的规定，对货主承担免责范围外的货物损坏或灭失责任。国际多式联运的出现从根本上改变了过去传统单一运输方式的交接界限。它不仅使运输方式向多样化方向发展，而且货物的交接地点也突破了过去的“港/港”或“站/站”的界限，而向两端延伸。不论货物的灭失、损坏发生在哪一区段，只要是在国际多式联运经营人承运掌管期间发生的，货主都可以向国际多式联运经营人提出索赔要求，由国际多式联运经营人查明情况后进行处理或赔偿。

尽管国际多式联运经营人在联运全过程中不仅与货主订立了多式联运合同，还与区段承运人签订了分运合同，但由于分运合同并不受多式联运合同的约束，因此国际多式联运经营人对全程运输所承担的赔偿责任远比各运输区段的承运人所承担的赔偿责任要大。为避免因承担责任造成自己的经济损失，国际多式联运经营人可以根据提单规定的责任范围的大小，通过类似于船东保赔协会等互保协会投保货物责任险。

对于运输过程中的货物损失或灭失，货主有权在规定的期限内向国际多式联运经营人索赔。索赔过程中，货主应具备索赔通知书、国际多式联运单据副本、权益转让书、检验报告等单据，有时还需提供商业发票和装箱单。国际多式联运经营人赔付后，如货物的损坏或灭失发生在明显的运输区段，则国际多式联运经营人可直接向分承运人追偿索赔；属于保险责任范围的，国际多式联运经营人可向保险公司索赔。

四、国际多式联运经营人的责任

（一）国际多式联运经营人的责任期限

国际多式联运经营人的责任期限是从接管货物之时起到交付货物之时止。在此期间，对货主负全程运输责任，责任期限一般由掌管货物的时间决定。但对负责范围和赔偿限额方面，目前国际上的规定有较大差异。

（二）国际多式联运经营人的责任类型

根据目前国际上的规定，国际多式联运经营人承担的责任有四种基本类型：责任分担制、网状责任制、统一责任制和经修订的统一责任制。

1. 责任分担制

责任分担制（分段责任制），是国际多式联运经营人仅对自己完成的区段货物运输负责而对货主并不承担全程运输责任。各区段货物运输的责任，原则上按该区段适用的法律予以确定。由于这种责任形式与国际多式联运的基本特征相矛盾，因此，只要国际多式联运经营人签发了全程国际多式联运单据，即使在国际多式联运单据中声称采取这种形式，也可能会被法院判定此种约定无效而要求其承担全程运输责任。

2. 网状责任制

网状责任制是指国际多式联运经营人虽然对货运事故的赔偿原则仍按不同运输区段所适用的法律予以确定，但是对全程运输负责。但当无法确定货运事故发生区段时，则按海运法规或双方约定原则加以赔偿。目前，几乎所有的国际多式联运单据均采取这种赔偿责任形式。

3. 统一责任制

统一责任制是指国际多式联运经营人对全程运输按一个统一的原则，并一律按统一约定的责任限额进行赔偿，对货主赔偿时不考虑各区段运输方式的种类及其所适用的法律。由于现阶段各种运输方式采用不同的责任基础和责任限额，因而目前国际多式联运经营人签发的单据均未能采取此种责任形式。

4. 经修订的统一责任制

经修订的统一责任制是介于统一责任制与网状责任制之间的责任制，也称混合责任制。它在责任基础方面与统一责任制相同，在赔偿限额方面则与网状责任制相同。即国际多式联运经营人对全程运输负责，各区段的实际承运人仅对自己负责区段的运输负责。无论货损发生在哪一区段，国际多式联运经营人和实际承运人都按公约规定的统一责任限额承担责任。但如果货物的灭失、损坏发生于国际多式联运的某一特定区段，而对这一区段适用的一项国际公约或强制性国家法律规定的赔偿限额高于《联合国国际货物多式联运公约》规定的赔偿限额时，国际多式联运经营人对这种灭失、损坏的赔偿应按照适用的国际公约或强制性国际法律予以确定。目前，《联合国国际货物多式联运公约》基本上采取这种责任形式。

在这种特殊规定下，国际多式联运中出现了两种赔偿关系。第一种是国际多式联运经营人与货主间的赔偿关系。第二种是国际多式联运经营人与各区段实际承运人之间的赔偿关系。对于第二种赔偿关系，《联合国国际货物多式联运公约》中并没做任何规定，目前只能按各区段适用的法律处理。再者，想要使各种运输方式的实际承运人接受统一的责任限额也是很困难的。因此，经修订的统一责任制在目前确实难以实行。《联合国国际货物多式联运公约》中出现的这种责任制问题在近期内也很难解决。只有当其他单一运输方式的运输公约、法律作出调整或出台新的规定后才能逐渐解决。

第三节　国际多式联运的组织

国际多式联运是多式联运中的一种，由于是一种先进的、不单一的运输方式，所以组织起来难度很大，若想大力发展则需要国家政策、法律和基础设施的支持。只有利用与之相适应的现代化生产组织手段与科学的管理技术，才能保证国际多式联运的顺利开展，并发挥其优越性。

一、组织国际多式联运应具备的条件

国际多式联运涉及多种运输方式，是由多种运输方式组合而成的综合性的一体化运输。因此，开展国际多式联运应具备比单一运输方式更先进、更复杂的技术条件。这些条件涉及以下几个方面。

（一）增加国际多式联运线路与集装箱货运站

集装箱货运站是国际多式联运的硬件设施条件。联运线路是多式联运的通道。由于国

际多式联运需要用集装箱运输，集装箱货运站的设施与技术如果不够，就无法进行集装箱装卸作业，国际多式联运也就根本无法开展。

（二）建立国内外联运网点

国际多式联运是跨国或跨地区运输，不可能仅由一个国家或地区完成，需要国内外有关单位的共同合作才能进行有效的联合运输。因此，经营国际多式联运必须根据业务的需要建立国内外联运网点，负责办理国内外运输、交接手续。

在国外建立联运网点主要有以下三种方式。

（1）订立协议，建立业务代理关系。

（2）在国外货运公司入股，或同国外货运公司联营或合营。

（3）在国外设立自己的分支机构或子公司，独立承办自己的运输业务。国际多式联运经营人可在一些重点地区、国家设立分支机构，甚至子公司，并作为全权代表，处理一些货物交接、揽货、出运等过程中的一系列业务。

以上三种方式采用较多的是第一种方式，第二种和第三种方式大都是一些较大的货运公司采用。

（三）制定多式联运单一费率

国际多式联运的基本特征之一是采用单一费率，因此经营国际多式联运要制定一个单一的联运费率。国际多式联运环节多，费率又是揽取业务的关键，所以制定单一费率是一个复杂而又重要的问题，需要综合考虑各种因素，使制定的费率具有竞争性，以利于国际多式联运业务的顺利进行。国际多式联运全程运费主要由运输费用（国内外内陆段运费、海运段运费或国际铁路、航空运费）、经营管理费用以及利润三大部分组成。单一费率因货物的交接地点和业务项目的不同而有所差异。

（四）制定国际多式联运单据

国际多式联运经营人，必须具有自己的多式联运单据。

（五）建立科学的组织管理制度

（1）保证各部门之间工作的紧密衔接。

（2）建立掌握货运信息的工作制度。

（3）要有一个统一的管理机构。

二、国际多式联运的业务组织

货物多式联运的全过程就其工作性质的不同，可分为实际运输过程和全程运输组织业务过程两部分。实际运输过程是由参加多式联运的各种运输方式的实际承运人完成的，其运输组织工作属于各运输企业内部的技术、业务组织。全程运输组织业务过程是由多式联运全程运输的组织者，即多式联运企业或机构完成的，主要包括全程运输所涉及的所有商务性事务和衔接服务性工作的组织实施。国际多式联运的业务组织方法可以有很多种，但就其组织体制来说，基本上可分为协作式多式联运和衔接式多式联运两大类。

（一）协作式多式联运的业务组织

协作式多式联运的业务组织是在各级政府主管部门协调下，由参加多式联运的各运输企业和中转港站共同组成的联运体系或系统，并设联运办公室。货物全程运输计划由该办公室制订，如图5-1所示。

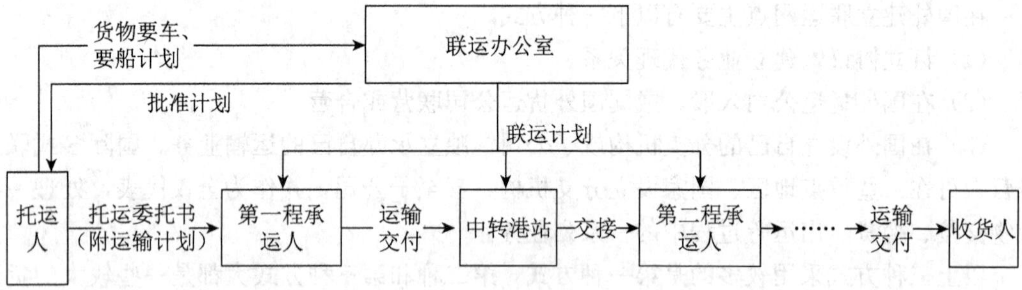

图5-1 协作式多式联运的业务组织

在这种体制下，协作式多式联运下的货物运输过程需要通过多式联运形式运输整批货物的发货人（托运人）根据运输货物的实际需要，向联运办公室提出托运申请并按月申报整批货物要车、要船计划，联运办公室根据多式联运线路及各运输企业的实际情况制订该托运人托运货物的运输计划，并把该计划批复给托运人及转发给各运输企业（各承运人）和中转港站。托运人根据计划安排向多式联运第一程承运人提出托运申请并填写联运货物托运委托书（附运输计划），第一程承运人接收货物后经双方签字，联运合同即告成立。第一程承运人组织并完成自己承担区段的货物运输至后一区段衔接地时，直接将货物交给中转港站，经换装，由后一程承运人继续运输直至最终目的地，由最后一程承运人向收货人直接交付。在前后程承运人之间和中转港站与承运人交接货物时，需填写货物运输交接单和中转交接单作为交接与费用结算依据。联运办公室或第一程承运人负责按全程费率向托运人收取运费，然后按各承运人之间商定的比例向各承运人及中转港站分配。在这种组织体制下，全程运输组织是建立在统一计划、统一技术作业标准、统一运行图和统一考核标准基础上的，而且在接受货物运输、中转换装、货物交付等业务中采用的技术装备、衔接条件等也需要在统一协调下同步建设或协商解决并配套运行，以保证全程运输的协同性。这种组织体制是当前多式联运（特别是大宗、稳定的重要物资运输）中主要采用的体制。

（二）衔接式多式联运的业务组织

衔接式多式联运的业务组织是由多式联运经营人（Intermodal Transportation Operator）完成的，这种联运组织下的业务组织过程如图5-2所示。在这种组织体制下，需要使用多式联运形式运输成批或零担货物的托运人首先向多式联运经营人提出托运申请，多式联运经营人根据自己的条件考虑是否接受。如接受，双方订立货物全程运输的多式联运合同，并在合同指定的地点（可以是发货人的工厂或仓库，也可以是指定的货运中转站、堆场或仓库）办理货物的交接，多式联运经营人签发多式联运单据。接受托运后，多式联运经营人首先要选择货物的运输路线，划分运输区段，然后综合组织两种或两种以上运输方式的运输企业（各区段录运人），将货物从接管货物的地点运到指定交付货物的地点。在实践中，多式联运经营人既可能由不拥有任何运输工具的国际货运代理人、场站经营人、仓储经营人担任，也可能由从事某一区段的实际承运人担任。但无论如何，都必须持有国家有关主管部门核准的许可证书，确保其能独立承担责任。

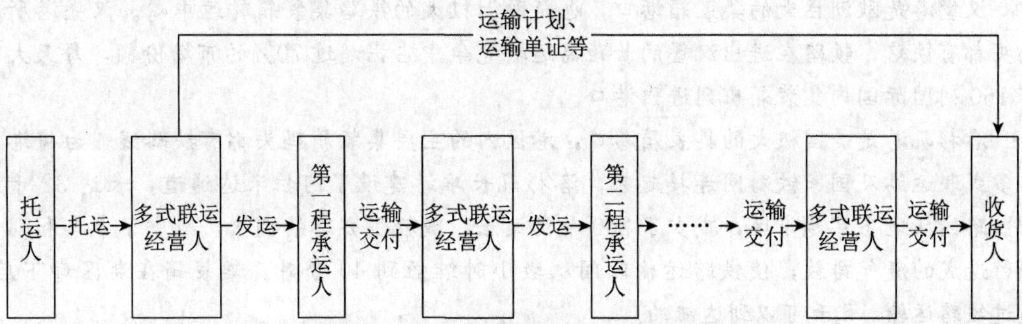

图 5－2 衔接式多式联运的业务组织

三、国际多式联运的组织形式

国际多式联运必须采用两种或两种以上的运输方式进行联运，这种运输组织方式可综合利用各种运输方式的优点，具有无可比拟的优越性。目前，有代表性的国际多式联运主要有远东—欧洲、远东—北美等海陆空联运，常见的组织形式分为：海陆联运、大陆桥运输和海空联运。

（一）海陆联运

海陆联运是国际多式联运的主要组织形式，该形式主要以航运公司为主体，签发联运提单，与航线两端的内陆运输部门开展联运业务，与大陆桥运输展开竞争。对于陆地上的运输方式又分为海铁联运、海公联运及海铁公联运三种。其中，对于海铁联运，因为海洋运输与铁路运输都拥有运输成本低、运量大的优点，在大宗物资跨国运输中选择最多，便利的海铁联运可以使得港口吞吐总量剧增，节约近20%成本，降低受环境等外部因素制约的程度。

知识链接

鹿特丹港是欧洲极大的集装箱港口，位于荷兰西南沿海莱茵河与马斯河入海汇合处所形成的三角洲上，铁路可直接进入码头。港区内有2个中转站，通过完善的铁路运输网，集装箱可从鹿特丹港运达欧洲主要国家。每天都有多列集装箱班列发往欧洲各地。鹿特丹港的集装箱海铁联运比例为7%～8%。

汉堡港是欧洲巨大的集装箱港口，也是欧洲极大的铁路集装箱转运中心。汉堡港所有码头都有铁路，铁路在进出汉堡的长距离运输竞争中占据超过70%的市场份额，每天大约有160列国际国内集装箱班列进出港口。

洛杉矶港是美国极大的集装箱港口，港区内的主要集装箱码头都有铁路线。为将港区与多式联运站及国家铁路网连接起来，洛杉矶长滩港建设了阿拉米达通道，长达32千米的铁路线从地下穿越市区，减少了200个交叉点，减轻了公路的拥堵，减少了卡车和列车停留造成的废气排放，使铁路运输时间从数小时缩短到40分钟。集装箱在港区卸下后，通过铁路运输，5天可以到达纽约。

（二）大陆桥运输

大陆桥运输指利用横跨大陆的铁路或公路作为中间桥梁，把大陆两端的海洋连接起来的连贯运输方式。从某种程度上讲，大陆桥运输也是一种海陆联运形式，只是因为其在国际多式联运中的独特地位，故将其单独作为一种运输组织形式。在国际多式联运中，大陆桥运输起着非常重要的作用。它是远东—欧洲国际多式联运的主要形式。

（三）海空联运

海空联运又被称为空桥运输。在运输组织方式上，空桥运输与大陆桥运输有所不同。大陆桥运输在整个货运过程中使用的是同一个集装箱，不用换装，而空桥运输的货物通常要在航空港换入航空集装箱。

20世纪60年代海空联运方式开始发展，经过20多年的发展，到20世纪80年代获得较大的进步。采用这种运输方式，运输时间比全程海运少，运输费用比全程空运便宜。20世纪60年代，通过远东船运至美国西海岸的货物，再通过航空运至美国内陆地区或美国东海岸，从而出现了海空联运。这种联运组织形式以海运为主，只是最终交货运输区段由空运承担。1960年年底，苏联国家航空（俄罗斯航空公司的前身）开辟了经由西伯利亚至欧洲的航空线。1968年，加拿大航空公司参加了国际多式联运。20世纪80年代，出现了经由中国香港、新加坡、泰国曼谷等至欧洲的航空线。国际海空联运线主要如下。

（1）远东—欧洲：远东地区与欧洲间的航线有的以温哥华、西雅图、洛杉矶为中转地，有的以中国香港、曼谷、符拉迪沃斯托克为中转地，还有的以旧金山、新加坡为中转地。

（2）远东—中南美：远东地区至中南美地区的海空联运需求较大，该联运线以迈阿密、洛杉矶、温哥华为中转地。

(3) 远东—中近东、非洲、澳大利亚：以中国香港、曼谷为中转地至中近东地区、非洲的运输服务。在特殊情况下，还有经马赛至非洲、经曼谷至印度、经中国香港至澳大利亚的联运线。

四、国际多式联运的主要业务与程序

国际多式联运一般要经过下列程序办理业务。

(1) 申请托运，订立多式联运合同。

(2) 空箱的发放、提取及运送。

(3) 出口报关。

(4) 货物装箱及接收货物。

(5) 订舱及安排货物运送。

(6) 办理保险。

(7) 签发多式联运提单，组织完成货物的全程运输。

(8) 运输过程中的海关业务。

(9) 货物交付。

(10) 货运事故处理。

五、国际多式联运合同

在《海商法》中，国际多式联运合同是指多式联运经营人以两种以上的不同运输方式，其中一种是海上运输方式，负责将货物从一国的接收地运至另一国的目的地交付收货人，并收取全程运费的合同。多式联运的经营人对国际多式联运的全过程负责。国际多式联运合同与一般运输合同相比具有以下特点。

(1) 多式联运合同的承运人最少为两人或两人以上。虽然多式联运合同涉及多个承运人，但托运人只需与多式联运经营人签订运输合同。其他承运人根据多式联运经营人代理自己与托运人订立的联运合同在自己的运输区段内完成运输任务。

(2) 多式联运合同的运输方式必须为两种以上。例如，空运加海运。如果数个承运人用同一方式运输，则为相继运输。

(3) 托运人一次性交费并使用同一凭证。货物由一个承运人转至另一个承运人时，托运人无需另行交费或办理有关手续。

多式联运的第一承运人称为多式联运的承运人，其他承运人称为各区段承运人。

六、国际多式联运单据

国际多式联运单据（Intermodal Transport Documents），是指证明国际多式联运合同成立以及证明多式联运经营人接管货物并负责按照合同条款交付货物的单据，是收货人收货的依据。有的多式联运单据可以转让。

（一）多式联运单据与一般联运单据的区别

国际多式联运单据与国际上一般的联运单据比较，两者的主要区别如下。

（1）多式联运单据必须是针对两种或两种以上不同运输方式的联运。一般的联运单据限于由海运与其他运输方式所组成的联合运输时使用。

（2）多式联运单据是由多式联运的经营人或经其授权的人签发的。一般的联运单据则由承运人、船长或承运人的代理人签发。

（3）多式联运单据的签发人必须对货物的全程运输负责。一般的联运单据的签发人仅对第一程运输负责。

（4）多式联运单据既可以是已装船的单据，也可以是联运经营人接管货物后待运时签发的单据。一般的联运单据必须是第一承运人签发的已装船的全程联运单据。

（二）多式联运单据的内容

根据《联合国国际货物多式联运公约》，多式联运单据应当载明下列事项。

（1）货物品类、识别货物所必需的主要标志。如属危险货物，其危险特性的明确声明、包数或件数、货物的毛重或其他方式表示的数量等，所有这些事项均由发货人提供。

（2）货物外表状况。

（3）多式联运经营人的名称和主要营业所。

（4）发货人名称。

（5）如经发货人指定收货人，收货人的名称。

（6）多式联运经营人接管货物的地点和日期。

（7）交货地点。

（8）如经双方明确协议，在交付地点交货的日期或期间。

（9）表示该多式联运单据为可转让或不可转让的声明。

（10）多式联运单据的签发地点和日期。

（11）多式联运经营人或经其授权的人的签字。

（12）如经双方明确协议，每种运输方式的运费；或者应由收货人支付的运费，包括用以支付的货币；或者关于运费出收货人支付的其他说明。

（13）如在签发多式联运单据时已经确知，预期经过的路线、运输方式和转运地点。

（14）第二十八条第（3）款所指的声明。（声明内容为：多式联运单据应载有一项声明，说明国际多式联运必须遵守本公约的规定，背离本公约而使发货人或收货人受到损害的任何规定，概属无效）。

（15）如不违背签发多式联运单据所在国的法律，双方同意列入多式联运单据的任何其他事项。

知识链接

多式联运单据是经营人与货主之间的运输合同的证明，它具有有价证券的性质，可以进行转让和向银行抵押贷款。多式联运业务中分包承运人出具的各种承运单据，如海运提单，铁路、公路运单等，仅是总、分承运人之间的运输合同或其书面证明，与货主无关。因此，在填制各种单据时，“托运人”一栏应填写多式联运经营人的名称和地址，“收货人”一栏一般均填“凭指示”。

多式联运经营人接收货物时，应由本人或其授权的人签发多式联运单据。另外，我国还规定：记名单据不得转让；指示单据，经过记名背书或者空白背书可以转让；不记名单据无须背书即可转让。海陆联运货物承运收据如图 5－3 所示。

海陆联运货物承运收据									
局　起运港站→托运人							运单（　）字第　　号		
发站/起运港		托运人名称		到站/到达港		收货人名称			
货物名称	种类	件数	重量		费用项目	铁路	海运	江运	河运
			实际重量	计费重量		公里	公里	公里	公里
					运费				
					装卸费				
					换装费				
					港务费				
合计									
承运时核收									
支票　　号　　收款人（盖章）					合计				

图 5－3　海陆联运货物承运收据

知识链接

2019 年 11 月 1 日 16 点，西安至德国曼海姆中欧班列从中国铁路西安局集团有限公司新筑车站开出，这是陕西首次采用“铁—海—铁”多式联运开行中欧班列、首次使用统一运单，让跨境多式联运实现了“一单到底”。

本趟中欧班列共装载 42 车集装箱，主要货物为汽车配件、日用百货等，从西安出发向西经新疆霍尔果斯出境后进入哈萨克斯坦，再经俄罗斯、白俄罗斯到达加里宁格勒，换乘轮渡抵达德国穆克兰港后进行整列换装，最终驶向德国曼海姆，运行时间 14 天左右。

此前，亚欧大陆主要由两个政府铁路合作组织，分别使用两种不同的国际铁路联运运单。开展跨境多式联运时，必须在相关边境站重新办理发运并制作新的运输单据。在中国铁路西安局集团有限公司、西安国际港务区、中铁集装箱运输有限责任公司、中铁联集西安中心站及沿线国家铁路部门的共同努力下，本趟中欧班列首次使用统一运单，让跨境多式联运实现了“一单到底”，解决了沿途运输更换运单的烦琐操作问题，有效减少了作业时间和资金成本。

实　训

一、实训目的

1. 熟悉常见的国际多式联运组织形式及线路的分布。

2. 了解我国常见的多式联运路线。

二、实训内容

将学生分成5组，每组分别负责铁路、公路、航空、水路、管道运输中的一种运输方式，让其通过各种渠道，尽量详细地查找这些运输方式在我国的线路分布及线路分级信息，并特别注意这些线路和国外线路的对接情况，最终将相关信息汇总整理后制作成PPT，分组进行汇报。

练习题

一、判断题

1. 目前，国际多式联运合同条款都必须遵照《联合国国际货物多式联运公约》。（　　）
2. 国际多式联运必须有一个国际多式联运经营人。（　　）
3. 国际多式联运就是门到门运输。（　　）
4. 大陆桥运输也是国际多式联运方式之一。（　　）
5. 国际多式联运的提单不是物权凭证。（　　）

二、选择题

1. 多式联运经营人对货物承担的责任期限是（　　）。

A. 自己运输区段　　B. 全程运输

C. 实际承运人运输区段　　D. 第三方运输区段

2. （　　）不是国际多式联运所应具有的特点。

A. 签订一个运输合同　　B. 采用一种运输方式

C. 采用一次托运　　D. 一次付费

3. 不同运输方式下完成货物一次托运签发的单据是（　）。

A. 联运单据　　B. 转运单据

C. 多式联运单据　　D. 直达单据

4. 国际多式联运与一般国际货物运输的区别是（　）

A. 货运单据的内容与制作方法不同

B. 单据的适用性与可转让性不同

C. 信用证上的条款不同

D. 海关验放的手续不同

5. 国际多式联运的优点主要表现在（　　）。

A. 无货损　　B. 降低运输成本，节约运杂费用

C. 安全迅速　　D. 手续简便、提早结汇

三、简答题

1. 发展国际多式联运应具备哪些条件？

2. 国际多式联运的主要业务与程序是怎样的？

第六章　国际物流仓储实务

学习目标

1. 掌握国际物流仓储的作用及仓库分类。
2. 了解国际物流仓储的管理模式。
3. 掌握保税仓库的类型。
4. 了解FTA与FTZ的区别。
5. 掌握自由贸易区的类型及作用。

导入案例

北京亦庄保税物流中心跨境电商机器人助力仓储通关一体化

北京亦庄保税物流中心（以下简称“中心”）位于北京经济技术开发区核心区，总占地面积约20万平方米，总建筑面积约6万平方米，其中仓储面积约5万平方米，综合办公楼及外卡口建筑面积约1万平方米。中心内建设有仓库、查验库及查验场地、智能卡口系统、围网、监控系统、监管用房、配套办公楼等海关监管设施、海关监管辅助系统等设施。

中心于2011年年初进行立项，于2011年12月9日通过海关总署、财政部、国家外汇管理局、国家税务总局四部委联合验收，并已开始封关运行。

中心通过建设跨境电商机器人仓储通关一体化系统，改善效果十分明显。

第一，新增加跨境电商保税网购进口业务。目前在跨境供应链上发展最为迅速的是电商平台，但由于跨境电商企业“痛点”的存在，将为跨境供应链综合服务平台的发展提供大量刚性的市场需求。依托中心现有保税仓储资源，通过信息化建设，吸引、带动电商企业对保税中心仓储、供应链服务、信息系统等一系列资源的应用，同时结合海关针对跨境电商推出的特殊监管政策，运用机器人货架等尖端智能技术运营跨境电商网购保税业务，更好地解决目前跨境电商行业存在的库房人口密集、货物配送时间长、清关障碍、丢包破损等一系列跨境电商行业痛点，从而形成可观的规模经济效益。

第二，库房操作人员数量和成本大大降低。跨境电商机器人仓储通关一体化系统中物流机器人的使用，不仅大大提升了企业的工作效率，还可以为企业节省一大部分的物流成本。基于分布式、非线性控制技术打造的智能一号机器人，可以支持园区日处理30万单以上。与传统库房相比，机器人的拣货效率是传统人工拣货效率的1.8～2.5倍，机器人预计每天工作8小时可处理包裹1万件，是人工处理效率的4倍；货物储存量也较传统库房多储存27%的货物量。通过记录与比较，机器人可以提升大约80%的操作效率，由于准确率的提高，物流成本大约可以降低40%。

第三，跨境电商业务效率提升。基于跨境电商保税网购进口业务的仓储管理系统、订单管理系统和关务辅助平台系统，实现从收货、上架，到储存、分拣，再到查验配送全流程信息化、智能化管理和操作。跨境电商机器人仓储通关一体化系统不仅改变了海关的办公模式，还包含了许多人工智能方面的内容，查验比例、抽查数量、抽查对象等都是通过人工智能算法来决定，货品通关时间从原来的24小时减少到现在的1～2小时，而且错查率几乎为零。同时实现了仓储物流的一次革新，从无纸化到电子通关再到现在的机器人仓储通关一体化，从人找货到货找人。

第四，海关监管准确率提高。按照构建跨境电商网购保税进口海关监管公共库的标准进行了全方位的改造，对库内功能区进行了综合设计规划，安装了无死角、全覆盖、高清晰的视频监控设备，海关、国检一机双屏、一机双控的X光机查验设备和物流分拣设备，大大提高了海关、检验检疫查验的效率与便捷性。。

国际物流仓储是指以改变货物流通的时间状态和调整供需之间的时间差异为目的的一种物流业务活动。国际物流仓储是国际物流流程中的重要环节，不仅承担着进出口货物保管储存的责任，在货物的加工、挑选、整理、包装、备货、组装和发运等一系列环节中也起着重要作用。

第一节　国际物流仓储概述

一、国际物流仓储的作用

国际物流仓储是一个国家对外贸易的平台。通过国际物流仓储可以把仓储与运输紧密联系起来，做到储运结合、以储促运，以确保国际物流货物早出口、多出口、早结汇、多创汇。通过国际物流仓储还可以根据仓储货物的变化、保管时间的长短、周转速度的快慢等方面的数据资料，及时向有关方面提供国际物流信息，并协助有关方面做好“抓物流、促仓储、保出口”的基础性工作，以充分发挥国际物流仓储的积极作用。具体体现在以下三个方面。

（一）保证进入国际市场的商品的质量

在国际物流流程中，通过货物仓储环节，对即将进入国际市场的商品进行检验，剔除伪劣商品，可以保障进入国际市场的商品的质量。一是商品在入库保管期内的质量检查；二是商品出库前的检验检查。前者旨在使商品减少发生物理、化学变化的情况；后者旨在确认出库商品是否符合国家出口标准和国际贸易合同对出口质量的约定。

（二）延伸生产的加工业务

国际货物仓储业务在储存货物的同时，还承担着具有生产特性的加工业务，如分拣、挑选、整理、加工、简单的装配、包装、加标签、备货等活动。该业务使商品增值，并大大缩短商品进入国际市场后续环节的作业过程和时间，促进商品在国际市场上的销售。

（三）减少国际物流中的货损、货差

在国际物流过程中，港口和机场的库场在接收、承运及保管货物时，都要对货物进行检查，并根据货物的性质、包装进行配载、成组装盘（板），有的还会重新灌色、捆绑。在入库后还会对其进行分类、点数和分拨。这些都能有效减少国际物流过程中的货损、货差。

二、国际物流仓库的分类

（一）按仓库在国际物流中的用途分类

1. 口岸仓库

口岸仓库也称周转仓库，其特点是商品储存期短、周转快。口岸仓库大都设在沿海港口城市，主要储存口岸和内地对外贸易等业务部门收到或采购的出口待运商品和进口待分拨商品，规模一般较大。

2. 中转仓库

中转仓库也称转运仓库，其特点是大都设在商品生产活动集中的地区和出运港口之间。如铁路、公路、车站、港口、码头附近，以及商品生产活动集中的大中城市和交通枢纽地带。其主要职能为按照进出口商品的合理流向，储存、转运本地和外地经过该仓库出口的商品。

3. 加工仓库

加工仓库的特点是将出口商品的储存和加工结合在一起。主要职能是对某些出口商品，按成交合同规定的质量、规格、数量和包装等要求进行加工、挑选、整理、分级、包装和改装。

4. 储存仓库

储存仓库中商品的特点是商品储存期较长，来源较广。其主要职能是用于储存待销的出口商品、援外的储备物资、进口待分拨及出口业务需要的储备商品等。

（二）按储存商品的性能及设备分类

1. 通用仓库

通用仓库是用来储存一般无特殊要求的工业品或农副产品的仓库，又称普通仓库。它属于一般的保管场所。对储存、装卸搬运、堆码和养护设备的要求较低，在各类外贸仓库中所占比重最大。

2. 专用仓库

专用仓库是专门用于储存某一类商品的仓库，如较易受外界环境影响变质和挥发的商品，或由于本身的特殊性质不适宜与其他商品混合存放的商品。在保养技术和设备方面，这类仓库相应增加了密封、防霉、防火及监测等设施以确保特殊商品的质量安全。

3. 特种仓库

特种仓库是用于储存具有特殊性质，要求使用特别保管设备维护的商品。一般指化学危险品、易腐蚀品、石油及部分医药商品等。

三、国际物流仓库的管理模式

（一）企业自行管理模式

企业自行管理模式是指各进出口企业自己拥有仓库并自行管理的国际物流仓库管理模式。

企业自行管理模式具有以下优势。

(1) 企业自行管理模式可以更大程度地控制仓储流程，使其与企业整个生产过程相协调。

(2) 企业自行管理模式更能满足企业产品仓储的需求。企业可以按照企业要求和产品特点对仓库进行合理的设计与布局。

(3) 企业自行管理模式有利于降低仓储成本。

企业自行管理模式也存在以下缺点。

(1) 企业修建自己的仓库需要大量资金、相应的技术及管理人员，增加了企业的固定成本和机会成本。

(2) 企业自行管理模式使本企业仓储业务的灵活性降低。

（二）委托其他方管理模式

委托其他方管理模式主要采取两种方式：一是租赁公共仓库，由专业的第三方物流公司管理本企业的仓储业务，只满足一般水平的搬运服务；二是委托第三方仓库，由专业的物流公司管理本企业的仓储业务，能提供更专业、更高效、更经济和更准确的分销服务。

委托其他方管理模式的优点如下。

(1) 企业无须自行修建仓库，可避免资本投资和财务风险。

(2) 可以避免企业自行管理技术人员上的困难。

(3) 可以满足企业在库存高峰时大量额外的库存需求。

(4) 企业的生产经营活动更加灵活。

委托其他方管理模式也存在点：一方面增加了企业的包装成本；另一方面也增加了企业控制库存的难度。

四、国际货物仓储业务管理

（一）国际货物仓储的入库业务

1. 收货准备

国际物流仓库根据入库货物情况提前安排货位，组织人力，物力，提前准备文件、单证。

2. 货物接运

货物接运包括四种方式。

（1）专用线接运。即铁路部门将转运的货物直接转送到仓库内部专用线的接运方式。

（2）车站、码头提货。在车站提货，提货人要向车站出示“领货凭证”；在码头提货，提货人在提货单上签名并加盖公章或附单位提货证明，到港口货运处取回货物运单即可到指定库房提取货物。

（3）自提入库。到货主单位提取货物。

（4）库内提货。这是直接送达仓库的一种供货方式。

3. 货物验收

（1）在货物验收前：一要先确定存放地点、垛形和保管方法；二要准备堆码所需材料和配备装卸搬运机械、设备及人力；三要准备相应的检验工具并收集和熟悉验收凭证及有关资料。

（2）在验收货物时：一要核对相关证件，包括存货方提供的入库通知单、订货合同；二要核对供货方提供的质量证明书及货物托运人填写的运单。

（3）货物的验收过程具体包括数量检验、品种验收和实物核对。

进仓是仓储作业的第一步，分为拆箱进仓和散货进仓。拆箱进仓是指海运集装箱装载的货物，在仓库收货区拆封，卸至托盘上。拆箱进仓包括机械拆箱和人工拆箱。散货进仓是指货物自仓库的收货码头卸下，堆栈在托盘上。

4. 货物入库

（1）填制入库单证。

（2）分类搬运。

（3）办理交接手续。

（4）签发凭证、统计入库记录。

（二）国际货物仓储的储存保管业务

1. 货位分配

在储存区内，托盘装载的货物被分配到预定的位置上。常用的有两种货位分配方式。

（1）可变的货位分配系统：也称动态定位，即在每次有新货物到达时，允许改变仓库内原有货物位置，从而更有效地利用仓库空间。

（2）固定的货位分配系统：是在选择区内为每种货物分配一个永久性的位置，只要货物的移动流量保持稳定，该种货物就始终储存在这一位置。

2. 保管

仓库一般首先考虑货物出入库的时间和效率，因而较多地以方便拣选和搬运作业为主，但保管方式必须与之协调。

1）仓库中货物保管的主要方式

（1）地面平放式：将货物直接放在地面上。

（2）托盘平放式：将货物先放在托盘上，再将托盘放于地面上。

（3）直接堆放式：将货物在地面上直接堆积码放。

（4）托盘堆放式：将货物直接堆积码放在托盘上，再将托盘放在地面上。

（5）货架存放式：将货物直接码放在货架上。

2）仓库保管的基本要求

（1）面向通道保管。

（2）根据货物出库频率和重量安排货位。

（3）尽可能向高处码放。

（4）同一品种放在同一地方并保证货物的存放安全。

（5）温度和湿度调节管理，注意防尘、防臭、防虫、防鼠、防盗等问题。

3）仓库保管原则：①先进先出原则；②零数先出原则；③重下轻上原则；④ABC 分类（帕累托分析法）布置原则。

3. 检查与盘点

1）货物的检查

在对货物保管的过程中，保管人员应对货物进行定期或临时的检查，以确保在库货物的质量完好、数量准确。检查的内容主要有以下几个方面。

（1）数量检查。保证仓库的账账相符、账卡相符、账物相符、钱物相符。

（2）质量检查。检查储存货物质量有无变化。

（3）保管条件检查。检查仓库条件是否符合货物的保管要求等。

（4）安全检查。检查仓库的安全措施是否完善，消防设备、器材是否齐全，是否符合安全要求。

2）货物的盘点

（1）定期或临时核对库存商品实际数量与保管账目数量是否相符。

（2）检查商品有无质量变化和残损情况。

（3）查明超过保管期限、长期积压货物的实际品种。

（4）检查库存货物数量的溢余或短缺的原因。

3）仓储货物盘点方法

（1）动态盘点法。即有出库动态时，就随之清点货物的数量，并同保管卡片的记录数额进行核对。

（2）循环盘点法。即按照相关货物入库的先后次序，有计划地对库存保管货物循环不断地进行盘点的一种方法。保管员按计划每天都盘点一定量的出库货物，直至库存货物全部盘点完毕，再继续下一轮循环盘点。

（3）重点盘点法。即对进出库频率高、易损耗的或者昂贵、重要的货物进行盘点的一种方法。货物盘点时如出现盘盈、盘亏，必须及时处理。

（三）国际货物仓储的出库业务

1. 审核仓单

仓库保管员接到存货人或仓单持有人的出库通知后，必须对仓单进行核对。

2. 核对登账

在审核仓单的合法性和真实性后，仓库财务人员要核对货物储存情况，并将审核无误的出库凭据转给保管员。

3. 配货备货

发放商品必须有正式的出库凭证，保管员对财务人员转来的货物出库凭证复核无误后，仓库保管员应按出库凭证上所列项目内容和上面的批注，到相应编号的货位对货，核实后进行配货。配货中要执行“先进先出”“易坏先出”“不利保管先出”的发货原则。备货工作主要有以下几项。

（1）整理包装和标志。

（2）将零星货物组合。

（3）根据要求装托盘或将货物成组。

（4）运至特别备货区备运。

备货时如发现商品有下列情况，需立即与存货人或仓单持有人联系，存货人或仓单持有人认为可以出库，并在正式出库凭证上签注意见后方可备货出库，否则不予备货。不予备货的情况具体如下。

（1）同一票入库商品没有全部到齐。

（2）入库验收时发现的问题尚未处理或未完全处理。

（3）商品质量有异状。如包装有破损、断绳、脱钉等情况，仓库要负责加固修理。严禁破损包装货物出库。

此外，出库货物应附有质量证明书抄件、磅码单、装箱单等。机电设备等配件产品的说明书及合格证应随货同行。

4. 复查核对

备货后仓库保管员应立即进行复核以确保出库货物不出差错。复核可采取自行复核、保管员互核、专职人员复核、负责人复查等形式。复核的内容主要包括以下几个方面。

（1）认真审查正式出库凭证填写的项目是否齐全。

（2）根据正式出库凭证所列项目与备好的货物对照，逐项复核，检查其是否完全相符。

（3）检查包装是否被损坏、被污染，标志、箱（包）号是否清楚，标签是否完好，配套包装是否齐全，技术证件是否齐备。

（4）需要计重、计尺的货物需同提货人一起计重或计尺，计重、计尺后要填写磅单或尺码单。

（5）复核结余商品数量或重量是否与保管账目、货物保管卡片结余数额相符，如有不符要立即查明原因。

5. 出库交接

备齐货物经复核无误后，仓库保管员必须当面与提货人或承运人一起按单逐件点交清楚、分清责任、办好交接手续。

6. 填单销账

货物交接以后，仓库保管员应在出库单上填写“实发数”“发货日期”等内容，并签名。然后将出库单及相关证件资料及时交货主，以便货主办理货款结算。仓库保管员根据留存联出库凭证清点货垛余数，并与保管账目、货物保管卡片核对，进行登记，核销实物保管明细账。

第二节 保税仓库

一、保税仓库的概念

保税仓库是经海关批准，受海关监管，专门储存保税商品的仓库。它具备专门储存、堆放商品的安全设施、健全的仓库管理制度和详细的仓库账册，并配备经海关培训认可的专职管理人员。根据国际上通行的保税制度要求，进境存入保税仓库的货物可暂时免纳进口税款、免领进口许可证或其他进口批文，在海关规定的储存期限内复运出境或办理正式进口手续。

在保税仓库中，外国货物的保税期一般最长为两年，在此期间，经营者可以找到最适当的销售时机，在实现销售后，再办理关税等通关手续。如果在两年之内未能实现销售，在保税仓库存放的货物可再运往其他国家销售，保税仓库所在国不收取关税。

保税仓库除了具有传统的保税仓储功能外，还具有转口贸易、简单加工、提供增值服务、物流配送和商品展示功能。

在我国的海关监管制度中，保税仓库允许存放的货物范围如下。

1. 缓办纳税手续的进口货物

缓办纳税手续的进口货物是指由于进口国的工程和生产的需要而预进口的储存在保税仓库内的货物，对随需随提的货物办理通关手续，对剩余的货物免税迟运。

这些货物也包括由于进口国情况变化或市场变化而暂时无法决定去向的货物，或者无法做出最后处理决定的进口货物，这些货物都需要在保税仓库存放一段时间。如果条件发生变化，当进口商需要进口时，再缴纳关税和其他税费，这样进口商的纳税时间推迟到货物实际内销的时间。

2. 需要做进口技术处置的货物

由于有些国际货物不适合在进口国销售，需要更换包装装潢或更改包装尺寸或做其他加工处理，可将这些货物通过保税仓库进行相应的技术处理，等到符合进口国要求时再内销完税，对不符合进口国要求的则免税退还。

3. 来料加工后再出口的货物

为实施“两头在外”的国际贸易战略，对有些需要完成来料加工后复出口的货物，则可存放于保税仓库。

4. 过境转口的外销货物

有些货物，或内销无望而需要转口，或在该区域存放而有利于转口，或无法向第三国直接进口而需要转口，这些货物可以存放于保税仓库中。

二、常见的保税仓库的类型

1. 自用型保税仓库

自用型保税仓库是指具有外贸经营权的企业，经海关批准而建立的自管自用的保税仓库。

2. 公用型保税仓库

公用型保税仓库是指有法人资格的经济实体，经海关批准而建立的综合性保税仓库。此类仓库一般不经营进出口货物，只为国内外保税货物持有者服务。

3. 海关监管仓库

海关监管仓库是指存放已进境而货物持有者未提取的货物或行李物品，或者无证到货、单证不齐、手续不完备，以及违反海关规程不予放行而需要暂存仓库等待处理的货物的保税仓库。海关监管仓库有一种类型是出口监管仓库，专门存放对外成交并已结汇，但经海关批准暂不出境的货物。

三、中国保税仓库的特点

根据我国保税区、保税物流园区以及保税港区多年来的发展经验，保税仓库作为保税物流中的组成部分，逐步体现出以下三大特点。

1. 在保税物流中提供增值服务平台

保税物流作业链中，单纯的仓储作用已经不能满足国际贸易的定制化需求。结合口岸物流以及区域加工平台的功能，可通过保税仓库在货物存放期间，根据订单需求，开展分拣、唛码、换包装以及简单加工等增值服务。确保产品在保税流通环节中价值链的增长，也为国际贸易的JIT（准时制）供应以及定制化、定向化、定量化配送提供了服务平台。

2. 在贸易结算中提供金融服务平台

根据外汇管理规定，只有在海关监管的特殊监管区域内（但需货物实际进入保税仓库）可实现人民币及外汇的自由结算。这一政策的出台不仅为保税物流的开展提供了资金流与货物流的分离式操作，也使离岸金融真正得以实现。在保税仓库中，甚至可以直接形成仓单［如伦敦金属交易所（London Metal Exchange，LME）指定的仓单］进行直接贸易及购付汇。

3. 在国际贸易中提供采购配送平台

大型跨国企业都会考虑在某个定点区域设立全球采购、配送中心，以减少货物在国际贸易中的成本。经过实践表明，中国保税仓库的建立正逐步得到这些国际巨头的青睐。由于中国市场在人力、土地以及资源上的优势，加上保税仓库本身具备的增值服务以及金融平台的优势，国际上大型生产商、贸易商、物流商纷纷将目光聚焦中国保税仓库，转移其在其他区域建立采购、分拨、配送中心的力度，以移师中国市场。

四、保税仓库的业务操作流程

保税仓库的业务主要分为入库和出库两大部分。

(一) 保税货物入库操作流程

1. 直接报关进区的货物

(1) 保税货物入库前，货物所有权人应尽可能提前将准备入保税仓库的货物发票和装箱单复印件或传真件交仓储部，以便仓储部经理安排仓位和相关资源。

(2) 货物入库时，采用有纸报关的，送货人须将经海关卡口工作人员确认的备案清单复印件交仓库管理员；采用无纸报关的，送货人须将经海关卡口工作人员确认的放行通知书海关验放联与货主留存联及此货物的发票和装箱单交仓库管理员。

(3) 货物抵达仓库后，仓库管理员向送货人索要上述单证并核对货物的数量、唛头和包装是否吻合，如发现货物数量、唛头有任何不符，应立即上报仓储部经理并与客户联系，及时处理。如发现外包装破损时，应及时联系客户，并在原地拍照取证。

(4) 货物验收完毕后，仓库管理员应将货物堆放整齐，及时填写入库理货记录，做好“三级台账”。入库理货记录签字后连同单据移交给单证管理员，并将桩脚卡挂好。

(5) 单证管理员接到单据后，根据仓库管理员的入库理货记录，将数据录入海关仓储管理系统，做入库处理，将单据归档。采用无纸报关的，还须将放行通知书海关验放联交清关部或由客户向通关科交单。

2. 先进区再报关出口的货物（视同出口或结转）

(1) 货物入库前，货物所有权人应尽可能提前将准备入保税仓库的货物发票和装箱单复印件或传真件交仓储部，以便仓储部经理安排仓位和相关资源。

(2) 货物入库时，送货人在海关卡口需填写非保税货物进区登记单，详细填写入库货物的品名、数量、重量、金额及核销单号等，经海关卡口工作人员核对签字、盖章带回。

(3) 货物抵达仓库后，仓库管理员将送货人带回的经海关卡口工作人员核对签字、盖章的非保税货物进区登记单收回（无此凭证仓库管理员有权拒收此货），核对无误后填写入库理货记录，连同进区登记单交单证管理员。

(4) 单证管理员接到入库理货记录和非保税货物进区登记单后，将非保税货物进区登记单和相关报关资料交指定的报关公司报关。

(5) 报关完毕后，单证管理员在收到海关电子数据后，核对入库理货记录并比对海关电子数据。如数据一致，在海关仓储管理系统中做入库处理；如不一致，须在查明原因后再处理，否则不做入库处理。入库后单证管理员须打印进库清单，传真进库清单给客户后与正本进境备案清单一体归档。

(6) 仓库管理员将桩脚卡挂好，填写入库台账。

(二) 保税货物出库操作流程

(1) 根据客户传来的数据录入海关仓储管理系统生成出库提货单，交客户或报关员报关。

（2）报关完毕后，将提货单及报关单原件等交回物流公司仓储部，单证管理员将报关单号输入海关仓储管理系统后，发送电子数据给海关，并接收海关电子放行单。

（3）接到客户货物出库指令后，仓储部经理按此指令下达出库通知，将出库通知交仓库管理员，由仓库管理员按出库通知要求，组织叉车驾驶员和仓库出货人员，将待发货物挑选出来并摆放在待发区或装上指定承运工具。

（4）货物装上指定承运工具后，收货人对货物数量及包装情况签署意见，仓库管理员将收货人证件复印件、客户货物出库指令、仓储部经理制定的出库通知和收货人收货意见表一起交单证管理员，单证管理员根据上述资料，将出库数据录入海关仓储管理系统，并生成实际已核对通过的出库提货单，交收货人。

（5）提货人到仓库应提供提货所需资料，否则仓库不予发货。所需资料包括：①海关盖放行章的提货单（仓库核销联）等海关放行单证（已提供的不再提供）。②客户正本出库指令或与仓储合同所示委托方传真号一致的传真件正本的出库指令。③与出库指令一致的收货人身份证明原件。

（6）仓库管理员在收货人提货后，做好桩脚卡记录，填写出库台账。

知识链接

海关对保税仓库的管理要求具体有以下几个方面。

（1）保税仓库的储存期限为一年，如需延长，向主管海关申请延长，但延长期最长不能超过一年。

（2）所存货物储存期满仍未转为进口或复运出境的，按《海关法》的有关规定，将货物变卖处理。

（3）保税仓库所存货物，属于海关监管的保税货物，未经海关核准并未按规定办理有关手续，不得出售、提取、交付、调换、转让或转做他用。

（4）货物在仓库储存期间发生短少或灭失，除不可抗力原因外，短少或灭失部分由保税仓库经营单位承担缴纳税款责任，并由海关按有关规定予以处理。

（5）保税仓库必须独立设置，专库专用，保税货物不得与非保税货物混放。

（6）海关可随时派人进入保税仓库检查货物储存情况，查阅有关仓库账册。必要时可派人员驻库监管，保税仓库经营单位应予协作配合并为其工作提供便利。

（7）保税仓库经营单位进口供仓库使用的设备、装置等，如货架、搬运设备、运输车辆等，不属于保税货物，进口时应按一般贸易业务办理进口手续并缴纳进口税款。

五、保税仓库设立的意义

1. 有利于促进对外贸易

在国际贸易过程中，从询价、签订合同，到货物运输需要较长的时间，为了缩短贸易周期，降低国际市场价格波动的影响，先将货物运抵本国口岸，预先存入保税仓库，可以使货物尽快投入使用。也可先将货物存入保税仓库，待时机成熟再进入市场。

2. 有利于提高进口原材料的利用率

利用保税仓库，可以统一进口需要进口的原材料，相互调剂，提高原材料的利用率，降低进口价格，提高经济效益。

3. 可降低企业开展加工贸易的风险

由于国际市场的变化，企业加工贸易批量进口原材料时会导致部分合同履约不良，出现内销补税而增加成本，增加风险。设立保税仓库后，企业可小批量采购原材料，从而有效降低经营风险。

4. 有利于减轻海关监管难度

灵活多样的贸易方式，使海关关税的征收工作难度也在加大。保税仓库出现后，海关工作人员可以借助仓库管理人员的力量进行协同管理，海关主要是制定各种管理制度，对保税仓库出入的货物实行核销监督管理，对加工业实行重点抽查与核销，以防内销行为的出现。增强了海关监管力度，同时简化了手续。

5. 可减少企业缴纳保证金的金额，有效提高企业资金的利用率

加工贸易进口国家限制类商品，需向海关缴纳50%的税款保证金。保税仓库的设立可使企业小批量采购原材料，缩短进口原材料到成品返销的周期，从而减少保证金缴纳的金额和提高资金的利用率。

第三节 自由贸易区

一、自由贸易区的发展现状

自由贸易区由自由港发展而来，通常设在港口的港区或邻近港口地区，尤其在经济发达国家开设居多。早在20世纪50年代初，美国提出可在自由贸易区发展以出口加工为主要目标的制造业。20世纪60年代后期，有发展中国家利用这一形式，建成特殊工业区，发展成出口加工区。从20世纪80年代开始，许多国家的自由贸易区向技术、知识和资本密集型贸易区发展，形成科技型自由贸易区。

当今世界，自由贸易区的发展形势非常迅猛，范围遍及各大洲，是区域经济一体化的主要形式之一。其中，北美自由贸易区和东盟自由贸易区极具典型意义，其他典型的自由贸易区还有中欧自由贸易区、欧盟—拉美自由贸易区等。

总体来看，世界各国都非常重视通过建立和发展自由贸易区来为自己国家的经济发展服务，截至2020年，世界上各主要贸易国均已加入自由贸易区，有的还是多个自由贸易区的成员国。

自由贸易区的产生和迅猛发展有其深刻的历史、经济、政治、文化原因。

第一，与多边贸易体制相比，区域内国家易于就自由贸易区达成协议并产生实效。同时，现有的自由贸易区大多富有成效，也鼓励了更多国家加入自由贸易区。

第二，就地区或邻近国家而言，自由贸易区有利于进一步发挥经贸合作的地缘优势。邻近国家间的自由贸易区具有人员往来与物流便利、语言文化相近、生活习惯类似等多种

有利条件。因此，邻近国家和地区间具有更多的有利条件来扩大和加深经济合作以取得互利双赢的效果，其效果比加入多边贸易体制带来的利益要更明显一些。

第三，在加入多边合作机制的同时，缔结自由贸易区有利于推动各成员国内的经济结构改革，从而可以借助更多外力来推进国内改革。

第四，20世纪90年代一再发生的地区性经济危机也促使世界各国更加重视地区经济合作的制度化。1997年的亚洲金融危机证明，在同一地区或国家之间，危机蔓延的速度往往更快，相互影响也更强烈。因此，加强地区内经贸合作不仅有助于防范新的危机，而且有助于世界经济的稳定发展。

二、自由贸易区的定义

（一）自由贸易区的定义依据

对自由贸易区的定义有两个主要依据。

(1) 1973年的《关于简化和协调海关业务制度的国际公约》（以下简称《京都公约》）将自由贸易区定义为：自由区一词，指一国的部分领土，在这部分领土内运入的任何货物就进口税及其他各税而言，被认为在关境以外，并免于实施惯常的海关监管制度。

(2) 美国关税委员会（美国国际贸易委员会的前身）给自由贸易区下的定义是：自由贸易区对用于再出口的商品在豁免关税方面有别于一般关税地区，是一个只要进口商品不流入国内市场便可免除关税的独立封锁地区。自由贸易区的另一种官方解释，是指两个或两个以上的国家（包括独立关税地区）根据WTO（世界贸易组织）相关规则，为实现相互之间的贸易自由化所进行的地区性贸易安排，即自由贸易协定（Free Trade Agreement，FTA）的缔约方所形成的区域。这种区域性安排不仅包括货物贸易自由化，而且涉及服务贸易、投资、政府采购、知识产权保护、标准化等更多领域的相互承诺，是一个国家实施多双边合作战略的手段。

（二）我国对自由贸易区的定义

商务部国际经贸关系司原司长张克宁对自由贸易区的定义如下：所谓自由贸易区，不是指在国内某个城市划出一块土地，建立起的类似于出口加工区、保税区的实行特殊经贸政策的园区，而是指两个或两个以上国家或地区通过签署协定，在WTO最惠国待遇基础上，相互进一步开放市场，分阶段取消绝大部分货物的关税和非关税壁垒，在服务业领域改善市场准入条件，实现贸易和投资的自由化，从而形成涵盖所有成员全部关税领土的“大区”。

（三）自由贸易区与自由贸易园区的区分

在世界多边贸易组织的规则中，有两个概念的自由贸易区：一个是世界贸易组织界定的自由贸易区（Free Trade Area，FTA），另一个是世界海关组织（World Customs Organization，WCO）定义的自由贸易区（Free Trade Zone，FTZ），两者的内涵是不同的。

FTA 是指两个或两个以上的国家或地区或单独关税区组成的，按照 WTO 的协议框架设计，区内就贸易开放、取消关税壁垒、降低关税达成互惠互利的双边或多边贸易政策，区外实行保护贸易的特殊经济区域或经济集团。例如，北美自由贸易区、中国—东盟自由贸易区等。

FTZ 则是一个国家或地区或单独关税区，为降低国际贸易成本，促进对外贸易和国际投资的发展，在自己境内设立的一个隔离的、置于海关管辖之外的特殊经济区域，区内允许外国货物免税进口，取消对进口货物的配额管制。如巴拿马科隆自由贸易区、德国汉堡港自由贸易区、美国纽约港自由贸易区等。

FTA 和 FTZ，以往在中文都可以翻译成“自由贸易区”，很容易让人混淆概念。针对这种情况，商务部、海关总署于 2008 年 5 月 9 日下发了《商务部 海关总署关于规范“自由贸易区”表述的函》。该函指出：“‘自由贸易区’所涵盖的范围是签署自由贸易协定的所有成员的全部关税领土，而非其中的某一部分。迄今，我国已与东盟、巴基斯坦、智利、新西兰等签署自由贸易协定，从而建立起了涵盖我方和对方全部关税领土（注：我方关税领土不含香港、澳门和台湾地区）的‘自由贸易区’。”

我国的经济特区、保税区、出口加工区、保税港、经济技术开发区等特殊经济功能区都具有“自由贸易园区”的某些特征，但目前我国尚无与“自由贸易园区”完全对应的区域。由于 FTA 和 FTZ 按其字面意思均可译为“自由贸易区”，故常常引起概念混淆。为避免误解，便利工作，统一将前者译为“自由贸易区”，后者译为“自由贸易园区”。

三、自由贸易区的基本功能和类型

（一）自由贸易区的基本功能

自由贸易区内允许外国船舶自由进出，外国货物可免税进口，取消了对进口货物的配额管制，也是自由港的进一步延伸，是一个国家对外开放的一种特殊的功能区域。

自由贸易区除了具有自由港的大部分功能外，还可以吸引外资设厂，发展出口加工业，允许和鼓励外资设立大的商业企业、金融机构等促进区内经济综合、全面地发展。自由贸易区的局限在于它会导致商品流向的扭曲和避税。如果没有其他措施作为补充，第三国很可能将货物先运进一体化组织中实行较低关税或贸易壁垒的成员国，然后将货物转运到实行高贸易壁垒的成员国。为了避免出现这种商品流向的扭曲，自由贸易区组织均制定“原产地原则”，规定只有自由贸易区成员国的“原产地产品”才享受成员国之间给予的自由贸易待遇。理论上，凡是制成品在成员国境内生产的价值额占到产品价值总额的 50％以上时，该产品应视为原产地产品。一般而言，第三国进口产品越是与自由贸易区成员国生产的产品相竞争，对成员国境内生产的产品的增加值含量就越高。原产地原则的含义表明了自由贸易区对非成员国的某种排他性。现实中比较典型的自由贸易区有北美自由贸易区。

（二）自由贸易区的类型

就性质而言，自由贸易区可分为：商业自由贸易区和工业自由贸易区。前者不允许进行货物的拆包零售和加工制造；后者允许免税进口原材料、元件和辅料，并指定加工作业区加工制造。贸易性是自由贸易区的鲜明特点。为充分利用其位于或邻近国际贸易地区通道的优势，发展转口贸易，只要是主权国家允许进出口的商品，均可进入区内，并可免交关税，也不必办理海关手续；商品进区后，可进行储存、拆散、分级、分类、重新包装、重新贴标签、与国外或国内商品混合和再出口等。除对这类商品进入所在国其他地区限制较严外，对进出自由港区的活动不加限制。

就功能而言，世界自由贸易区的功能设定是根据区位条件和进出口贸易的流量而确定的，并且随着国内外经济形势的发展而调整和发展。其主要类型有以下几种。

1. 转口集散型

这一类自由贸易区利用优越的自然地理环境条件从事货物转口及分拨、货物储存、商业性加工等。较为突出的是巴拿马的科隆自由贸易区。

科隆自由贸易区是沟通太平洋和大西洋的极佳通道，也是北美洲与中南美洲的连接要点。作为世界航运中转枢纽，科隆自由贸易区客户所批发转口的纺织品、手表、电器和首饰等商品大多来自亚洲地区，卖方多数也是亚洲人，而买方则主要来自中南美洲。这些客商不必远涉重洋赴亚洲采购，只需来到科隆自由贸易区，即可对东方产品进行浏览、比较，做出采购决策，从而节约了时间和费用。因此，科隆自由贸易区货物流转量巨大，转口贸易成为主要业务，吸引各国货物在科隆自由贸易区集散。该区从事进出口贸易和转口贸易的企业已与世界上 120 多个国家和地区有贸易往来，对沟通东西方商业交流、促进本区经济和社会的发展均起到了引人注目的作用。此外，值得一提的是，货物在科隆自由贸易区的大进大出也极大地带动了资金在自由贸易区的大量流动，该区目前已有多家外资银行及分支机构。

2. 贸工结合、以贸为主型

这类自由贸易区以从事进出口贸易为主，兼做一些简单的加工和装配制造。其在发展中国家最为普遍。例如，阿联酋迪拜港自由港区。

迪拜自贸港于 1985 年建立，位于迪拜城区西南约 50 千米处，依托于杰贝阿里港和阿勒马克图姆国际机场，总面积达 100 平方千米，是阿联酋乃至整个中东地区巨大的自由贸易区，也是全球第一个通过 ISO 9000（质量管理体系）国际认证的自贸区。截至 2020 年，自贸港内企业超过 7000 家，贸易额占迪拜非石油贸易总额的比重超过 25%，已发展成为迪拜的经济中心和世界 500 强企业竞相聚集的宝地。

3. 出口加工型

这类自由贸易区主要以从事加工为主，以转口贸易、国际贸易、仓储运输服务为辅。例如，尼日利亚自由贸易区。

1991 年尼日利亚在卡拉巴尔市建立了第一个出口加工区，后改为自由贸易区。该自由贸易区位于尼日利亚东南部的十字河州，总面积为 300 公顷。最初由中国台湾帮助规划和兴建，该自由贸易区基础设施初步具备。卡拉巴尔市是一个大港口，空中交通发达。它靠近尼日利亚富饶的产油区及东部棕榈种植园。国外企业在该区内投资可以享受从审批程序、各种税收、原材料供应、土地使用、资金汇兑、劳动力供应、能源供应等方面的优惠政策。

4. 保税仓储型

这类自由贸易区主要以保税为主，免除国外货物进出口手续，较长时间处于保税状态，例如，荷兰阿姆斯特丹港自由贸易区。

阿姆斯特丹港在港口内设有自由贸易区，类似保税仓库，面积为0.65平方千米。商品进入该区可免交进口税，储存在仓库的商品可以进行简单包装、样品展示，也可做零件装配，具备减免关税和提供转口的各种优惠条件，是大型商户对欧、亚、非洲各国出口的分销中心。自由贸易区外设有若干海关监管库，进一步延伸自由贸易区的功能和服务。此外，阿姆斯特丹港与机场空港自由贸易区业务联系紧密，推动了海空两港物流的联动发展。

四、自由贸易区的发展特点

随着时间的推移，自由贸易区发展逐渐呈现以下特点。

1. 数量不断增加

据不完全统计，截至2020年，全球已有5000多个自由贸易区。其中，最典型的是美国对外贸易区的迅速增长。20世纪60年代末70年代初，美国在全球经济中的地位开始下降，与此同时，美元贬值，失业人数增加。在此情况下，为了刺激对外贸易发展，美国各州纷纷设立对外贸易区。到1980年，全美的自由贸易区增加到77个，到1994年年底，自由贸易区已达199个，贸易分区达285个，总数为484个。

2. 功能趋向综合

随着自由贸易区数量的持续增长，自由贸易区的功能也在不断扩展。早在20世纪70年代开始，以转口和进出口贸易为主的自由贸易区和以出口加工为主的自由贸易区就已经开始相互融合，自由贸易区的功能趋向综合化。原材料、零部件、半成品和成品都可在区内自由进出。在区内可以进行进出口贸易、转口贸易、保税仓储、商品展销、制造、拆装、改装、加标签、分类、与其他货物混合加工等商业活动。因此，目前世界上多数自由贸易区通常都具有进出口贸易、转口贸易、仓储、加工、商品展销等多种功能，这些功能综合起来就会大大提高自由贸易区的运行效率和抗风险能力。

3. 管理不断规范

各国的自由贸易区在初创时由于条件不同，功能各异，管理水平也相差较大，但是经过几十年的竞争发展，各国自由贸易区的管理已逐渐趋向规范化。而且随着科学技术的进步，自由贸易区的基础设施和管理手段也大大改善，形成了各自颇具特色的管理体制。

五、自由贸易区的作用与产生的影响

（一）自由贸易区的作用

设置自由贸易区的作用主要体现在以下方面。

第一，利用其作为商品集散中心的地位，扩大出口贸易和转口贸易，提高设置自由贸易区的国家和地区在国际贸易中的地位，增加外汇收入。

第二，有利于吸引外资，引进国外先进技术与管理经验。

第三，有利于增加劳动就业机会。

第四，在港口、交通枢纽和边境地区设区，可起到繁荣港口、刺激所在国交通运输业发展和促进边境地区经济发展的目的。

（二）自由贸易区产生的影响

自由贸易区对区域内经济的影响大致可以分为两类：第一类是指由于区域内成员国相互之间取消关税和贸易数量限制措施之后，直接对各成员国贸易发展所产生的影响；第二类是指缔结自由贸易区之后，由于区域内生产效率提高和资本积累增加，导致各成员国经济增长加快的间接影响。二者也分别被称为静态效果和动态效果。

1. 静态效果

静态效果中极具代表性的影响是贸易创造效应和贸易转移效应。贸易创造效应主要指区域内成员国相互之间由于交易成本下降和贸易限制取消，导致本国内高成本产品被区域内其他成员国低成本商品所替代，以及过去受到对方数量和高关税限制的本国低成本商品出口增加，从而给区域内进出口双方带来更多贸易机会和经济利益。贸易转移效应是指原本与区域外国家之间的贸易往来，由于区域内交易成本的降低可能被与区域内成员国之间的贸易所取代。

2. 动态效果

动态效果主要包括市场扩张效应和促进竞争效应。前者是指随着贸易规模的扩大，将产生生产和流通的规模效益，并带来产业集聚效果。后者是指随着区域统一市场的形成，将促进区域内垄断行业的竞争，提高生产效率。

贸易创造效应、市场扩张效应和促进竞争效应会带来许多正面影响，但是贸易转移效应有可能带来负面影响，原因在于区域内的低效率产品可能会取代非成员国的高效率产品。一般来说，需要通过吸收高效率产品成员国和扩大区域覆盖范围才有可能防止这一负面影响。

六、自由贸易区和保税区的比较

（一）相同点

1. 区域隔离

保税区和自由贸易区都是划出一定的区域，再按国际通行的标准设置隔离设施，区内、区外实行不同的经济政策。二者与国内其他地方的贸易开展活动相比都实行特殊的政策法规、管理体制和运行机制等。

2. 贸易取向

在保税区和自由贸易区内都实行自由贸易政策。与境外之间进出口的货物，除实行出口被动配额管理外，不实行进出口配额、许可证管理；区内货物可以在区内企业之间转让、转移；与国内其他区域的货物往来都按国家进出口政策进行办理。

3. 优惠政策

保税区和自由贸易区内都享有一定的优惠政策，如税收政策、贸易管制等。两种区域都处于一国关境之外，带有一定程度的离岸经济特征。

（二）不同点

1. 区位选择不同

自由贸易区主要选择港口或港区附近划出一定的区域（如巴拿马科隆自由贸易区），但有些自由贸易区设立在飞机场附近（如爱尔兰香农自由贸易区），或边境地区，或内地（如美国纽约港自由贸易区）。而保税区大多处于沿海港口附近。

2. 设区目的不同

设立自由贸易区的目的主要是在不影响对国内市场保护的前提下，最大限度地获取全球自由贸易给国家经济带来的好处。

设立保税区是为了改善投资、建设的软环境，特别是利用海关保税的独特条件，最大限度地利用国外的资金、技术发展外向型经济，使保税区真正成为开放型经济的新增长点，充分发挥保税区的带动效应，带动区域经济的发展。

3. 设区主体不同

自由贸易区是国家根据本国经济发展的需要设立的，而保税区的设立则是地方政府根据自身发展、扩张的要求，经过国家相关部门审查批准设立的。

4. 设区功能不同

设立自由贸易区的功能定位各有侧重，但总的来说以贸易为主。保税区的功能更加广泛，包括出口加工、国际贸易、保税仓库、商品展销、国际物流等诸多功能。

5. 管理体制不同

自由贸易区由国家设立专门机构、负责对自由贸易区实行宏观经济管理、协调，具有权威性。但是保税区的设立属于地方行为，这就决定了保税区的行政管理体制极为复杂。

6. 立法形式不同

自由贸易区一般都有明确的法律规范、经济政策，以立法形式确保自由贸易区有较强的稳定性和可信度。保税区缺乏统一的法律规范，一般都是各地方政府以规章形式出台政策，这些政策不仅缺乏权威性，而且缺乏统一性，造成了操作的不便和困难。

知识链接

自由贸易区（FTA）的设立将不可避免地产生贸易转移效应。不同时间签订多个自由贸易协定将使贸易转移更加复杂，多个自由贸易协定的生效时间不同、过渡期不同、优惠安排的内容不同、成员国的比较优势不同，可能会使贸易转移效应多次、反复地发生。因此，需要协调各个双边贸易政策，以减少优惠贸易安排带来的损失。

一、关税制度

1. 立即免税的商品范围不断扩大

每一个新签订的FTA会产生贸易转移效应，同时也会产生贸易创造效应，这些贸易创造效应可能会纠正先前FTA产生的贸易转移效应，为了尽可能利用新自由贸易区协定的这一功能，就需要协调各个FTA的条款。

2. 削减关税的过渡期逐步缩短

削减关税的过渡期逐步缩短也是为了利用新的自由贸易区协定来纠正先前自贸区协定产生的贸易转移效应。

3. 单边降低关税和促进多边谈判

自由贸易区协定成员国的净收益直接取决于其外部贸易政策的姿态，与区域一体化相配合，成员国应采取一种开放性的外部贸易政策。在自由贸易区外部高关税情况下，自由贸易协定带来的相对价格差异会更大，从而引起更多的贸易转移效应。多边自由化能够消除贸易转移效应，并能带来更大的福利效应。因此，通过单边或通过多边贸易谈判降低外部关税，将进口转向更有效率的供应商，能够把贸易转移效应降低到最小。

二、产地规则

自由贸易区内建立的原产地规则一般用来防止“贸易转运”，即阻止非成员国原产地的产品经由保护程度低的成员国向保护程度高的成员国转运。除了承担转运的成本外，贸易转运在经济学上是有效率的。但贸易转运阻碍了FTA某一成员国向另一成员国出口发生贸易转运的产品，同时也破坏了成员国的关税结构。所以，自由贸易区都制定了原产地规则来限制贸易转运。除了减少贸易转运之外，FTA原产地规则还会增加区外资本的流入和区内生产中当地原材料的使用，但这在经济学上是低效率的。总之，原产地规则越严格，产生的效率就越低。

1. 广泛的累积制度

广泛的累积制度能使用更多国家和地区的原材料进行生产，从而减少贸易转移效应和投资转移效应。原产地规则的累积制度规定了从什么样的国家进口投入品可以被视为受惠国的原产品。有三种类型的累积方法：双边累积（Bilateral Cumulation），对角累积（Diagonal Cumulation）和完全累积（Full Cumulation）。

2. 统一和简化的原产地规则

统一的原产地规则有助于出口商调整生产，使出口产品符合原产地规则，从而避免生产的盲目性，使其产品较易进入目标市场。统一的原产地规则也能节省谈判成本和执行成本。在各个自由贸易区协定没有统一的原产地规则的情况下，政府容易因地制宜地制定某种原产地规则作为推行贸易保护措施的工具，而在统一的原产地规则下，政府的这种行为就受到了一定的约束。

3. 对敏感产业的保护逐步加强，对非敏感行业逐步放松原产地规则

自由贸易区原产地规则是判定产品能否享受优惠待遇的标准。除此之外，还可以通过制定适合本国经济发展战略和产业结构特点的规则，实现保护敏感行业以及增加就业等经济目标。

2003年10月，北美自由贸易协定（North American Free Trade Agreement，NAFTA）缔约方又宣布了一项旨在追求更加自由的原产地规则的建议。

三、服务贸易总协定

服务贸易总协定（General Agreement on Trade in Services，GATS）作为历史上第一个服务贸易多边框架，极大地推动了全球服务贸易的自由化。在“乌拉圭回合”结束之后，各成员国又就金融、电信、海运和自然人流动等服务部门和方式进行了一系列后续谈

判，至今各成国仍在执行和消化这些承诺。自“多哈回合”开始以来，除部分在服务贸易出口方面有重大利益和优势的国家外，大多数国家缺乏进行新一轮谈判的热情。为了推动本国和本地区服务贸易出口，美国和欧盟在其签订的自由贸易区协定中都列有服务贸易自由化的条款，其广度和深度超越了服务贸易总协定的承诺。为了保护对外投资者的利益，美国和欧盟在其签订的自由贸易区协定中也都列有关于投资的条款。

1. 负向清单方式

在大多数自由贸易协定下，美国和欧盟自由贸易区对服务贸易自由化都采取了“负向清单方式”，除了保留清单中的领域外，其他的服务贸易是没有贸易限制的，并且新的服务部门被自动地纳入该协定下。这一方式与服务贸易总协定的方式不同，服务贸易总协定采用列明清单方式。“负向清单方式”有效地扩大了协定覆盖的领域，能够产生更大的贸易创造效应。同时，由于新的服务部门同时被自动地纳入各个自由贸易区协定下，从而减少了贸易转移效应。

2. 资金的充分流动性

结成自由贸易区后，各成员国经济从一个均衡点向另一个均衡点的发展将产生过渡性调整的代价。短期内这种代价可能很大，表现为暂时的失业和生产能力闲置，从而引起过渡时期福利的损失。在过渡时期结束后，资源将通过重新配置转向较好的用途。显然，在区域集团的成员国之间劳动和资本的流动性越强，这些过渡性损失就可能越小。

3. 世界贸易组织关于自由贸易区的主要规定

(1) 成立自由贸易区的目的是便于组成自由贸易区的各国家和地区之间的贸易，贸易壁垒大体上不得高于或严于未建立自由贸易区时各组成国家和地区对未参加自由贸易区的各成员所实施的关税和贸易规章的一般限制水平。

(2) 任何成员若决定加入自由贸易区，或签订成立自由贸易区的临时协定，应制订一个在合理期间内加入或成立自由贸易区的计划和进程表。

(3) 任何成员决定加入自由贸易区，或签订成立自由贸易区的临时协定，应及时通知全体成员，并应向其提供有关拟议的自由贸易区的资料，以使全体成员得以斟酌并向各成员提出报告和建议。如果全体成员发现签订临时协定各方在所拟议的期间内不可能组成自由贸易区，或认为所拟议的期间不够合理，全体成员应向参加协定各方提出建议。若签订临时协定各方不准备按照这些建议修改临时协定，则有关协定不得维持或付诸实施。

(4) 对自由贸易区成立计划或进程表的任何重要修改都应通知全体成员。如果这一改变将危及或不适当地延迟自由贸易区的建立，全体成员可以要求同有关成员进行协商。

(5) 只有在特殊情况下，为建立自由贸易区的过渡性临时协定的合理期限才允许超过10年，当成员认为10年不够时，则须向货物贸易理事会提供需要更长一段时间的完整解释。

(6) 自由贸易区要接受世界贸易组织工作组的检查，并定期向货物贸易组织理事会做出协议执行情况的报告。

七、中国航空综合保税区典型案例——郑州航空港经济综合实验区

郑州航空港经济综合实验区是我国首个上升为国家战略、唯一一个由国务院批准设立的航空经济先行区，规划面积415平方千米，规划人口260万人。郑州航空港经济综合实

验区是一个拥有航空、高铁、地铁、城铁、普铁、高速公路与快速路等多种交通方式的立体综合交通枢纽，是我国内陆首个人民币创新试点、三个引智试验区之一、全国十七个区域性双创示范基地之一，也是河南唯一一个区域性双创示范基地、河南体制机制创新示范区，被列为郑州国家中心城市建设的“引领”、河南“三区一群”国家战略首位、河南最大的开放品牌、带动河南融入全球经济循环的战略平台。

（一）发展历程

2007年10月，为加快郑州国际航空枢纽建设，河南省委、省政府批准设立郑州航空港区。2010年10月24日，经国务院批准正式设立郑州新郑综合保税区。2011年4月，根据中央编办批复精神，经河南省委、省政府批准设立郑州新郑综合保税区（郑州航空港区）管理委员会，为省政府派出机构。2012年11月17日，国务院批准《中原经济区规划》，提出以郑州航空港为主体，以综合保税区和关联产业园区为载体，以综合交通枢纽为依托，以发展航空货运为突破口，建设郑州航空港经济综合实验区。2013年3月7日，国务院批准《郑州航空港经济综合实验区发展规划（2013—2025年）》，标志着全国首个航空港经济发展先行区正式起航。

郑州新郑综合保税区，规划面积5.073平方千米，2011年11月4日正式封关运行，是我国目前开放层次较高、政策较优惠、功能较齐全的特定经济功能区域。具有“四大功能”：综合保税区主要规划有保税加工、保税物流、口岸作业和综合服务四大功能区；开展“九项业务”：重点发展保税加工、现代物流、服务贸易、保税研发、检测维修、保税展览、特色金融等产业，可开展仓储物流，对外贸易（国际转口贸易），国际采购、分销和配送，国际中转、检测和售后服务维修，商品展示、研发、加工、制造等业务。

（二）战略定位

郑州航空港经济综合实验区定位于：国际航空物流中心、以航空经济为引领的现代产业基地、中国内陆地区对外开放重要门户、现代航空都市、中国中原经济区核心增长极。

1. 国际航空物流中心

建设郑州国际航空货运机场，进一步发展连接世界重要枢纽机场和主要经济体的航空物流通道，完善陆空衔接的现代综合运输体系，提升货运中转和集疏能力，逐步发展成为全国重要的国际航空物流中心。

2. 以航空经济为引领的现代产业基地

发挥航空运输综合带动作用，强化创新驱动，吸引高端要素集聚，大力发展航空设备制造维修、航空物流等重点产业，培育壮大与航空关联的高端制造业和现代服务业，促进产业集群发展，形成全球生产和消费供应链重要节点。

3. 中国内陆地区对外开放重要门户

提升航空港开放门户功能，推进综合保税区、保税物流中心发展和陆空口岸建设，完善国际化营商环境，提升参与国际产业分工层次，构建开放型经济体系，建设富有活力的开放新高地。

4. 现代航空都市

树立生态文明理念，坚持集约、智能、绿色、低碳发展，优化实验区空间布局，以航兴区、以区促航、产城融合，建设具有较高品位和国际化程度的城市综合服务区，形成空港、产业、居住、生态功能区共同支撑的航空都市。

5. 中国中原经济区核心增长极

强化产业集聚和综合服务功能，增强综合实力，延伸面向周边区域的产业和服务链，推动与郑州中心城区、郑汴新区联动发展，建设成为中原经济区最具发展活力和增长潜力的区域。

（三）经济发展及未来谋划

2011 年，以郑州新郑综合保税区封关运行为标志，郑州航空港经济综合实验区进入快速发展通道。2013 年获批上升为国家战略，进一步提升了定位、强化了支撑、扩大了空间、夯实了基础。“十三五”时期是郑州航空港经济综合实验区成规模、立新城的关键期，在省委、省政府和市委、市政府的坚强领导下，在社会各界的大力支持下，全区上下积极努力、拼搏进取，基本完成各项目标任务，南部区域建设全面展开，枢纽建设加速推进，开放体系不断完善，产业培育加快升级，营商环境持续优化，城市框架快速拉大，人民生活大幅改善，航空港实验区在全省、全市中的引领支撑作用进一步提升。

2021 年，是“十四五”开局之年，也是乘势而上开启全面建设社会主义现代化国家新征程、向第二个百年奋斗目标进军的关键之年。为深入贯彻落实省、市经济工作会议工作部署，统筹推动郑州航空港经济综合实验区（以下简称航空港实验区）重大项目建设，助力国家中心城市副城建设，确保全年目标任务顺利完成，航空港实验区将实施项目建设“3456”行动计划，即选择 357 个重大项目，总投资 4330. 10 亿元，围绕 5 大领域，年度计划投资 610. 70 亿元；突出“四个一批”项目建设，即确保年内竣工投产项目 86 个、续建项目 112 个、新开工项目 99 个、前期项目 60 个。

实　训

一、实训目的

1. 了解我国保税加工货物和保税物流货物通关的基本情况。

2. 掌握海关总署在保税货物进出口管理方面所采取的措施。

二、实训内容

通过浏览海关总署网站和商务部网站，访问当地海关，了解我国保税加工货物和保税物流货物通关的基本情况以及海关总署在保税货物进出口管理方面所采取的措施。学生 4～5 人一组，合作撰写实训报告。

练习题

一、判断题

1. 按储存商品的性能分类，国际物流仓库可分为口岸仓库、中转仓库、加工仓库和储存仓库。 （　　）

2. 中转仓库大都设在商品生产活动集中的地区和出运港口之间。 （　　）

3. 对已存入出口监管仓库，因质量问题等被要求更换的货物，经仓库所在地主管海关批准后可以更换。更换货物入仓前，被更换货物应当先行出仓。 （　　）

4. 在保税仓库内可以进行实质性的加工。 （　　）

二、选择题

1. 经海关批准可以存入保税仓库的货物有（　　）。

A. 加工贸易进口货物

B. 转口货物

C. 供应国际航行的船舶航空器的油料、物料和维修用零部件

D. 外商进境暂存物品

2. 国际货物仓储出库业务中配货、备货环节应执行的原则包括（　　）

A. 先进先出　　B. 先进后出

C. 易坏先出　　D. 不利保管先出

3. 国际货物仓储业务管理的基本流程包括（　　）环节。

A. 入库　　B. 储存保管

C. 盘点　　D. 出库

4. 对于已经存入出口监管仓库，因质量问题被要求更换的货物，在其出仓之前，相应的更换货物应当先行入仓，且应当与原货物（　　）相同。

A. 商品编码　　B. 品名、规格型号

C. 数量　　D. 价值

5. 按仓库在国际物流中的用途分类，国际物流仓库可分为（　　）。

A. 口岸仓库　　B. 中转仓库

C. 保税仓库　　D. 加工仓库

三、简答题

1. 国际物流仓储的作用有哪些？

2. 国际物流仓库的分类有哪些？

3. 国际货物仓储业务管理流程包括哪些环节？

4. 在我国的海关监管制度中，保税仓库允许存放的货物有哪些？

5. 简述保税仓库的业务操作流程。

第七章　国际货物保险

学习目标

1. 了解海上货运风险及造成损失的类别。
2. 了解海上货运保险险别和保险条款。
3. 掌握海上货运保险单据类别和填写方法。
4. 掌握国际货物保险费用的核定方法。
5. 能够根据货物的性质投保不同的保险险别。

第一节　海上货运保险

导入案例

火灾引起的海上货物损失

2019 年 8 月，天津某货轮在天津港起航后不久船舱失火，情急之下，船长下令用水灭火。事后经过调查发现，货轮有 1000 箱货物被烧，500 箱货物在灭火时被水浸湿，船舱甲板被烧坏。船长遂下令将货轮拖回天津港修理，修理完成后继续航行，其中又产生了船舶修理费，额外的燃油费和船员工资。

综上所述，该起事故造成了以下损失。

（1）1000 箱货物被烧。

（2）500 箱货物被水浸湿。

（3）船舱甲板烧坏。

（4）船舶修理费用。

（5）额外的燃油费和船员工资。

一、海上货运风险

海上货运存在的风险，是指海上偶然发生的自然灾害和意外事故，而并不包括海上经常发生的和必然发生的事件。与海上风险相对应的外部原因所造成的风险称为外来风险，包括一般外来风险和特殊外来风险。

（一）海上风险

海上风险包括海上发生的自然灾害和意外事故所带来的风险。英国《1906 年海上保险法》中的海上风险是指与航海有关的直接或间接风险。

海上风险按照引发原因可以分为自然灾害和意外事故两大类。

1. 自然灾害

自然灾害是指不以人的意志为转移的自然界的力量所引起的灾害。它是客观存在的人力不可抗拒的灾害事故，是保险人承保的主要风险。但在海上货物运输保险的灾害事故中，保险人承保的自然灾害并不是泛指一切由自然力量所引起的灾害事故。

我国的保险条款规定，保险人承保的自然灾害仅指恶劣气候、雷电、海啸、地震、洪水等人力不可抗拒的灾害。伦敦保险协会条款规定，在保险人承保的风险中，属于自然灾害的风险有雷电、地震、火山喷发、浪击落海，以及海水、湖水等进入船舶、船舱、运输工具、集装箱、大型海运箱或储存场所等。

2. 意外事故

意外事故是指船舶搁浅、触礁、沉没、互撞或与其他固体物如流冰、码头碰撞，以及失火、爆炸、失踪等意外原因造成的事故或其他类似事故。

搁浅是指船舶与海底浅滩、堤岸在事先无法预料到的意外情况下发生触礁，并搁置一段时间，使船舶无法继续行进以完成运输任务。但规律性的潮汛涨落所造成的搁浅则不属于保险条款规定的搁浅的范畴。触礁是指载货船舶触及水中岩礁或其他阻碍物（包括沉船）。沉没是指船体全部或大部分已经没入水面以下，并已失去继续航行能力。若船体部分入水，但仍具航行能力，则不视作沉没。碰撞是指船舶与船舶或其他固定的、流动的固定物猛力接触。如船舶与冰山、桥梁、码头、灯标等相撞。失火是指船舶本身，船上设备以及载运的货物失火燃烧。爆炸是指船上锅炉或其他机器设备发生爆炸和船上货物因气候条件（如温度）影响产生化学反应引起的爆炸。失踪是指船舶在航行中失去联络，音讯全无，并且超过了一定期限后，仍无下落和消息。

（二）外来风险

外来风险是指自然灾害和意外事故以外的其他外来原因造成的风险。外来风险必须是意外的、事先难以预料的风险，而不是必然发生的外来风险。外来风险可以分为一般外来风险和特殊外来风险两种。

1. 一般外来风险

一般外来风险是指一般外来原因所造成的风险，主要包括偷窃、渗漏、短量、碰损、钩损、生锈、雨淋、受热受潮等。

2. 特殊外来风险

特殊外来风险是指军事、政治、国家政策法令和行政措施等以及其他特殊外来原因所造成的风险，如战争、罢工、取不到货、拒绝收货等。

战争风险是指由于战争行为、敌对行为以及由此引起的捕获、拘留、扣留、禁止及各种战争武器引起的货物损失。罢工风险是指由于罢工者、被迫停工工人或参加工潮、暴动、民众斗争的人员的行为所造成的货物的损失。拒收风险是指由于在进口国的政府或有关当局拒绝进口或没收货物所带来的风险。

二、海上损失

海上损失是指保险标的物（即被保险货物）在海上运输中由于发生海上风险所造成的损坏或灭失，又称为海损（Average）。按照货物损失的程度，海损可分为全部损失与部分损失。

（一）全部损失

全部损失简称“全损”，是指运输中的整批货物或不可分割的一批货物的全部损失。全部损失又可分为实际全损和推定全损两种。

1. 实际全损

它是指保险标的物全部灭失或指其毁损后不能复原或完全丧失原有用途，已不具有任何使用价值。

知识链接

实际全损的几种情况如下。

(1) 保险标的物的实体已经完全灭失，如船、货遇难沉没。

(2) 保险标的物遭到严重损害，已丧失了原有的用途和价值，如水泥遭水浸泡而成为硬块。

(3) 被保险人对保险标的物的所有权已无可挽回地被完全剥夺，如船、货被劫或被敌方扣押。

(4) 保险标的物的载货船舶失踪，一定时间后仍无音讯，如半年无音讯可视作全部损失。

2. 推定全损

它是指保险标的物受损后并未全部灭失，但若进行施救、整理、修复所需的费用再加上续运至目的地的费用的总和估计要超过货物在目的地的完好状态的价值。

知识链接

推定全损的几种情况如下。

(1) 保险标的物受损后，修理费用估计要超过货物修复后的价值。

(2) 保险标的物受损后，整理和续运到目的地的费用，将超过货物到达目的地的价值。

(3) 保险标的物的实际全损已经无法避免，或者为了避免实际全损进行施救等需要的费用将超过获救后的标的物价值。

(4) 保险标的物遭受保险责任范围内的事故，被保险人失去标的物所有权，而收回这一标的物所有权的费用将超过收回后的标的物价值。

综上所述，实际全损是指保险标的物完全灭失，或虽未完全灭失但已完全丧失原有的用途。而推定全损是指保险标的物受损后并未完全灭失，但若进行施救、整理、修复所需的费用加上续运至目的地的费用，将会超过货物在目的地的价格。

(二) 部分损失

部分损失是指保险标的物的一部分毁损或灭失。部分损失可以分为共同海损和单独海损。

1. 共同海损

共同海损是指在同一海上航程中，船舶、货物和其他财产遭遇共同危险，船方为了共同安全，有意地、合理地采取措施所直接造成的特殊牺牲和支付的特殊费用。

构成共同海损必须具备以下条件：危难真实存在，并且危难必须威胁共同安全；牺牲和费用必须是合理的、额外的；挽救措施最后一定要有效果。

共同海损的牺牲和费用均为使船舶、货物和运费免于遭受损失而支出的。因而，不论损失与费用的大小，都应由船方、货主和付运费方按最后获救价值按比例共同分摊。这种分摊称为共同海损的分摊。

2. 单独海损

单独海损是指除共同海损之外的其他部门损失。这种损失只属于特殊利益方，不属于其他货主或船方，由受损方单独承担。

如本节导入案例中，船舶修理费用、额外的燃油费和船员工资是船舶遭遇风险，船长为了避免共同财产遭遇风险，为了共同利益而产生的费用，因此属于共同海损，500 箱货物被水浸湿也是为了共同利益引水灭火而造成的损失，因此也属于共同海损；而 1000 箱货物被烧的损失不是为了共同财产和共同利益采取措施所造成的损失，所以属于单独海损。

知识链接

共同海损和单独海损的区别主要有以下几点。

(1) 发生的原因不同。共同海损是有意采取措施造成的；而单独海损则是由偶然的意外事故造成的。

(2) 涉及的利益方不一样。共同海损是为船货各方的共同利益所受的损失；而单独海损则只涉及损失方个人的利益。

(3) 后果不同。共同海损应由受益方分摊；而单独海损则由受损方自己承担。

三、海上货运保险

海上货运保险属于财产保险的范畴，是指保险人对于承保财产因海上货运风险所造成的损失给予经济补偿的制度。

(一) 海上货运保险的种类

海上货运保险按照保险标的物划分，可以分为船舶保险、运费保险、保障赔偿责任保险、海运货物保险以及海上石油开发保险五种。

1. 船舶保险

以船舶为保险标的物，当船舶在航行或其他作业中受到损失时，予以补偿。包括船舶定期保险、航程保险、修船保险、造船保险、停航保险等。

2. 运费保险

以运费为保险标的物，只按航程承保，通常以全损为投保条件。发生海损后船舶所有人无法收回的运费由保险人补偿。

3. 保障赔偿责任保险

船舶所有人之间相互保障的一种保险形式。主要承保保险单不予承保的责任险，对船舶所有人在营运过程中因各种事故引起的损失、费用、罚款等均予以保险。

4. 海运货物保险

以海运货物为保险标的物。主要有：平安险，负责赔偿因自然灾害和发生意外事故造成保险标的物的全部损失；水渍险，除负责平安险的全部责任外，还负责因自然灾害和发生意外事故所造成的部分损失；一切险，负责保险条件中规定的除外责任以外的一切外来原因所造成的意外损失。

5. 海上石油开发保险

以承保海上石油开发全过程风险为保险标的物。属于专业性的综合保险。因开发周期的原因，此种保险的保险期很长，可达十余年。

(二) 海上货运保险合同主客体

海上货运保险合同的主体可分为与海上货运保险合同有直接关系的保险人、投保人和被保险人。

1. 保险人 (Insurer)

保险人是指按照合同约定，收取保险费，承担赔偿责任的一方当事人，根据各国保险业的实际情况，保险人是经营保险业务的经济组织或个人，组织形式包括股份有限公司、相互保险公司、保险合作社等。不论哪种形式的保险组织形式，要成为海上货运保险合同的保险人必须经过政府机构的批准，取得保险人资格。在我国，财产保险公司都可以经营海上货运保险业。

2. 投保人 (Proposer)

投保人是指经申请与保险人订立海上货运保险合同、负有缴纳保险费义务的一方当事人。投保人可以是自然人，也可以是法人，投保人必须具有民事权利能力和民事行为能力，必须承担缴纳保险费的义务，投保人可以不具有保险利益。

3. 被保险人 (Insured)

被保险人是指承受保险事故所造成保险标的物损失的后果，并有权请求赔偿的一方当事人。被保险人是在海上货运保险合同中获取保险保障的直接承受者，是享有保险金请求权的人。海上货运保险中的投保人和被保险人可以是一体的，也可以是不同的人。

海上货运保险合同的客体不是保险标的物本身，而是投保人或被保险人对保险标的物所具有的可保利益。

（三）海上货运保险合同内容

海上货运保险合同的内容是指海上货运保险合同民事主体享有的民事权利和承担的民事义务。

海上货运保险合同的主要内容：保险人与被保险人名称、保险标的物、保险价值、保险金额、保险责任和除外责任、保险期间、保险费等。

1. 保险人与被保险人名称

保险人是指与投保人签订海上货运保险合同，并承担赔偿或者给付保险金责任的保险公司，是海上货运保险合同的一方当事人。在我国，保险人均为保险公司，其他任何单位和个人不得经营保险业务。被保险人是指海上货运保险合同的另一方当事人。

2. 保险标的物

保险标的物是指保险人与被保险人在海上货运保险合同中约定给予保险的财产、责任或利益。保险标的物的范围很广，主要有船舶、货物以及其他与航海有关的财产和利益。

3. 保险价值

保险价值是指保险责任开始时保险标的物实际价值和保险费的总和。在实际保险业务中，被保险人在投保时，要正确确定保险标的物的实际价值是困难的，无论是对设备异常复杂、国际市场价值变动不定的现代船舶，还是对品种繁多、运杂费不易计算的货物来说，都是如此。所以，通常都由保险人与被保险人来议定约束双方的保险标的物的价值。

4. 保险金额

保险金额是指保险人与被保险人约定在保险合同中载明对保险标的物所受损失给予补偿的最高数额。其约定应以不超过被保险人对保险标的物所具有的可保利益为限。若此金额与保险价值一致即为全额保险。如果保险标的物因保险事故遭受全损，保险人应按保险金额赔偿。如果被保险人只投保保险价值的一部分，这种保险称为不足额保险。在不足额保险条件下，被保险人应对保险金额和保险价值之间的差额自行承担，保险人对此不负赔偿责任。

5. 保险责任和除外责任

保险责任是指海上货运保险合同成立后，保险人只对发生在保险责任范围内的保险事故造成保险标的物损失负责赔偿。

除外责任是指根据法律规定或约定，保险人不承担赔偿责任的风险范围。在不同的海上货运保险合同中，除外责任的风险范围是不同的。我国《海商法》规定了保险人在货物、船舶保险责任中的除外责任。

6. 保险期间

保险期间又称保险期限，指海上货运保险合同的有效期间，即规定海上货运保险合同效力发生和终止的期限。不同的海上货运保险合同有着不同的保险期限。它一方面是计算保险费的依据，另一方面又是保险人和被保险人行使权利和履行义务的责任期限。

7. 保险费

保险费是海上货运保险合同的对价。双方当事人关于保险费条款必须达成一致，海上货运保险合同方能成立。否则，海上货运保险合同不能成立。海上货运保险合同成立后，如果被保险人拒绝缴纳保险费，保险人仍有权解除合同。

第二节 海上货运保险险别和条款

导入案例

我国某外贸公司与荷兰某进口商签订一份皮手套合同，价格条件为CIF鹿特丹，向中国人民保险集团股份有限公司（以下简称中国人民保险公司）投保了一切险，生产者在生产的最后一道工序将清晰度降到了最低，然后用牛皮纸包好装入双层瓦楞纸箱，再装入20英尺标箱。货物到达鹿特丹后，检验结果表明：全部货物变湿、变霉、变色、被沾污，损失价值达80000美元。据分析：该批货物的出口地不异常热，进口地鹿特丹不异常冷，运输途中无异常，完全属于正常运输。

一、我国海上货运保险险别

我国海上货运保险险别分为基本险别和附加险别两类。基本险别又称主险，是可以独立投保的险别，包括平安险、水渍险和一切险；附加险别是对基本险别的补充和扩展，它不能单独投保，只能在投保了基本险别的基础上加保，包括一般附加险、特别附加险和特殊附加险。

（一）基本险别

1. 平安险

平安险（Free from Particular Average，FPA）这一名称在我国保险行业中沿用甚久，其英文原意是指单独海损不负责赔偿。

平安险的责任范围如下所述。

（1）保险标的物在运输途中由于恶劣气候、雷电、海啸、地震、洪水等自然灾害造成整批货物的全部损失。

（2）由于运输工具遭搁浅、触礁、沉没、互撞，与流域其他物体碰撞以及失火、爆炸等意外事故造成保险标的物的全部损失或部分损失。

（3）只要运输工具曾经发生搁浅、触礁、沉没、焚毁等意外事故，不论这个意外事故发生之前或者之后曾在海上遭恶劣气候、雷电、海啸等自然灾害所造成的保险标的物的部分损失。

（4）在装卸转船过程中，保险标的物一件或数件落海所造成的全部损失或部分损失。

（5）运输工具遭自然灾害或意外事故，在避难港卸货所引起保险标的物的全部损失或部分损失。

（6）运输工具遭自然灾害或意外事故，需要在中途的港口或者在避难港口停靠，因而引起的卸货、装货、存仓以及运送货物所产生的特别费用。

（7）发生共同海损所引起的牺牲、公摊费和救助费用。

（8）发生了保险责任范围内的危险，被保险人对货物采取抢救、防止或减少损失的各种措施，因而产生合理施救费用。

综上所述，平安险的承保范围包括所有海上风险的全部损失；所有海上风险引起的部分损失中的共同海损；意外事故引起的部分损失中的单独海损；一次航程中既有自然灾害，又有意外事故的全部损失。平安险承保范围如图 7－1 所示。

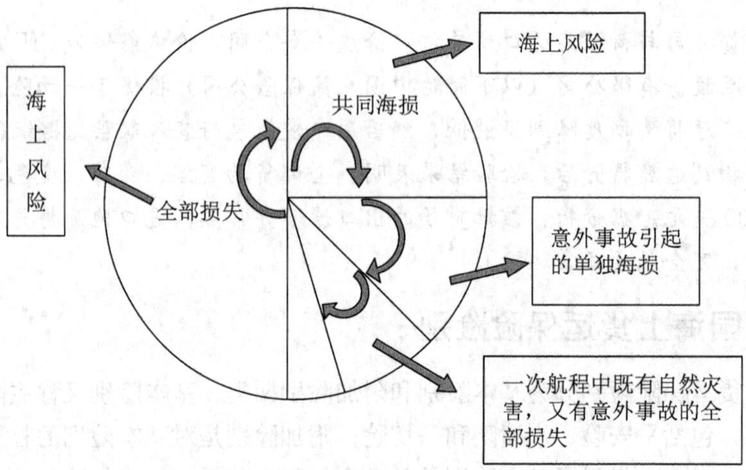

图 7－1　平安险承保范围

2. 水渍险

水渍险（With Particular Average，WPA），又称“单独海损险”，英文原意是指单独海损负责赔偿，是海洋运输货物保险的主要险别之一。

水渍险的责任范围除了包括“平安险”的各项责任外，还负责保险标的物由于恶劣气候、雷电、海啸、地震、洪水等自然灾害所造成的单独海损。水渍险承保范围如图 7－2 所示。

3. 一切险

一切险（All Risks）的责任范围除包括上列“平安险”和“水渍险”的所有责任外，还包括货物在运输过程中，因一般外来原因所造成保险标的物的全部损失或部分损失。

（二）附加险别

进出口商品除了投保货物的上述基本险别之外，还可根据货物的特点和实际需要，酌情再选择若干适当的附加险别。附加险别包括一般附加险、特别附加险和特殊附加险三类。

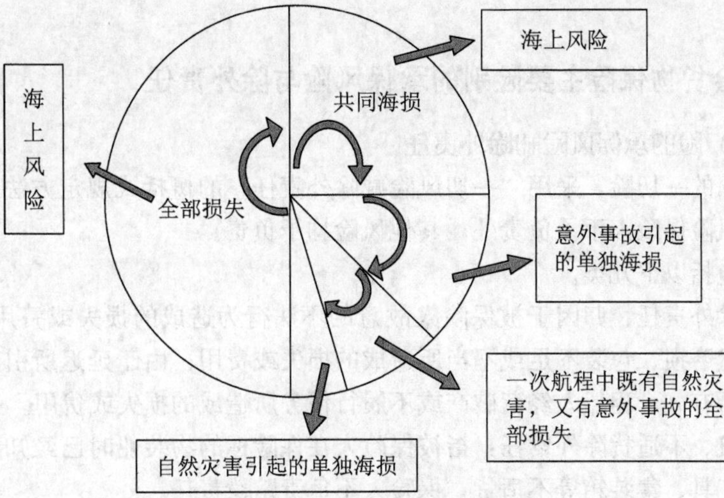

图 7-2 水渍险承保范围

一般附加险包括：①偷窃、提货不着险；②淡水雨淋险；③短量险；④混杂、沾污险；⑤渗漏险；⑥碰损、破碎险；⑦串味险；⑧钩损险；⑨受潮受热险；⑩包装破损险；⑪锈损险等。

特别附加险包括：①交货不到险；②进口关税险；③舱面险；④拒收险；⑤黄曲霉素险；⑥出口货物到中国香港（包括九龙在内）或中国澳门存仓火险责任扩展条款等。

特殊附加险包括海运货物战争险和罢工险等。

二、伦敦保险协会海运货物保险条款

在国际保险市场上，英国伦敦保险协会（以下简称为伦敦协会）所制定的协会货物保险条款（Institute Cargo Clause，ICC）对世界各国有着广泛的影响。目前，世界上许多国家在海运保险业务中直接采用该条款。

在我国，按 CIF 条件出口，一般以中国人民保险公司所制定的保险条款为依据，但如果国外客户要求按伦敦协会所制定的货物保险条款为依据，也可酌情接受。

(一) 协会货物保险条款的种类

(1) 协会货物条款（A)：ICC（A）[Institute Cargo Clause (A)，ICC（A）]。

(2) 协会货物条款（B)：ICC（B）[Institute Cargo Clause (B)，ICC（B）]。

(3) 协会货物条款（C)：ICC（C）[Institute Cargo Clause (C)，ICC（C）]。

(4) 协会战争险条款（货物)：Institute War Clause（Cargo)。

(5) 协会罢工险条款（货物)：Institute Strikes Clause（Cargo)。

(6) 恶意损害险条款：Malicious Damage Clause。

ICC（A）险、ICC（B）险、ICC（C）险三种险别是基本险别，协会战争险、协会罢工险及恶意损害险是附加险别。其中，除恶意损害险外，前五种险别都可以单独投保。另外，ICC（A）险包括恶意损害险，但在投保 ICC（B）险或 ICC（C）险时，应另行投保恶意损害险。

（二）协会货物保险主要险别的承保风险与除外责任

1. ICC（A）险的承保风险和除外责任

类似于我国的一切险，采用“一切风险减除外责任”的概括式规定方法，即除除外责任项下所列的风险保险人不予负责外，其他风险均予负责。

除外责任包括以下几类。

（1）一般除外责任：归因于被保险人故意的不法行为造成的损失或费用；自然损耗、自然渗漏、自然磨损、包装不足或不当所造成的损失或费用；由于延迟所引起的损失或费用；由于船舶所有人、租船人经营破产或不履行债务所造成的损失或费用。

（2）不适航、不适货除外责任：指被保险人在保险标的物装船时已经知道船舶不适航或船舶、装运工具、集装箱等不适货，保险人不负责赔偿责任。

（3）战争除外责任：这主要是指由于战争、敌对行为等造成的损失或费用；由于捕获、拘留、扣留等（海盗除外）所造成的损失或费用；由于漂流水雷、鱼雷等造成的损失或费用。

（4）罢工除外责任：这主要是指罢工者、被迫停工工人造成的直接损失或费用，以及由于罢工、被迫停工所造成的社会损失或费用等。

2. ICC（B）险的承保风险和除外责任

类似于我国的水渍险，采用承保除外责任之外列明风险的方法。

承保风险包括：①火灾、爆炸；②船舶或驳船搁浅、触礁、沉没或颠覆；③陆上运输工具的倾覆或出轨；④船舶、驳船或运输工具同除水以外的任何外界物体碰撞；⑤在避难港卸货；⑥地震、火山爆发、雷电；⑦共同海损牺牲；⑧海水、湖水或河水进入船舶、驳船、运输工具、集装箱、大型海运箱或储存场所；⑨货物在装卸时落海或摔落。

除外责任是在 ICC（A）险除外责任基础上加上“海盗行为”和“恶意损害险”。意思是指在 ICC（A）险中，恶意损害的风险被列为承保风险，而在 ICC（B）险中，保险人对此项风险不负赔偿责任，被保险人若想获得此种风险的保险保障，就需加保“恶意损害险”。在 ICC（A）险中，海盗行为属于赔偿范围内，而在 ICC（B）险中，保险人对此项风险不负保险责任。

3. ICC（C）险的承保风险和除外责任

类似于我国的平安险，仅承保“重大意外事故”的风险，而不承保自然灾害及非重大意外事故的风险。

承保范围包括：①火灾、爆炸；②船舶或驳船触礁、搁浅、沉没或倾覆；③陆上运输工具倾覆或出轨；④船舶、驳船或运输工具同除水以外的任何外界物体碰撞；⑤在避难港卸货；⑥共同海损牺牲；⑦抛货。

除外责任与 ICC（B）险完全相同。

至于协会战争险、协会罢工险和恶意损害险不同于中国保险条款的规定，即不一定要在投保了三种基本险别的基础上才能加保，而是可以作为独立险别投保的。恶意损害险是新增加的附加险别，它所承保的是被保险人以外的其他人（如船长、船员等）的故意破坏行为所致保险标的物的灭失和损害。它属于 ICC（A）险的责任范围，但在 ICC（B）险、ICC（C）险中，则被列为除外责任。

伦敦协会新条款保险期限为保险标的物在最后卸载港全部卸离海轮后满 60 天为止。

第三节　海上货运保险的投保

导入案例

有一份 CIF 合同，卖方甲投保了一切险，自法国内陆仓库起，直到美国纽约的买方仓库为止。合同中规定，投保金额按照发票金额另加 10%。卖方甲在货物装船后，凭提单、保险单、发票、品质检验证书等单证向买方银行收取了货款。后来，货物在运到纽约港前遇险而全部损失。买方凭保险单要求保值的 10% 应该属于他，但遭卖方保险公司的拒绝。

一、投保

我国出口货物一般采取逐笔投保的方法。按 FOB 或 CFR 条件成交的出口货物，卖方无办理投保的义务。但卖方在交货前，货物自仓库到装船这一段时间内，仍承担货物可能遭受意外损失的风险，需要自行安排这段时间内的保险事宜。按 CIF 或 CIP（运费及保险费付至）等条件成交的出口货物，卖方负有办理保险的责任，一般应在货物从装运仓库运往码头或车站之前办妥投保手续。我国进口货物大多采用预约保险的办法，各专业进出口公司或其收货代理人同保险公司事先签有预约保险合同。签订合同后，保险公司负有自动承保的责任。

出口企业办理货物保险的具体投保程序如下。

（1）投保人根据出口合同或信用证规定，在备妥货物并确定装运日期和运输工具后，按保险公司规定的格式逐笔填制投保单，送保险公司投保。有时为简化手续，投保人可不填写投保单，而以现成的公司发票副本代替投保单，并将下列内容在发票上逐一列明：承保险别、投保金额、运输工具、开航日期、赔款地点、保单份数、投保日期、其他要求等。

（2）保险公司以投保单为凭证出具保险单，作为接受保险的正式凭证，投保人应认真审核出具的保险单。

（3）投保人在保险公司出具保险单后，如需更改险别、运输工具、航程、保险期限及保险金额等，必须向保险公司提出申请，保险公司出具批单，附在保险单上作为保险单的组成部分。

（4）投保人按规定缴纳保险费。

（5）保险标的物抵达目的地后，如发生承保范围内的损失，可由国外收货人凭保险单等有关凭证向保险公司或其代理人索赔。

二、保险险别的选择

投保人在投保时，主要涉及险别的选择、保险金额的确定、保险费的计算等工作。在对投保险别选择时，一般考虑以下因素。

1. 货物的性质和特点

不同性质和特点的货物，在运输途中可能遭遇的风险和发生的损失往往有很大差别。因此，在投保时必须充分考虑货物的性质和特点，据以确定适当的险别。例如，粮谷类商品的特点是含有水分，经过长途运输水分蒸发，可能造成短量；在运输途中如果通风条件不良，还易因发热而发霉。对此类商品，一般可以在投保水渍险的基础上加保短量险和受潮受热险。

2. 货物的包装

有些货物在运输及装卸转运过程中，常因包装破损而造成质量上或数量上的损失。因此在选择险别时，对货物包装在运输过程中可能发生的损坏及其对货物可能造成的损害也应加以考虑。

3. 运输路线及船舶停靠港口

海运中船舶的航行路线和停靠的港口不同，对货物可能造成的风险和损失也有很大不同。某些航线途经气候炎热的地区，如果载运货物船舶通风条件不良，就会造成货损。同时，由于不同停靠港口在设备、装卸能力等方面有很大差异，进出口货物在港口装卸时发生货损、货差的情况也有所不同。

4. 目的地市场的变化趋势

为了保证尚在运输中的货物不受目的地市场价格变化的影响，在投保时应考虑另行增加增值保险。

5. 各国贸易习惯

各国贸易习惯不同，投保的险别不同，投保何种险别应在合同中规定，若合同对此没有规定，便需按照国际惯例及各国国内有关的法律规定办理。

三、保险金额的确定和保险费的计算

办理保险首先要确定保险金额。保险金额又称投保金额，系指保险人承担赔偿或者给付保险金责任的最高限额，也是保险人计算保险费的基础。投保人在投保货物时，应向保险人申报保险金额。按照国际保险市场的习惯做法，出口货物的保险金额一般按 CIF 货价另加 10%计算，10%为投保加成率，也就是买方进行这笔交易所付费用的依据。

保险金额计算的公式如下。

保险金额＝CIF 价×（1＋投保加成率）

保险公司根据保险金额计收保险费。保险费的多少根据保险金额和费率计算。投保人按约定方式缴纳保险费是保险合同生效的条件。保险费则根据保险费率表和保险金额计算，是保险金额与保险费率的乘积。保险费率（Premium Rate）是由保险公司根据一定时期、不同种类的货物的赔付率，按不同险别和目的地确定的。

保险费的计算公式如下。

保险费＝保险金额×保险费率＝ CIF 价×（1＋投保加成率）×保险费率

第四节 海上货运保险单据

导入案例

中国A公司与巴西C公司签订销售合同，委托中国B航运公司将10000袋咖啡豆从中国上海港运往巴西某港口。船长签发了清洁提单，载明每袋咖啡豆重60千克，其表面状况良好。咖啡豆到目的港卸货后，收货人C公司发现其中600袋有重量不足或松袋现象，经过磅约短少25%。于是，C公司提起诉讼，认为承运人B航运公司所交货物数量与提单的记载不符，要求B航运公司赔偿货物短少的损失。B航运公司出具有力证据证明货物数量的短少在货物装运时就已存在，并抗辩称，因其在装船时未对所装货物一一进行核对，所以签发了清洁提单。货物数量的短少不是因为承运人B航运公司的过失造成的，所以B航运公司不应对此承担赔偿责任。经查，货物数量的短少的确不是承运人的原因造成的，而属托运人A公司的责任。

一、海上货运保险单

海上货运保险单是海上货物运输业务中保险人与被保险人之间订立保险合同的证明文件，它反映了保险人与被保险人之间的权利和义务关系，也是保险人的承保证明。当发生保险责任范围内的损失时，它是保险索赔和理赔的主要依据。在CIF和CIP合同中，海上货运保险单是卖方向买方提供的主要单据之一。在国际贸易中，海上货运保险单可以背书转让。

二、海上货运保险单据的种类

（一）保险单（Insurance Policy）

保险单俗称大保单，它是保险人和被保险人之间成立保险合同关系的正式凭证，是使用范围较广的一种保险单据。因险别的内容和形式有所不同，海上货运保险单较为常用的形式有船舶保险单、货物保险单、运费保险单、船舶所有人责任保险单等。其内容除载明被保险人、保险标的物、运输工具、险别、起讫地点、保险期限、保险价值和保险金额等项目外，单据背面还附有保险人责任范围，以及保险人和被保险人的权利和义务等方面的详细条款。如当事人双方对海上货运保险单上所规定的权利和义务需要增补或删减时，可在海上货运保险单上加贴条款或加注字句。

（二）保险凭证（Insurance Certificate）

保险凭证俗称小保单，它是保险人签发给被保险人，证明货物已经投保和保险合同已经生效的文件。背面无保险条款，没有保险人和被保险人的权利和义务等方面的详细内容。海上货运保险凭证具有与海上货运保险单同等的效力，但在信用证规定提交海上货运保险单时，一般不能以海上货运保险凭证这一简化形式进行提交。

（三）联合凭证（Combined Certificate）

联合凭证是一种将发票和保险单相结合的保险单据，它比保险凭证更为简化。这种单据只有我国采用，并仅适用于中国香港、中国澳门地区的出口业务。由于它和国际惯例不符，现很少使用。

（四）预约保险单（Open Policy）

预约保险单又称预约保险合同，它是被保险人（一般为进口商）和保险人订立的总合同，是经常有保险业务需要陆续办理时，为简化手续所采用的一种形式。

（五）批单（Endorsment）

批单不是一种独立的保险单据，是正式的保险单出具后，投保人如需补充或变更内容时，根据保险公司的规定，经申请并同意后所出具的一种凭证，以注明更改或补充内容。海上货运批单原则上要粘贴在原海上货运保险单上，并加盖骑缝章，作为原海上货运保险单不可分割的一部分，和原海上货运保险单具有同样的法律效力。

三、海上货运保险单的缮制

缮制海上货运保险单要求如下。

1. 被保险人

在国际贸易业务中，买卖双方对货物的权利因单据的转移而转移，海上货运保险单的可保利益也会由卖方转给买方，保险索赔通常是由买方办理。按照习惯，被保险人一栏，一般填写出口商的名称，若信用证另有规定，则按规定执行。

2. 发票号码

按发票实际号码填写。

3. 标记

按信用证规定，应与发票、提单相一致，可单独填写，也可填“AS PER INV. NO. ×××”（依据发票号码填写）。

4. 包装及数量

填写商品外包装的种类和数量。如以单位包装件数计价者，可只填总件数，若为散装货，则应注明“IN BULK”，再填重量。

5. 保险货物项目

本栏填写商品的名称，根据投保单填写，要与提单一致。

6. 保险金额

保险金额应为发票金额加上投保加成后的金额，也可按含佣价加成投保，但需要按扣除折扣后的价格加成投保。信用证支付方式下，严格按信用证规定填写。保险金额大小写要一致，币种要用英文全称。币制应与信用证规定相符。保险金额按投保加成率计算，如有小数，应采取“进一法”。如保险金额为“USD 785.22”，应填写“USD 786”。

7. 保险总金额

此栏需将保险金额以大写的形式填入，计价货币也写全称，并与信用证要求使用的币种一致。

8. 保费

一般由保险公司在保险单印刷时填入“AS ARRANGED”，出口公司无须填写。

9. 装载运输工具

要与运输单据一致。海运填船名航次，转运时，填“一程船/二程船”，可填“AS PER B/L”；陆运填“BY RAILWAY”或“BY TRAIN：WAGON NO. ××”；空运填“BY AIR”；邮包运输填“BY PARCEL POST”。

10. 开行日期及起讫地点

一般填提单签发日，也可填写提单签发日前5天内的任一日期，或填“AS PER B/L”。

11. 承保险别

按信用证规定或双方约定填写。如：“COVERING ALL RISKS AS PER OCEAN MARINE CARGO CLAUSES（1981.1.1）OF THE PICC”．[根据海洋运输货物条款（1981年1月1日修订版）向中国人民保险公司投保一切险]。

12. 赔款偿付地点

应填地点和币种两项内容。地点按信用证或投保单填写，一般为目的地；币种应与投保单一致。

13. 保险勘查代理人

由保险公司自定，但要提供其地址，以便发生损失时收货人通知其代理人进行勘查、赔款。

14. 签发地点和日期

签发日期须早于运输单据的签发日期，才能证明是在装运前办理的投保。

15. 保险公司签章

经签章后海上货运保险单才能生效。

16. 背书

海上货运保险单可以经背书转让。根据国际保险行业的习惯，海上货运保险单经被保险人背书后，即随着保险标的物的所有权转移到受让人手中。背书前后均不需通知保险公司。因此，出口方只需对海上货运保险单进行背书，即完成转让手续。

海上货运保险单示例如图7-3所示。

货物运输保险单

CARGO TRANSPORTATION INUSRANCE POLICY

总公司设于北京　　　　××××年创立

Head Office Beijing　　　　Established in ××××

发票号（INVOICE NO.）：　　　　保单号次（POLICY NO.）：

合同号（CONTRACT NO.）：　　　　信用证号（L/C NO.）：

被保险人：

INSURED：

×××有限公司（以下简称“本公司”）根据被保险人的要求，由被保险人向本公司缴付约定的保险费，按照本保险单承保险别和背面所载条款与下列特款承保下述货物运输保险，特立本保险单。

THIS POLICY OF INSURANCE WITNESSES THAT × × × × COMPANY LIMITED (HEREINAFTER CALLED “THE COMPANY”) AT REQUEST OF THE INSURED AND IN CONSIDERATION OF THE AGREED PREMIUM PAID TO THE COMPANY BY THE INSURED, UNDERTAKES TO INSURANCE. THE UNDERMENTIONED GOODS IN TRANSPORTATION SUBJECT TO THE CONDITIONS OF THIS POLICY AS PER THE CLAUSES PRINTED OVERL AND OTHER SPECIAL CLAUSES ATTACHED HEREON.

标记 MARKS & NOs.	包装及数量 QUANTITY	保险货物项目 DESCRITION OF GOODS	保险金额 AMOUNT INSURED

总保险金额：

TOTAL AMOUNT INSURED：

保费：　　　　启运日期：　　　　装载运输工具：

PREMIUM：　　　　DATE OF COMMENCEMENT：　　　　PER CONVEYANCE：

自：　　　　经：　　　　至：

FROM：　　　　VIA：　　　　TO：

承保险别：

CONDITIONS：

所保货物，如发生保险单项下可能引起索赔的损失或损坏，应立即通知本公司代理人查勘。如有索赔，应向本公司提交保单正本（本保险单共有___份正本）及有关文件。如一份正本已用于索赔，其余正本自动失效。

IN THE EVENT OF LOSS OR DAMAGE WHICH MAY RESULT IN A CLAIM UNDER THIS POLICY, INNEDIATE NOTICE MUST BE GIVER TO THE COMPANY'S AGENT AS MENTIONED HEREUNDER CLAIMS, IF ANY ONE OF THE ORIGINAL POLICY WHICH HAS BEEN ISSUED IN ___ ORIGINAL TOGETHER WITH THE RELEVENT DOCUMENTS SHALL BE SURRENDERED TO THE COMPANY. IF ONE OF THE ORIGINAL POLICY HAS BEEN ACCOMPLISHED. THE OTHERS TO BE VOID.

赔款偿付地点：

CLAIM PAYABLE AT/IN：

出单日期：　　　　总经理

ISSUING DATE：　　　　GENERAL MANAGER

图 7-3　海上货运保险单示例

实 训

一、实训目的

了解保险费相关概念、计算公式，并能够熟练计算保险费。

二、实训内容

首先，每一位学生独立完成下题，并将答案写在纸上。

从韩国进口钢铁盘条 100000 千克，其成交价格为 FOB 釜山 245820 美元，已知单位运费为 0.1 美元/千克，保险费率为 0.25%，请计算应征保险费。

然后，以小组为单位，讨论计算结果。最后，指导老师收集每一个小组的最终答案并进行打分评价。

练习题

一、判断题

1. 某公司按 CIF 条件出口棉花 300 包，货物在海运途中因货舱内水管渗漏，致使 50 包棉花遭水渍受损，在投保水渍险时，保险公司负责赔偿损失。（　　）

2. 根据我国《海洋货物运输保险条款》的规定，承保范围最小的基本险别是水渍险。（　　）

3. 某公司按 FOB 条件进口一批玻璃器皿，在运输途中的装卸、搬运过程中，部分货物受损。要得到保险公司赔偿，该公司应该投保一切险加破碎险。（　　）

4. 根据英国伦敦保险协会的规定，采用"一切风险减除外责任"的办法表示的险别是 ICC（A）险。（　　）

5. 根据仓至仓条款的规定，从货物在目的港卸离海轮时起满 12 天，不管货物是否进入保险单载明的收货人仓库，保险公司的保险责任均告终止。（　　）

二、选择题

1. 在保险人所承保的海上风险中，雨淋、渗漏属于（　　）。

A. 自然灾害　　B. 意外事故

C. 一般外来风险　　D. 特殊外来风险

2. 在海运过程中，被保险物被海盗劫持造成的损失属于（　　）。

A. 实际全损　　B. 推定全损

C. 共同海损　　D. 单独海损

3. 船舶搁浅时，为使船舶脱险而雇用驳船强行脱险所支出的费用，属于（　　）。

A. 实际全损　　B. 推定全损

C. 共同海损　　D. 单独海损

4. 某外贸公司出口茶叶 10 吨，在海运途中遭受暴风雨，海水涌入舱内，致使一部分茶叶发霉变质，这种损失属于（　　）。

A. 实际全损　　B. 推定全损

C. 共同海损　　D. 单独海损

5. 战争、罢工风险属于（　　）。

A. 自然灾害　　B. 意外事故

C. 一般外来风险　　D. 特殊外来风险

三、计算题

某出口公司以CIF价出口一批10吨的货物，原报价为CIF纽约每吨1000美元，按此价加一成投保一切险和战争险，费率分别为1.2%和0.3%，问需交多少保险费？

第八章　国际货物报关报检

学习目标

1. 了解海关的性质和基本任务。
2. 掌握一般进出口货物报关报检流程。
3. 掌握进出口关税及滞纳金和滞报金的计算方法。
4. 掌握进出口报关单的缮制要求。

第一节　国际货物报关报检概述

导入案例

中国海关对走私濒危物种严格查处

截至2019年7月，中国海关针对象牙等濒危物种“非洲启运、多国中转、周边囤积、偷运进境”的走私特点，加强国际执法合作，已实施多次跨境联合打击，精准指引新加坡、越南、中国香港等海关查获象牙11吨、穿山甲鳞片59.8吨、犀牛角90.5千克，实现了对走私策源、中转、跨境的全链条打击。

我国自2018年1月1日起全面停止加工销售象牙及制品的活动，保护大象等濒危野生动植物物种，但走私犯罪禁而不绝。截至2018年年底，中国海关立案侦办走私象牙等濒危物种案件374起，其中走私象牙案件133起，打掉犯罪团伙38个，在境内查获各类珍贵动物制品11.28吨，其中象牙制品9.05吨，犀牛角251千克。

一、海关

海关（Customs）是根据国家法律设立的，对进出境货物、物品、人员和运输工具等进行监督检查的国家行政管理机关。当今世界每个国家和地区都设有自己的海关，海关是一个国家主权的象征。我国海关机构设置是根据国家改革开放的形势，经济发展的需要和法律规定而设立的。随着国家对外经济贸易的发展，与此相适应，海关机构不断扩大，海关管理体制逐步规范。

（一）海关的机构设置

目前，我国海关机构的设置分为三级：海关总署、直属海关和隶属海关。隶属海关由直属海关领导，向直属海关负责；直属海关向海关总署负责。

海关总署是国务院下属的正部级直属机构，是中国海关的领导机关，统一管理全国海关。下设广东分署，以及天津、上海两个特派员办事处。直属海关是直接隶属于海关总署的地方海关机构，负责管理一定区域范围内的海关业务的海关。目前直属海关有 42 个，除中国香港、中国澳门、中国台湾地区外，分布在全国 31 个省、自治区、直辖市。隶属海关是由直属海关领导，负责办理具体海关业务的海关，是海关进出境监督管理职能的基本执行单位。隶属海关一般都设在口岸和海关业务集中的地点。

知识链接

我国海关的性质可从以下三个方面来理解。

（1）海关是国家行政机关。

我国的国家机关包括立法机关、司法机关和行政机关。国务院是我国最高行政机关，海关是隶属于国务院的国家行政机关之一，它代表国家依法独立行使有关行政管理权，维护国家的主权和利益。

（2）海关是代表国家对进出境活动进行监督管理的机关。

海关作为国家行政管理机关之一，其职能是对进出境的运输工具、货物和物品实施监督管理，保证这些行为符合国家有关法律法规的规定。

（3）海关是一个有执法权的行政机关。

《海关法》赋予海关对所有进出境运输工具、货物和物品进行监督管理，并且对违法行为实施行政处罚，以保证这些行为符合国家法律的要求。法律给予海关执法权力，其执法依据是《海关法》和其他有关法律和行政法规。

海关事务属于中央立法事权，海关依据的法律和行政法规只能由国家最高权力机关全国人民代表大会及其常务委员会和国家最高行政机关国务院制定，其他省、直辖市、自治区人民代表大会和人民政府部门不得制定海关法律规范，其制定的地方法规、地方规章不是海关的执法依据。海关总署作为国务院的组织机构之一，可以根据法律和国务院的法规、决定、命令制定规章，作为执法依据的补充。

（二）海关的基本任务

根据《海关法》的规定，海关有四项基本内容，即监管进出境运输工具、货物、行李物品、邮递物品和其他物品（以下简称“监管”），征收关税和其他税费（以下简称“征税”），查缉走私（以下简称“缉私”）和编制海关统计（以下简称“统计”）。

1. 监管

海关监管是指海关运用国家赋予的权力，通过一系列管理制度与管理程序，依法对进出境运输工具、货物、物品及相关人员的进出境活动实施的一种行政管理。其目的在于保证一切进出境活动符合国家政策和法律的规范，维护国家主权和利益。

根据监管对象的不同，海关监管分为运输工具监管、货物监管和物品监管三大体系，每个体系都有一整套规范的管理程序与方法。

监管是海关最基本的任务，是四项任务的基础，其他任务都是在监管工作的基础上进行的。

2. 征税

代表国家征收关税和其他税费是海关的另一项重要任务。关税是进出境货物和物品经过一国关境时，由海关代表国家所课征的一种税收。关税是国家财政收入的重要来源，也是国家宏观经济调控的重要工具。关税只能由海关依法征收，其他任何单位和个人均不享有征收关税的权利。海关征收关税的基本法律依据是《海关法》和《中华人民共和国进出口关税条例》（以下简称《进出口关税条例》）。

其他税费主要是指海关对进口货物和物品一并征收的应缴纳的国内税，主要有增值税、消费税和船舶吨税。

3. 缉私

查缉走私是指海关依照法律赋予的权力在海关监管场所和海关附近的沿海沿边规定地区，为发现、制止、打击、综合治理走私活动而进行的一种调查和惩处活动，这也是海关的一项基本任务。走私行为违反国家法律规定，以逃避海关监管、偷逃关税、牟取暴利为目的，扰乱经济秩序，对国家危害性极大，必须予以严厉打击。

4. 统计

海关统计是以实际进出口货物作为统计和分析的对象，通过搜索、整理、加工处理进出口货物报关单或经海关核准的其他申报单证，对进出口货物的品种、数量、价格、国别（地区）、经营单位、境内目的地、境内货源地、贸易方式、运输方式、关别等项目分别进行统计和分析，全面、准确地反映进出口贸易的运行态势，及时提供统计信息和咨询服务，实施有效的统计监督。

海关统计以数字形式清晰反映实际进出口状况，为国家制定对外经济贸易政策、进行宏观经济调控提供了重要的分析数据。

海关的四项基本任务构成一个统一的、有机联系的整体。除这四项基本任务外，近几年国家通过有关法律、行政法规还赋予了海关一些新的职责，比如知识产权海关保护、海关对进境固体废物的管制、海关对反倾销及反补贴的调查等。

二、报关

（一）报关的含义

报关是指进出境运输工具负责人、进出口货物收发货人、进出境物品所有人或其代理人向海关办理运输工具、货物或物品进出境手续及相关手续的过程。

知识链接

通关、报检是进出境活动中常用的概念，它们与报关有着密切的联系与明显的区别。

报关与通关的工作对象是相同的，都是进出境运输工具、进出口货物、进出境物品，但在其他方面有所不同。活动视角不同：报关是从被管理者角度来考察活动的，通关是从管理者角度来考察活动的；活动内容不同：报关只限于被管理者向海关办理工作对象的进出境手续，通关还包括海关对工作对象依法进行监管，批准其进出境的管理过程。

报关与报检的区别如表8-1所示。

表8-1　报关与报检的区别

概念	目的	时间
报关	办理进出境手续	在后
报检	办理进出口商品检验、卫生检疫、动植物检疫手续	在先

（二）报关的分类

（1）按照报关的对象可分为运输工具、货物和物品的报关。

（2）按照报关的目的可分为进境报关和出境报关。

（3）按照报关行为的性质可分为自理报关和代理报关。

知识链接

自理报关与代理报关的区别主要如下。

自理报关是指进出口货物收发货人自行办理报关业务的行为。

代理报关是指接受进出口货物的收发货人的委托，代理其办理报关业务的行为。

在代理报关中，根据代理报关法律责任的承担者不同，又可分为直接代理报关和间接代理报关，两者的区别如表8-2所示。

表8-2　直接代理报关与间接代理报关的区别

代理报关类别	解释	法律责任
直接代理报关	接受委托人的委托，以委托人的名义办理报关业务的行为	代理行为的法律后果作用于被代理人
间接代理报关	接受委托人的委托，以报关企业自身的名义办理报关业务的行为	报关企业与委托人承担相同的法律责任

三、一般进出口货物报关流程

一般进出口货物是一般进口货物和一般出口货物的合称。一般进口货物是指在进口环节缴纳了应征的进口税费并办结了所有必要的海关进口手续，海关放行后不再进行监管，直接进入生产和消费领域流通的进口货物。一般出口货物是指在出口环节缴纳了应征的出口税费并办结了所有必要的海关出口手续，海关放行后离境的出口货物。

（一）一般进出口货物的特征

1. 进出境时缴纳进出口税费

一般进出口货物的收发货人应当按照《海关法》和其他有关法律、行政法规的规定，在货物进出境时向海关缴纳应当缴纳的税费。

2. 进出口时提交相关的许可证件

货物进出口时受国家法律、行政法规管制并需要申领进出口许可证件的，进出口货物收发货人或其代理人应当向海关提交相关的进出口许可证件。

3. 海关放行即办结海关手续

海关征收了全额的税费，审核了相关的进出口许可证件，并对货物进行实际查验（或做出不予查验的决定）以后，按规定签章放行。这时，进出口货物收发货人或其代理人才能办理提取进口货物进入国内市场或者装运出口货物离境的手续。

对一般进口货物来说，海关放行就意味着海关手续已经全部办结，海关不再监管，可以直接进入生产和消费领域流通。对一般出口货物来说，海关放行后离境才意味着海关手续全部办结。

知识链接

海关现场放行是指进出口货物通过海关审核单证、查验货物、征收税费等监管环节，对货物进出口做出结束海关进出境现场监管决定，允许货物离开海关监管现场的行为。

货物结关是指进出口货物由收发货人向海关办结所有海关手续，海关不再进行监管。

对于一般进出口货物，海关进出境现场放行等于货物结关。

对于保税货物、特定减免税货物、暂准进出口货物放行时进出口货物的收发货人或其代理人并未向海关办完所有海关手续，在一定期限内仍处于海关监管之下。

（二）一般进出口货物报关程序

一般进出口货物的报关程序主要体现在货物的实际进出口阶段，对所有的进出口货物报关而言，都要经过这个阶段，因此这个阶段是报关工作的基本阶段。一般进出口货物报关程序由 4 个环节构成，即进出口申报、配合查验、缴纳税费、提取或装运货物。具体步骤如下。

1. 进出口申报

进出口申报是指进出口货物收发货人、接受委托的报关企业，依照《海关法》及有关法律、行政法规的要求，在规定的期限、地点，采用电子数据报关单和纸质报关单形式，向海关报告实际进出口货物的情况，并接受海关审核的行为。

1）申报基本要素

一般进出口货物申报的基本要素有申报单位、申报地点、申报期限、申报方式、申报日期，如表8-3所示。

表8-3　　一般进出口货物申报的基本要素

<table>
<tr><th colspan="2">申报要素</th><th>进口货物</th><th>出口货物</th></tr>
<tr><td colspan="2">申报单位</td><td>收货人或其代理人</td><td>发货人或其代理人</td></tr>
<tr><td rowspan="3">申报地点</td><td>一般情况</td><td>向进境地海关申报</td><td>向出境地海关申报</td></tr>
<tr><td>转关情况</td><td>向进境地或指运地海关申报</td><td>向出境地或起运地海关申报</td></tr>
<tr><td>其他情况</td><td>保税货物、特定减免税货物和暂准进境货物转为一般进口时，向货物所在地的主管海关申报</td><td>—</td></tr>
<tr><td rowspan="2">申报期限</td><td>一般情况</td><td>自装载货物的运输工具申报进境之日起14日内申报，逾期需支付滞报金；
超过3个月仍未申报的，货物由海关提取并依法变卖</td><td>货物运抵海关监管区后、装货前24小时</td></tr>
<tr><td>特殊情况</td><td colspan="2">经电缆、管道或其他特殊方式进出境的货物，进出口货物收发货人或其代理人按照海关规定定期申报</td></tr>
<tr><td rowspan="2">申报方式</td><td>电子申报</td><td colspan="2">终端申报方式、委托EDI方式、自行EDI方式、网上申报方式</td></tr>
<tr><td>纸质申报</td><td colspan="2">提交纸质报关单及随附单据</td></tr>
<tr><td colspan="2">申报日期</td><td colspan="2">申报数据被海关接受的日期</td></tr>
</table>

知识链接

2018年4月20日，出入境检验检疫系统正式并入海关总署，通关作业实现了“三个一”，原来的出入境检验检疫系统统一以海关名义对外开展工作，实现了统一上岗、统一着海关制服、统一佩戴关衔。也就是说在今后的货代操作流程中，报检流程取消，只需要报关即可，原来的部分报检职能合并到报关流程中一并进行。进出口货物只需要对海关申报一次，加快了通关时效，有利于我国进出口贸易顺利进行。

在中国国际贸易单一窗口下，报关、报检融合申报系统也发生了巨大变化。截至2021年12月，中国国际贸易单一窗口下的业务表单共计415个，数据元6449个，公开数据项925个，数据简化率达60.33%。

2）申报单证

申报单证可以分为报关单和随附单证两大类。

（1）报关单是由报关员按照海关规定格式填制的申报单，是指进出口货物报关单或者带有进出口货物报关单性质的单证，比如特殊监管区域进出境备案清单、进出口货物集中申报清单、ATA单证册（货物通关护照）、过境货物报关单、快件报关单等。一般来说，任何货物的申报，都必须有报关单。

（2）随附单证包括基本单证和特殊单证。基本单证是指进出口货物的货运单据和商业单据，主要有进口提货单据、出口装货单据、商业发票、装箱单等。一般来说，任何货物的申报，都必须有基本单证。特殊单证主要有进出口许可证件、特定减免税证明、作为有些货物进出境证明的原进出口货物报关单证、出口收汇核销单、原产地证明书、贸易合同等。

进出口货物收发货人或其代理人应向报关员提供基本单证、特殊单证，报关员审核这些单证后据以填制报关单。

准备申报单证的原则是：基本单证、特殊单证必须齐全、有效、合法，所填制的报关单证必须真实、准确、完整，报关单证与随附单证数据必须一致。

知识链接

进口货物的收货人在向海关申报前，为了确定货物的品名、规格、型号等，可以向海关提交查看货物或者提取货样的书面申请。海关审核同意的，派员到场监管。

海关接受进出口货物申报后，电子数据和纸质的进出口货物报关单不得修改或者撤销。确有正当理由的，经海关审核批准的，可以修改或撤销报关单。

2. 配合查验

进出口货物查验是由海关来执行的，收发货人或其代理人应配合海关进行查验。

海关查验是指海关为确定进出口货物收发货人向海关申报的内容是否与进出口货物的真实情况相符，或者为确定商品的归类、价格、原产地等。

海关通过查验，检查报关单位是否伪报、瞒报、不实申报，同时也为海关的征税、统计、后续管理提供可靠的资料。

1）查验地点

查验应当在海关监管区内实施。不宜在海关监管区内实施查验，以及因其他特殊原因需要在海关监管区外查验的，经进出口货物收发货人或其代理人书面申请，海关可以派员到海关监管区外实施查验。

2）查验时间

当海关决定查验时，即将查验的决定以书面通知的形式通知进出口货物收发货人或其代理人，约定查验的时间。查验时间一般约定在海关正常工作时间内。

在一些进出口业务繁忙的口岸，海关也可以接受进出口货物收发货人或其代理人的请求，在海关正常工作时间外实施查验。

对于危险品或者鲜活、易腐、易烂、易失效、易变质等不宜长期保存的货物，以及因其他特殊情况需要紧急验放的货物，经进出口货物收发货人或其代理人申请，海关可以优先实施查验。

3）查验方法

海关实施查验可以彻底查验，也可以抽查。彻底查验是指对一票货物逐件开拆包装，验核货物实际情况；抽查是指按照一定比例有选择地对一票货物中的部分货物验核实际情况。海关可以根据货物情况及实际执法需要，确定具体的查验方式。

知识链接

经初次查验未能查明货物的真实属性，需要对已查验货物的某些性状做进一步确认；货物涉嫌走私违规，需要重新查验；进出口货物收发货人对海关查验有异议，提出复验要求并经海关同意等情形，海关可以进行复验。

4）进出口货物收发货人或其代理人配合海关查验

进出口货物收发货人或其代理人配合海关查验，应当做好如下工作：负责按照海关要求搬移货物，开拆包装，以及重新封装货物；如实回答查验人员的询问及提供必要的资料；协助海关提取需要做进一步检验、化验或鉴定的货样，收取海关提供的取样清单；查验结束后，认真阅读查验人员填写的“海关进出境查验记录单”并签名确认。

3. 缴纳税费

进出口货物收发货人或其代理人将报关单及随附单证提交给货物进出境地指定海关，海关对报关单进行审核，对需要查验的货物，先由海关查验，然后核对税费，开具税款缴纳书（缴款书）和收费票据。进出口收发货人或其代理人在规定时间内，持缴款书或收费票据向指定银行办理税费交付手续；或者在网上向指定银行支付税费。一旦收到银行缴款成功的信息，即可报请海关办理货物放行手续。

4. 提取或装运货物

进出口货物收发货人或其代理人凭加盖海关放行章戳记的进口提货凭证、出口装货凭证，到货物进出境地的港区、机场、车站、邮局等地的海关监管仓库办理提货或离境的手续。

进出口货物收发货人或其代理人，办理完提取进口货物或装运出口货物的手续以后，如需要海关签发有关货物的进口、出口货物报关单证明联或办理其他证明手续的，均可向海关提出申请，证明联的名称和作用具体内容如表8-4所示。

表 8-4 证明联的名称和作用

类别	名称	作用
报关单证明联	进口付汇证明联	用于在银行或国家外汇管理部门办理进口付汇核销手续
	出口收汇证明联	用于在银行或国家外汇管理部门办理出口收汇核销手续
	出口退税证明联	需要在国家税务机构办理出口退税的出口货物，凭以向国家税务机构申请出口退税
其他证明联	出口收汇核销单	凭收汇证明联和出口收汇核销单办理出口收汇核销手续
	货物进口证明书	用于进口汽车、摩托车整车以及其他需签发货物进口证明书的货物

四、一般进出口货物报检流程

(一) 一般出口货物报检的办理

1. 一般出口货物报检流程

我国的出口货物报检工作的程序主要有申请报检、抽样、检验和签发证书四个环节。

1）申请报检

国务院设立进出口商品检验部门（以下简称国家商检部门），主管全国进出口商品检验工作。国家商检部门设在各地的进出口商品检验机构（以下简称商检机构）管理所辖地区的进出口商品检验工作。

出口商一般应在商品发运前 7～10 天向商检机构报检。报检时要填写出口检验申请表，并提供合同、信用证、发票等有关单证。

2）抽样

抽样是检验的基础，一般不得由报检人送样，必须由商检部门自行抽样，并由抽样员当场开具抽样收据。

3）检验

检验是商检机构的重要工作，如果检验不认真就会影响检验结果的准确性。因此，商检机构在接受报检之后，根据申报的检验项目确定相应的检验内容。需仔细审核合同（信用证）对品质、规格、包装的规定，即在弄清检验依据的基础上，确定检验的标准和方法，然后抽取货样、对所取样品进行检验。

4）签发证书

出口货物经检验合格的，由商检机构签发检验证书，或在出口货物报关单上加盖检验印章。经检验不合格的，由商检机构签发不合格通知单。根据不合格的原因，商检机构可酌情同意申请人申请复验，复验原则上仅限一次，或由申请单位重新加工整理后申请复验。复验时应随附加工整理情况报告和不合格通知单，经复验合格，商检机构签发检验证书，办理申请出口货物免验放行手续。

2. 出口货物报检时限和地点

一般出口货物最迟应在出口报关或装运前 7 天报检，对于个别检验检疫周期较长的货物，应留有相应的检验检疫时间。

出口货物应在商检机构报检，并在生产地接受检验。对于不宜在产地实施检验的，可在出境前向出口口岸商检机构申请报检。

3. 出口货物报检时应提供的单证

（1）除需提交相关出口货物检验检疫申请表外，还应提供合同（销售确认书或订单等）、信用证、发票、集装箱单等必备单证。

（2）下列情况下还应按要求提供有关文件：①凡实施安全质量许可、卫生注册，或需要审批、审核的货物，应提供有关证明；②出口货物须经生产者或经营者检验合格并加附检验合格证书或检测报告；申请重量鉴定的，应加附重量明细单或磅码单；③凭样成交的货物，应提供经买卖双方确认的样品；④报检出口危险货物时，必须提供危险货物包装容器性能鉴定结果单和使用鉴定结果单。

（二）一般进口货物报检的办理

1. 进口货物报检的概念

进口货物报检是指进口货物申请人按照法律法规向商检机构报请检验检疫工作的手续。商检机构接受申请人报检，是检验检疫工作的开始。

即使是象征性交货，进口商也应拥有按规定时间和地点对货物进行检验的权利。进口商对货物进行检验主要是由于很多进口货物属于国家法定检验的范围，同时检验可以作为进口商对于受损货物索赔和理赔的依据。

2. 进口货物报检的时间和地点

1）报检时间

根据国家商检部门和海关总署的规定，对法定检验的进口货物，海关统一凭商检机构签发的进口货物通关单验放。进口货物通关单上除载明进口货物的基本情况外，还须由商检机构注明“上述货物已报检/申报，请海关予以放行”的字样。需要特别加以说明的是，因受口岸检验条件、检验时间、通关体制的限制，商检机构对部分进口货物进行检疫处理后，就直接签发进口货物通关单供海关验放，抽样、检验工作必须在货物通关以后才能实施，或者在使用地检验；部分进口货物要结合调试、安装过程实施检验，进口报关地与使用地不一致的，还要运输至指定地点，由所在地商检机构实施检验，即异地检验。法定检验的进口货物的收货人，应当持合同、发票、装箱单、提单等必要的凭证和相关批准文件，在海关放行后 20 日内向海关报关地的商检机构报检，未报经检验的，不准销售，不准使用。非法定检验的货物到货后，可按合同约定自行检验，若发现问题需要凭商检证书索赔的，应向当地商检机构申请报检。申请报检则应在合同中列明的索赔有效期前不少于 1/3 的时间，向货物所在地商检机构报检。

2）报检地点

外贸合同或运输契约规定进口货物检验地点的，应在规定地点所在地商检机构报检。

如合同规定凭卸货口岸商检机构出具的品质、重量检验证书作为计算价格、结算贷款依据的，就应向卸货口岸商检机构报检；大宗散装货物、易腐变质货物，如粮食、原糖、化肥、化工原料、农产品等进口货物，必须向卸货口岸或到达站商检机构报检；在卸货时，发现货物的外包装残损或短件的，必须向卸货口岸或到达站商检机构报检；由内地收货、用货的，货物在国内运输途中不会发生变质、少量而包装又完好的进口货物可向到达站商检机构报检；需结合安装调试进行检验的成套设备、机电仪产品及在口岸开件检验难以恢复包装的货物，应向到达站商检机构报检。

3. 进口货物报检需要的单据资料

进口货物报检时，报检人应提供外贸合同、国外发票、提单、装箱单和进口货物到货通知单等有关单证；申请进口货物品质检验的还应提供国外品质证书、使用说明及有关标准和技术资料，凭样成交的，须加附成交样品；申请残损鉴定的还应提供理货残损单、铁路商务记录、空运事故记录或海事报告等证明货损情况的有关单证；申请重量、数量鉴定的还应提供重量明细单、理货清单等；进口货物经收货部门、用货部门验收或其他单位检验的，应加附有关验收记录、重量明细单或检验结果报告单等。

五、检验检疫证书

（一）检验检疫证书的定义和作用

检验检疫证书（Inspection and Quarantine Certificate）是由政府机构或公正机构对进出口货物进行检验检疫或鉴定后，根据不同的检验结果或鉴定项目出具并且签署的书面声明，证明货物已检验达标并评述检验结果的书面证书。

（二）检验检疫证书的种类

我国商检机构根据进出口货物的不同的检验检疫要求、鉴定项目和作用，签发不同的检验检疫证书、凭单、监管类证单、报告单和记录报告。

（1）品质检验证明书（Inspection Certificate of Quality），适用于证明货物品质、规格、等级、效能等。是出口货物交货结汇和进口货物结算索赔的有效凭证。法定检验货物的证书，是进口货物报关、输出、输入的合法凭证。商检机构签发的放行单和在报关单上加盖的放行章与检验检疫证书有同等通关效力。签发的检验情况通知单同为检验检疫证书性质。

（2）重量/数量检验证明书（Inspection Certificate of Weight/Quantity），是出口货物交货结汇、签发提单和进口货物结算索赔的有效凭证。出口货物的重量/数量检验检疫证书，也是进口商报关征税和计算运费、装卸费用的有效凭证。

（3）兽医检验证明书（Veterinary Inspection Certificate），是证明出口动物产品、食品检验或检疫合格的证件，适用于冻畜肉、冻禽、冻畜罐头、皮张、毛类、绒类、猪鬃、肠衣等出口商品，是对外交货、银行结汇和进口商通关输入的重要证件。

（4）卫生健康检验证明书（Inspection Certificate of Sanitary or Certificate of Health），是证明可供人类食用的出口动物产品、食品等经过卫生检验或检疫合格的证件，适用于肠衣、冻鱼、冻虾、乳制品、蜂蜜等，是对外交货、银行结汇和通关验放的有效证件。

（5）消毒检验证明书（Inspection Certificate of Disinfection），是证明出口动物产品、食品经过消毒处理，安全卫生的证件，适用于猪鬃、马尾、皮张、山羊毛、羽毛等商品，是对外交货、银行结汇和通关验放的有效证件。

（6）船舱检验证书（Inspection Certificate of Hold），是证明承运出口货物的船舱清洁、密固、冷藏效能及其他技术条件是否符合保护承载货物的质量完好、数量完整、运输安全的要求的证件，可作为承运人履行租船契约适载义务，对外贸易关系方进行货物交接和处理货损事故的依据。

（7）温度检验证书（Inspection Certificate of Temperature），是证明出口冷冻商品温度的证书。

（8）熏蒸证明书（Fumigation Certificate），适用于证明出口货物的熏蒸检疫。是用于证明出口粮谷、皮张等商品，以及包装用木材与植物性填充物等，已经过熏蒸灭虫的证书。

（9）植物检疫证明书（Plant Quarantine Certificate），适用于证明植物及其产品的检疫。

第二节　国际货物报关单据

一、进出口货物报关单的含义和类别

（一）进出口货物报关单的含义

进出口货物报关单是指进出口货物的收发货人或其代理人，按照海关规定对进出口货物的实际情况做出书面申请，以此要求海关对其货物按适用的海关制度办理通关手续的法律文书。

纸质进口货物报关单一式五联，分别是海关作业联、海关留存联、企业留存联、海关核销联、进口付汇证明联。

纸质出口货物报关单一式六联，分别是海关作业联、海关留存联、企业留存联、海关核销联、出口收汇证明联、出口退税证明联。

1. 海关作业联和留存联

海关作业联和留存联是报关员配合海关查验、缴纳税费、提取或装运货物的重要单据，也是海关查验货物、征收税费、编制海关统计以及处理其他海关事务的重要凭证。

2. 企业留存联

企业留存联由进出口企业自己保管，主要用于企业自身存档、统计以及归类整理使用，其内容和海关留存联相同。

3. 收付汇证明联

收付汇证明联是海关对已经实际进出境的货物所签发的证明文件，是银行和国家外汇

管理部门办理售汇、付汇和收汇及核销手续的重要凭证之一。

4. 海关核销联

海关核销联是指口岸海关对已实际申报出口或进口的货物所签发的证明文件，是海关办理加工贸易合同核销、结关手续的重要凭证。

5. 出口退税证明联

出口退税证明联是海关对已实际申报出口并已装运离境的货物所签发的证明文件，是国家税务部门办理出口货物退税手续的重要凭证。对不属于退税范围的货物，海关不签发该联。

（二）进出口货物报关单的类别

1. 按进出口状态分

（1）进口货物报关单：海关规定的货物进境时填写的申报内容报表。

（2）出口货物报关单：海关规定的货物出境时填写的申报内容报表。

2. 按使用性质分

（1）一般贸易及其他贸易进出口货物报关单。

（2）进料加工进出口货物报关单。

（3）来料加工及补偿贸易进出口货物报关单。

（4）外商投资企业进出口货物报关单。

（5）出口货物退税报关单。

3. 按用途分

（1）报关单录入凭单：指申报单位按海关规定的格式填写的凭单，用作报关单预录入的依据。

（2）预录入报关单：指录入公司录入、打印，并联网将录入数据传送到海关，由申报单位向海关办理申报手续的报关单。

（3）电子数据报关单：指申报单位通过电子计算机系统，按照《中华人民共和国海关进出口货物报关单填制规范》（以下简称《海关进出口货物报关单填制规范》）的要求，向海关申报电子报文形式的报关单及事后打印、补交备核的纸质报关单。

（4）报关单证明联：指海关在核实货物实际进出境后按报关单格式提供的证明，用作企业向税务、外汇管理部门办理有关手续的证明文件。

二、进出口货物报关单填制的一般要求

申报人应当如实申报，对申报内容的真实性、准确性、完整性和规范性承担法律责任。

（1）报关人必须按照《海关法》《中华人民共和国海关进出口货物申报管理规定》（以下简称《海关进出口货物申报管理规定》）和《海关进出口货物报关单填制规范》的有关规定和要求，向海关如实申报。

（2）报关单的填报必须真实，要做到两个相符。①单证相符，即报关单与合同、批文、发票、装箱单等相符。②单货相符，即报关单中所申报内容与实际进出口货物情况相

符。特别是货物的品名、规格、数量、价格等内容必须真实，不得出现差错，更不能伪报、瞒报。

（3）报关单的填报要准确、齐全、完整、清楚，报关单各栏目内容要逐项详细准确填报，字迹清楚、整洁、端正，不得用铅笔或红色复写纸填写。

（4）货物不同批文/合同，同一批文但不同贸易方式、不同备案号、不同提运单、不同征免性质、不同运输方式等，分单填报，一份原产地证书对应一份报关单。

（5）一张报关单上如果有多种不同货物，应分别填制清楚，但一张报关单上海关统计商品编码的货物一般最多不能超过5项。

（6）在反映进出口货物情况的项目中，需要分项填报的主要有下列几种情况：商品编号不同的；商品名称不同的；原产国（地区）/最终目的国（地区）不同的。

（7）报关单中填写的项目要准确、齐全，应用机打字申报。

（8）为实现报关自动化，申报单位除填写报关单上的有关项目外，还应填上有关项目的代码。

（9）电脑预录入的报关单，其内容必须与原始报关资料完全一致。报关员应认真核对，防止录错。一旦发现有异，应及时提请录入人员重新录入。

（10）已向海关申报的进出口货物报关单，如原填报内容与实际进出口货物不一致而又有正当理由的，申报人应向海关递交书面更正申请，经海关核准后，对原填报的内容进行更改或撤销。

三、报关单的缮制

报关员无论是采用电子报关单，还是采用纸质报关单向海关申报时，都应当按照《海关进出口货物申报管理规定》和《海关进出口货物报关单填制规范》的要求，完整、准确、有效地填制进出口货物报关单。本节将以H 2000通关系统（海关通关系统）为主介绍进出口货物报关单各栏目的填制规范。海关进口货物报关单和海关出口货物报关单分别如图8-1和图8-2所示。

进口货物报关单

预录入编号：　　　　　　　　　　　　　　海关编号：

进口口岸：	备案号：	进口日期：	申报日期：
经营单位：	运输方式：	运输工具：	提运单号：
收货单位：	贸易方式：	征免性质：	征税比例：

许可证号：	启运国（地区）：		装货港：	境内目的地：
批准文号：	成交方式：	运费：	保费：	杂费：
合同协议号：	件数：	包装种类：	毛重（千克）：	净重（千克）：
集装箱号：	随附单据：			用途：

标记唛码及备注：

项号	商品编号	商品名称、规格型号	数量及单位	原产国（地区）	单价	总价	币制	征免

税费征收情况：

录入员： 录入单位：	兹声明以上申报无讹并承担法律责任：	海关审单批注及放行日期（签章）： 审单：　　审价：
报关员： 申报单位：	申报单位（签章）：	征税：　　统计：
邮编：　　电话：	填制日期：	查验：　　放行：

图 8-1　海关进口货物报关单

出口货物报关单

预录入编号：　　　　　　　　　　　　海关编号：

出口口岸：	备案号：	出口日期：	申报日期：
经营单位：	运输方式：	运输工具：	提运单号：
发货单位：	贸易方式：	征免性质：	结汇方式：

许可证号：	运抵国（地区）：	指运港：	境内货源地：

批准文号：	成交方式：	运费：	保费：	杂费：

合同协议号：	件数：	包装种类：	毛重（千克）：	净重（千克）：

集装箱号：	随附单据：	生产厂家：

标记唛码及备注：

项号	商品编号	商品名称、规格型号	数量及单位	最终目的国（地区）	单价	总价	币制	征免

税费征收情况：

录入员： 录入单位：	兹声明以上申报无讹并承担法律责任：	海关审单批注及放行日期（签章）： 审单：　　　　审价：
报关员： 申报单位： 邮编：　　电话：	申报单位（签章）： 填制日期：	征税：　　　　统计： 查验：　　　　放行：

图 8－2　海关出口货物报关单

1. 预录入编号

指申报单位或预录入单位对该单位填制录入的报关单的编号，用于该单位与海关之间引用该单位申报后尚未批准放行的报关单。

网上进出口申报时，预录入编号电脑系统会自动生成，不需要填写。

2. 海关编号

海关编号是海关接受申报时给予报关单的编号，进口货物报关单和出口货物报关单需分别编号。报关单海关编号为18位数字，其中第1～4位为接受申报海关的编号，第5～8位为海关接受申报的公历年份，第9位为进出口标志（“1”为进口，“0”为出口），后9位为顺序编号。例如：2201 2005 1 789654321。

3. 进口口岸/出口口岸

（1）指货物实际进/出我国关境口岸海关的名称。

（2）本栏目应根据货物实际进/出口的关境口岸海关选择填报关区代码表中相应的关境口岸海关名称及代码。本栏中要填报具体的隶属海关的名称，代码后两位的数字应不为00。

（3）加工贸易合同项下的货物必须在海关核发的登记手册（或分册）限定或指定的口岸，与货物实际进出境口岸不符的，应向合同备案主管海关办理登记手册（或分册）的变更手续后填报。

（4）进口转关运输货物应填报货物进境地海关名称及代码，出口转关运输货物应填报货物出境地海关名称及代码。按转关运输方式监管的跨关区深加工结转货物，出口货物报关单填报转出地海关名称及代码，进口货物报关单填报转入地海关名称及代码。

（5）在不同出口加工区之间转让的货物，填报对方出口加工区海关的名称及代码。

（6）其他未实际进出境的货物，填报接受申报的海关名称及代码。

4. 备案号

备案号是指进出口企业在向海关办理加工贸易合同备案或征、减、免税审批备案等手续时，由海关给予的加工贸易手册，电子账册，征、减、免税证明或其他有关备案审批的文件的编号。备案号长度为12位，其中第1位是标记代码（备案号的标记代码必须与“贸易方式”及“征免性质”栏目相协调，例如：贸易方式为来料加工，征免性质也应当是来料加工，备案号的标记代码应为“B”）；第2～5位是备案地海关关区代码；第6位是年份的最后一位数字；第7～12位为序列号。

知识链接

第一位标记代码的含义如下。

A：备料。

B：来料加工登记手册。

C：进料加工登记手册。

D：外商免费提供的加工贸易不作价设备登记手册。

F：加工贸易异地进出口分册。

G：加工贸易深加工结转分册。

H：出口加工区进出货物。

Y：原产地证书。

Z：征免税证明。

5. 进口日期/出口日期

进口日期是指运载所申报货物的运输工具申报进境的日期。出口日期是指运载所申报货物的运输工具办结出境手续的日期。出口日期一栏供打印报关单证明联用，在申报时免予填报。若无法确知相应运输工具实际进境日期时，进口日期免予填报。

日期为8位数字。顺序为：年（4位）月（2位）日（2位）。例如：20080120。

当进口日期和进境日期相矛盾时，应该以运输工具申报进境的日期为准。无实际进出境的货物，应以海关接受申报的日期为准。

6. 申报日期

申报日期指海关接受进出口货物的收发货人或其代理人申请办理货物进出口手续的日期。电子报关申报日期是海关计算机系统接受申报数据时记录的日期。纸制报关申报日期是海关接受纸制报关单并对报关单进行登记处理的日期。

日期为8位数字。顺序为：年（4位）月（2位）日（2位）。例如：20080129。

7. 经营单位

经营单位指已在海关注册登记且对外签订并执行进出口贸易合同的中国境内企业、单位或个体工商户。

经营单位填报要求填写经营单位名称和经营单位编码。

经营单位编码是经营单位在海关办理注册登记手续时，海关给予的10位编码。各企业经营单位代码具有唯一性，在全国各地海关报关时通用。例如：1401910037。

8. 运输方式

运输方式指载运货物进出境所使用的运输方式。包括实际运输方式和无实际进出境的运输方式。本栏目应根据实际运输方式按海关规定的《运输方式代码表》选择填报相应的运输方式。运输方式代码表（节选）如表8-5所示。

表8-5　运输方式代码表（节选）

运输方式代码	运输方式名称
2	水路运输
3	铁路运输
4	公路运输
5	航空运输
6	邮件运输
9	其他方式运输

9. 运输工具

运输工具指载运货物进出境的运输工具的名称或运输工具编号。本栏目填制内容应与运输部门向海关申报的载货清单所列相应内容一致。一份报关单只允许填报一个运输工具名称或编号。

具体填报要求如下。

(1) 直接在进出境地或采用全国通关一体化通关模式办理报关手续的报关单填报要求。

水路运输：填报船舶编号（来往港澳小型船舶为监管簿编号）或者船舶英文名称。

铁路运输：填报车厢编号或交接单号。

公路运输：启用公路舱单前，填报该跨境运输车辆的国内行驶车牌号，深圳提前报关模式的报关单填报国内行驶车牌号＋“/”＋“提前报关”。启用公路舱单后，免予填报。

航空运输：填报航班号。

邮件运输：填报邮政包裹单号。

其他方式运输：填报具体运输方式名称，例如：管道、驮畜等。

(2) 采用“集中申报”通关方式办理报关手续的，报关单填报“集中申报”。

(3) 无实际进出境的货物，免予填报。

10. 提运单号

提运单号指进出口货物提单或运单的编号。本栏目填报的内容应与运输部门向海关申报的载货清单所列相应内容一致。一份报关单只允许填报一个提运单号，一票货物对应多个提运单时，应分单填报。

11. 收货单位/发货单位

收货单位指已知的进口货物在境内的最终消费、使用单位，包括自行从境外进口货物的单位；委托有外贸进出口经营权的企业进口货物的单位。发货单位指出口货物在境内的生产或销售单位，包括自行出口货物的单位、委托有外贸进出口经营权的企业出口货物的单位。本栏目应填报收/发货单位的中文名称或其海关注册编码。

12. 贸易方式

指以国际贸易中进出口货物的交易方式为基础，结合海关对进出口货物监督管理综合需要设定的对进出口货物的管理方式。常见贸易方式代码表如表 8-6 所示。

表 8-6　　常见贸易方式代码表

代码	简称	全称
0110	一般贸易	一般贸易
0214	来料加工	来料加工装配贸易进口料件及加工出口货物
0255	来料深加工	来料深加工结转货物
0320	不作价设备	加工贸易外商提供的不作价进口设备

续 表

代码	简称	全称
0420	加工贸易设备	加工贸易项下外商提供的进口设备
0500	减免设备结转	用于监管年限内减免税设备的结转
0615	进料对口	进料加工（对口合同）
0654	进料深加工	进料深加工结转货物
1233	保税仓库货物	保税仓库进出境货物
1500	租赁不满1年	租期不满1年的租赁贸易货物
4561	退运货物	因质量不符、延误交货等退运进出境货物

13. 征免性质

征免性质指海关根据《海关法》《进出口关税条例》对进出口货物实施征、减、免税管理的性质类别。本栏目应按照海关核发的征免税证明中批注的征免性质填报，或根据实际情况按海关规定的《征免性质代码表》选择填报相应的征免性质简称或代码。

征免性质代码表（节选）如表8-7所示。

表8-7　征免性质代码表（节选）

征免性质简称及代码	征免性质全称	含义、适用范围及相关的内容
一般征税（101）	一般征税进出口货物	适用于依照《海关法》《进出口关税条例》及其他法律所规定税率征收关税包括除其他征免性质另有规定者外的一般照章（包括按照公开暂定税率）征税或补税的进出口货物
加工设备（501）	加工贸易外商提供的不作价进口设备	适用于加工贸易的经营单位按照有关的征免税政策进口的外商免费提供的加工生产所需的设备
来料加工（502）	来料加工装配和补偿贸易进口料件及出口成品	适用于来料加工装配和补偿贸易进口所需的料件等，以及加工后出口的成品、半成品
进料加工（503）	进料加工贸易进口料件及出口成品	适用于外贸公司、工贸公司等为生产外销的产品用外汇购买进口和外商投资企业为履行产品的出口合同而进口的料件，以及加工返销出口的成品、半成品
中外合资（601）	中外合资经营企业进出口货物	适用于中外合资企业在其投资总额内进口的生产、管理设备以及自产的出口产品
中外合作（602）	中外合作经营企业进出口货物	适用于中外合作企业在其投资总额内进口的生产、管理设备以及自产的出口产品

续 表

征免性质简称及代码	征免性质全称	含义、适用范围及相关的内容
外资企业（603）	外商独资企业进出口货物	适用于外商独资企业在其投资总额内进口的生产、管理设备以及自产的出口产品
鼓励项目（789）	国家鼓励发展的内外资项目进口设备	适用于按规定程序审批的国家鼓励发展的国内投资和外商投资项目在投资总额内按照有关的征免税政策进口的，以及1998年以后利用外国政府和国际金融组织贷款项目进口的设备技术等

14. 征税比例/结汇方式

征税比例仅用于“进料非对口”贸易方式下（代码“0715”）进口料、件的进口报关单，填报海关规定的实际应征税比率，例如5%填报5，15%填报15。出口报关单应填报结汇方式，即出口货物的发货人或其代理人收结外汇的方式。本栏目应按海关规定的《结汇方式代码表》选择填报相应的结汇方式名称或代码。

结汇方式代码表（节选）如表8-8所示。

表8-8　　结汇方式代码表（节选）

代码	结汇方式	缩写	英文名称
1	信汇	M/T	Mail Transfer
2	电汇	T/T	Telegraphic Transfer
3	票汇	D/D	Remittance by Banker's Demand Draft
4	付款交单	D/P	Documents Against Payment
5	承兑交单	D/A	Documents Against Acceptance
6	信用证	L/C	Letter of Credit

15. 许可证号

应申领进（出）口许可证的货物，必须在此栏目填报相关部门及其授权发证机关签发的进（出）口货物许可证的编号，不得为空。一份报关单只允许填报一个许可证号。

16. 启运国（地区）/运抵国（地区）

启运国（地区）指进口货物起始发出的国家（地区）。运抵国（地区）指出口货物直接运抵的国家（地区）。

对发生运输中转的货物，如中转地未发生任何商业性交易，则启运国（地区）/运抵国（地区）不变，如中转地发生商业性交易，则以中转地作为启运国（地区）/运抵国（地区）填报。

如我国某公司从伦敦进口一批货物，途经中国香港转运至内地，如果在中国香港没有发生买卖行为，则启运国（地区）仍为英国；如果在中国香港发生了买卖行为，那么，启运国（地区）为中国香港。

本栏目应按海关规定的《国别（地区）代码表》选择填报相应的启运国（地区）或运抵国（地区）中文名称或代码。

国别（地区）代码表-对原报关代码（节选）如表 8－9 所示。

表 8－9　国别（地区）代码表-对原报关代码（节选）

国别（地区）代码	中文名（简称）	国别（地区）代码	中文名（简称）
110	中国香港	303	英国
116	日本	304	德国
133	韩国	502	美国
142	中国	701	国（地）别不详
143	中国台湾		

17. 装货港/指运港

装货港指进口货物在运抵我国关境前的最后一个境外装运港。指运港指出口货物运往境外的最终目的港；最终目的港不可预知的，可按尽可能预知的目的港填报。本栏目应根据实际情况按海关规定的《港口代码表》选择填报相应的港口中文名称或代码。

18. 境内目的地/境内货源地

境内目的地指已知的进口货物在境内的消费、使用地或最终运抵地。境内货源地指出口货物在境内的产地或原始发货地。

本栏目应根据进口货物的收货单位、出口货物生产厂家或发货单位所属国家或地区的境内地区，并按海关规定的《国内地区代码表》选择填报相应的境内地区名称或代码。

19. 批准文号

进口报关单本栏目用于填报进口付汇核销单编号。出口报关单本栏目用于填报出口收汇核销单编号。

20. 成交方式

成交方式是指在进出口贸易中进出口商品的价格构成和买卖双方各自应承担的责任，风险和费用，以及货物所有权转移的界限。即它包括两个方面的内容：①交货的条件；②成交价格的构成因素。本栏目应根据实际成交价格条款按海关规定的《成交方式代码表》选择填报相应的成交方式或代码。包括 CIF、C&F、FOB、C&I、市场价、垫仓、EXW 七种成交方式。

21. 运费

本栏目用于成交价格中不包含运费的进口货物或成交价格中含有运费的出口货物，应填报该份报关单所含全部货物的国际运输费用。可按运费单价、总价或运费率三种方式之一填报，同时注明运费标记，并按海关规定的《货币代码表》选择填报相应的币种代码。

运保费合并计算的，运保费填报在本栏目。

（1）运费标记“1”表示运费率，“2”表示每吨货物的运费单价，“3”表示运费总价。

（2）运费率：直接填报运费率的数值，如3%的运费率填报为3。

（3）运费单价：填报“运费货币代码”＋“/”＋“运费单价”＋“/”＋“运费单价标记”。如36美元的运费单价填报为“502/36/2”。

（4）运费总价：填报运费“货币代码”＋“/”＋“运费总价的数值”＋“/”＋“运费总价标记”。如5000美元的运费总价填报为“502/5000/3”。

22. 保费

本栏目用于成交价格中不包含保险费的进口货物或成交价格中含有保险费的出口货物，应填报该份报关单所含全部货物的国际运输保险费用。可按保险费总价或保险费率两种方式之一填报，同时注明保险费标记，并按海关规定的《货币代码表》选择填报相应的币种代码。

保险费标记“1”表示保费率，“3”表示保费总价。

（1）保费率：直接填报保费率的数值。如：3‰的保费率填报为“0.3”

（2）保费总价：填报保费“货币代码”＋“/”＋“保险费总价的数值”＋“/”＋“保险费总价的标记”。如10000元人民币保险费总价填报为“142/10000/3”

23. 杂费

杂费指成交价格以外的、应计入完税价格或应从完税价格中扣除的费用，如手续费、佣金、回扣等，可按杂费总价或杂费率两种方式之一填报，同时注明杂费标记，并按海关规定的《货币代码表》选择填报相应的币种代码。

杂费标记“1”表示杂费率，“3”表示杂费总价。

（1）杂费率：直接填报杂费率的数值。如应计入完税价格的1.5%的杂费率应填报为“1.5”。应从完税价格中扣除1%的回扣率应填报为“－1”

（2）杂费总价：填报杂费“货币代码”＋“/”＋“完税价格的数值”＋“/”＋“杂费总价标记”。如应计入完税价格的5000英镑杂费总价填报为“303/5000/3”

24. 合同协议号

本栏目应填报进（出）口货物合同（协议）的全部字头和号码。

25. 件数

本栏目应填报有外包装的进（出）口货物的实际件数。一般应以装箱单或提运单（提单）所反映的货物处于运输状态时的最外层包装作为包装总类向海关申报，并相应地计算件数。

26. 包装种类

本栏目应根据进（出）口货物的实际外包装种类，按海关规定的《包装种类代码表》选择填报相应的包装种类代码。

27. 毛重

毛重指货物及其包装材料的重量之和。本栏目填报进（出）口货物实际毛重，计量单位为千克，不足1千克的填报为1。

28. 净重

净重指货物的毛重减去外包装材料后的重量，即商品本身的实际重量。本栏目填报进（出）口货物的实际净重，计量单位为千克，不足1千克的填报为1。

29. 集装箱号

集装箱号是在每个集装箱箱体两侧标示的全球唯一的编号。本栏目用于填报和打印集装箱编号及数量。集装箱数量四舍五入填报整数，非集装箱货物填报为0。在多于一个集装箱的情况下，其余集装箱编号打印在备注栏（标记唛码及备注栏）。格式："集装箱号"＋"/"＋"规格"＋"自重"。

例如：TGHU 8491952/20/2275 表示：这是一个20英尺的集装箱，箱号为TGHU 8491952，自重2275千克。

30. 随附单据

随附单据指随进（出）口货物报关单一并向海关递交的单证或文件，合同、发票、装箱单、许可证等的必备的随附单证不在本栏目填报。本栏目应按海关规定的《监管证件代码表》选择填报相应证件的代码。格式为：监管证件代码＋"："＋监管证件编号。所申报的货物涉及多个监管证件的，其余的监管证件及代码填在"标记唛码及备注"栏中。

监管证件代码表（节选）如表8－10所示。

表8－10　　监管证件代码表（节选）

代码	监管证件名称	代码	监管证件名称
1	进口许可证	5	纺织品临时出口许可证
4	出口许可证	7	自动进口许可证
A	检验检疫	B	电子底账
F	濒危物种允许进口证明书	E	濒危物种允许出口证明书
P	固体废弃物进口许可证		

31. 用途/生产厂家

进口货物填报用途，应根据进口货物的实际用途按海关规定的《用途代码表》选择填报相应的用途代码。常见用途的代码、名称及含义和适用范围如表8－11所示。

表8－11　　常见用途的代码、名称及含义和适用范围

代码	名称	含义和适用范围
01	外贸自营内销	有外贸进出口经营权的企业，在其经营范围内以正常的方式成交的进口货物
03	其他内销	进料加工转内销的部分，来料加工转内销的货物及外商投资企业进口的供加工内销产品的料件

续 表

代码	名称	含义和适用范围
04	企业自用	进口供本单位自用的货物，如外商投资企业以及特区内的企业事业单位进口自用的机器设备
05	加工返销	来料加工、进料加工、补偿贸易和外商投资企业为履行产品出口合同从国外进口料件，在国内加工后返销到境外
06	借用	从境外租借进口，在规定的使用期满后退运出境外的进口货物，如租赁贸易进口货物
07	收保证金	由担保人向海关缴纳现金的一种担保形式
08	免费提供	免费提供的进口货物，如无偿援助、捐赠、礼品等进口货物
09	作价提供	我方与外商签订合同协议，规定由外商作价提供进口的货物，事后由我方支付或从我方出口货物款中或出口加工成品的加工费用中扣除，如来料加工贸易进口设备

出口货物填报生产厂家。生产厂家是指出口货物的境内生产企业，本栏目供必要时手工填写。

32. 标记唛码及备注

本栏目上部用于打印以下内容。

（1）标记唛码中除图形以外的文字、数字。

（2）受外商投资企业委托代理其进口投资设备、物品的外贸企业名称。应填报“委托××××公司”进口。

（3）加工贸易结转货物及凭征免税证明转内销货物，其对应的备案号应填报在本栏目，即“转至（自）×××手册”。

（4）其他申报时必须说明的事项。

本栏目下部供填报随附单据栏中监管证件的编号，具体填报要求为：监管证件代码＋“:”＋监管证件号码。一份报关单多个监管证件的，连续填写。

一份报关单涉及多个集装箱号的，在此填报“集装箱号”栏以外其余的集装箱号、规格和自重。填报格式为：“集装箱号”＋“/”＋“规格”＋“自重”。

33. 项号

项号指同一货物在报关单中的商品排列序号和加工贸易手册上的商品编号。

本栏目分两行填报及打印。

（1）第一行打印报关单中的商品排列序号。

（2）第二行专用于加工贸易等已备案的货物，填报和打印该项货物在加工贸易手册中的项号。

加工贸易合同项下进出口货物，必须填报与加工贸易手册一致的商品项号，所填报项号用于核销对应项号下的料件或成品数量。

34. 商品编号

商品编号指按海关规定的商品分类编码规则确定的进（出）口货物的商品编号。

加工贸易手册中商品编号与实际商品编号不符的，应按实际商品编号填报。

35. 商品名称、规格型号

本栏目分两行填报及打印。第一行打印进（出）口货物规范的中文商品名称，第二行打印规格型号，必要时可加注原文。

36. 数量及单位

指进出口商品的实际数量及计量单位。本栏目分三行填报。进出口货物必须按海关法定计量单位填报，法定第一计量单位及数量填报在本栏目第一行。凡海关列明第二计量单位的，必须报明该商品第二计量单位及数量，填报在本栏目第二行。无第二计量单位的，本栏目第二行为空。成交计量单位及数量应当填报在第三行。

37. 原产国（地区）/最终目的国（地区）

原产国（地区）指进口货物的生产、开采或加工制造国家（地区）。对经过几个国家或地区加工制造的进口货物，以最后一个对货物进行经济上可以视为实质性加工的国家或地区作为该货物的原产国（地区）。最终目的国（地区）指已知的出口货物的最终实际消费、使用或进一步加工制造国家（地区）。对于经过第三国转运的出口货物，以最后运抵国（地区）作为最终的目的国（地区）填报。本栏目应按海关规定的《国别（地区）代码表》选择填报相应的国家（地区）名称或代码。

38. 单价

本栏目应填报同一项号下进（出）口货物实际成交的商品单位价格。无实际成交价格的，本栏目填报货值。单价填报到小数点后的第四位。

39. 总价

本栏目应填报同一项号下进（出）口货物实际成交的商品总价。无实际成交价格的，本栏目填报其货值。

40. 币制

币制指进（出）口货物实际成交价格的币种。本栏目应根据实际成交情况按海关规定的《货币代码表》选择填报相应的货币名称或代码，如《货币代码表》中无实际成交币种，需转换后填报。

货币代码表（节选）如表 8 - 12 所示。

表 8 - 12　　货币代码表（节选）

币制代码	币制符号	币制名称	币制代码	币制符号	币制名称
110	HKD	港币	116	JPY	日元
142	CNY	人民币	300	EUR	欧元
303	GBP	英镑	502	USD	美元

41. 征免

指海关对进（出）口货物进行征税、减税、免税或特案处理的实际操作方式。本栏目应按照海关核发的征免税证明或有关政策规定，为报关单所列每项商品选择填报海关规定的《征减免税方式代码表》（见表 8-13）中相应的征减免税方式。

表 8-13 征减免税方式代码表

代码	名称	代码	名称	代码	名称
1	照章证税	4	特案	7	保函
2	折半征税	5	随征免性质	8	折半补税
3	全免	6	保证金	9	全额退税

42. 税费征收情况

本栏目供海关批注进（出）口货物税费征收及减免情况。

43. 录入员

本栏目用于预录入和 EDI 报关单，填写录入人员的姓名。

44. 录入单位

本栏目用于预录入和 EDI 报关单，填写录入单位名称。

45. 申报单位

本栏目指报关单左下方用于填报申报单位有关情况的总栏目。申报单位指对申报内容的真实性直接向海关负责的企业或单位。自理报关的，应填报进（出）口货物的经营单位名称及代码；委托代理报关的，应填报经海关批准的专业或代理报关企业名称及代码。本栏目还包括报关单位地址、邮编和电话等分项目，由申报单位的报关员填报。

46. 填制日期

填制日期指报关单的填制日期。预录入和 EDI 报关单由计算机自动打印。本栏目为 8 位数，顺序为年（4 位）、月（2 位）、日（2 位）。

47. 海关审单批注栏

本栏目指供海关内部作业时签注的总栏目，由海关关员手工填写在预录入报关单上。其中“放行”栏填写海关对接受申报的进（出）口货物作出放行决定的日期。

第三节 国际货物报关报检费用结算

导入案例

2019 年 9 月 14 日，王先生旅游归国，从北京首都国际机场进境，在填写进出境旅客行李物品申报单时得知，居民旅客携带在境外获取的总值超过人民币 5000 元的物品，需向海关申报。王先生随身携带在国外购买的 CD 120 张，价值 42000 元人民币，于是他如实填写了申报单。海关关员核对了王先生携带的 CD 数量以及购买凭据显示的价格后，告知其应向文化和旅游部申领相关单据，凭该批准单向海关照章纳税后方可带进。王先生认为无须向文化和旅游部申领批准单，也不应该缴纳进口关税，但是未得到海关允许。王先生无奈只好颇费周折地拿到文化和旅游部批准单，办理了有关进口手续，缴纳了9960元进口关税及海关代收增值税。

一、关税

（一）关税的含义

关税是海关代表国家按照有关政策与法规（税法及进出口税则），对准许进出关境的货物和物品向纳税义务人征收的一种流转税。关税征收的主体是国家，海关代表国家向纳税义务人征收；关税课税对象是进出关境的货物和物品，关税纳税义务人是进出口货物收发货人、进出境物品的所有人。与其他税收不同，关税是由海关机关，根据国家制定的关税税法、税则征收管理，其他任何政府机关和个人未经同意均无权代海关征收关税。

（二）关税的种类

关税可以从多种角度进行分类，具体如下。

按照征税货物的流向分为进口关税、出口关税。进口关税是指海关对进入其关境内的货物和物品征收的关税；出口关税是指海关对出境货物和物品征收的关税。

按计征标准，通常分为从价关税、从量关税、复合关税、滑准关税等。

按照差别对待，分为最惠国关税、协定关税、特惠关税、普通关税。

按照征税的主次程度，分为进口正税、进口附加税。进口正税是按海关税则中的法定进口税率征收的进口税；进口附加税是对进口货物除征收正税之外另行征收的进口税，它一般具有临时性，包括反倾销税、反补贴税、报复性关税等。

二、进口关税的计算

进口关税税款的计算，根据计征标准不同，有所区别。

（一）从价关税

从价关税是以课税对象的价格作为计征标准，以应征税额占货物价格的百分比为税率征收的关税。我国对进口货物征收进口关税主要采用从价计税标准。计算公式如下。

应征进口关税税额＝进口货物完税价格×进口从价关税税率

计算程序分以下几步。

第一步：确定货物的完税价格，即确定货物的CIF价格。

第二步：根据汇率适用原则，将外币折算为人民币。

第三步：按照公式计算应该征收的税款。

【例8-1】新华公司从日本进口皇冠轿车十辆，成交价格合计为FOB东京120000美元，实际支付运费5000美元，保险费800美元。已知该轿车的气缸容量为2000毫升，适用中国银行的外汇折算价为：1美元＝6.8396元，请计算应征进口从价关税（原产国日本适用最惠国税率为25%）及进口环节税。

解：第一步：确定货物的完税价格，即确定货物的CIF价格，审定完税价格如下。

120000＋5000＋800＝125800（美元）

第二步：根据汇率适用原则，将美元折算为人民币。

125800×6.8396＝860421.68（元）

第三步：按照公式计算应该征收的税款。

应征进口关税税额＝进口货物完税价格×进口从价关税税率

＝860421.68×25%

＝215105.42（元）

（二）从量关税

从量关税是以课税对象的计量单位（如重量、数量、容量、长度等）作为计征标准，以每一计量单位的应征税额征收的关税。如进口冻鸡、原油、啤酒等商品海关从量征收关税。计算公式如下。

应征进口关税税额＝进口货物数量×单位税额

计算程序如下。

第一步：确定货物的实际进口数量，如果进口计算单位与计税单位不同，应该进行换算。

第二步：按照公式计算应该征收的税款。

【例8－2】 国内某公司从中国香港购进原产日本柯达胶卷50400卷（宽度为35毫米，长度不超过2米），成交价格合计为CIF境内某口岸10.00元港币/卷，已知适用中国银行的外汇折算价为1港币＝0.8815元，以规定单位换算表折算，规格为135/36的胶卷一卷为0.05775平方米。计算应征进口关税（原产地日本适用最惠国税率为26元/平方米）。

解：第一步：确定货物的实际进口数量，如果进口计算单位与计税单位不同，应该进行换算。货物的实际进口量如下。

50400×0.05775＝2910.60（平方米）

第二步：按照公式计算应该征收的税款。

应征进口关税税额＝进口货物数量×单位税额

＝2910.60×26

＝75675.60（元）

（三）复合关税

复合关税是指在海关税则中，对一个税目中的商品同时使用从价、从量两种计征标准，计税时按两者之和作为应征税额征收的关税。适用商品：录像机、放像机、摄像机、部分数字照相机等。计算公式如下。

应征进口关税税额＝进口货物数量×单位税额＋进口货物完税价格×进口从价关税税率

计算程序如下。

第一步：根据完税价格审定方法规定，确定应税货物的完税价格。

第二步：根据汇率适用原则，将外币折算成人民币。

第三步：按照计算公式正确计算应征税款。

【例8-3】国内某公司从日本购进广播级电视摄像机10台，成交价格按境内某口岸CIF价格为每台5200美元。已知中国银行的外汇折算价为1美元＝6.8396元，该批摄像机对应的关税为（完税价格高于5000美元/台）每台12960.00元从量关税再加上3%的从价关税，请计算应征关税。

解：第一步：根据完税价格审定方法规定，确定应税货物的完税价格。

5200×10＝52000（美元）

第二步：根据汇率，折合成人民币。

52000×6.8396＝355659.20（元）

第三步：按计算公式计算如下。

复合进口关税税额＝进口货物数量×单位税额＋进口货物完税价格×进口从价关税税率

＝10×12960＋355659.20×3%

≈140269.78（元）

三、进口环节税的计算

进口货物和物品在办理海关手续放行后，进入国内流通领域与国内货物同等对待，所以需征收国内税，称为进口环节税。目前，由海关代为征收进口环节税有消费税和增值税两种。

（一）消费税

消费税是对在中国境内从事生产、委托加工和进口应税消费品单位和个人，就其销售收入或销售数量，采取定率或定额征收的方法进行特殊调节的一个流转税种。

消费税的征税范围主要是根据我国经济社会发展现状和现行消费政策，人民群众的消费结构以及财政需要，并借鉴国外的通行做法确定的。消费税的征收范围，仅限于少数消费品。应税消费品可以分为以下四种类型。

（1）一些过度消费会对人的身体健康、社会秩序、生态环境等方面造成危害的特殊消费品，如烟、酒、鞭炮、烟火等。

（2）奢侈品、非生活必需品，如贵重首饰及珠宝玉石、化妆品等。

（3）高能耗的高档消费品，如小轿车、摩托车、汽车轮胎等。

（4）不可再生和替代的资源类消费品，如汽油、柴油等。

消费税的税目、税率依照《中华人民共和国消费税暂行条例》所附的《消费税税目税率表》执行，税费、税目、税率的调整，由国务院决定。进口环节消费税的起征点为人民币50元，低于50元的免征。

进口环节消费税的计算公式如下。

消费税组成计税价格＝（关税完税价格＋关税税额）÷（1－消费税税率）

从价消费税额＝消费税组成计税价格×消费税税率

从量消费税额＝应税消费品数量×单位税额

【例 8－4】假定例 8－1 中皇冠汽车进口案例的消费税税率为 20%，消费税税额计算如下。

解：从价消费税额＝消费税组成计税价格×消费税税率

＝（860421.68＋215105.42）÷（1－20%）×20%

≈268881.78（元）

（二）增值税

增值税是以商品生产、流通和应税劳务各个环节的增值额为计税依据计算征收的一种流转税。它以货物销售额为计税依据，同时允许从税额中扣除已税因素，以实现按增值因素征税。增值税基本税率为 17%，对一些关系到国计民生的重要物资实行 13%的低税率。按 13%征收增值税的货物主要包括粮食和食用植物油；自来水、暖气、冷水、热水、天然气、居民用煤炭制品；图书、报纸、杂志；饲料、化肥、农药、农机等。

海关依据《中华人民共和国增值税暂行条例》等的规定，对进口货物计征增值税，纳税义务人同关税一并缴纳，相关计算公式如下。

增值税＝增值税组成计税价格×增值税税率

增值税组成计税价格＝关税完税价格＋关税税额＋消费税税额

【例 8－5】例 8－1 中，若皇冠汽车进口的增值税税率为 17%，增值税税额计算如下。

解：增值税＝增值税组成计税价格×增值税税率

＝（关税完税价格＋关税税额＋消费税税额）×增值税税率

＝（860421.68＋215105.42＋268881.78）×17%

≈228549.51（元）

目前，我国纳税义务人向海关缴纳税款的地点主要以进出口地纳税为主，也有部分企业经海关批准采取属地纳税方式。进出口地纳税是指货物在设有海关的进出口地纳税。属地纳税是指进出口货物应缴纳的税款由纳税义务人所在地主管海关征收，纳税义务人在所在地缴纳税款。纳税义务人向海关缴纳税款的方式主要有两种：一种是以海关专用缴款书向指定银行交付，另一种是可通过中国电子口岸进行网上电子交付。

海关征收进口关税和进口环节税时，向纳税义务人或其代理人填发海关专用缴款书（包含进口关税、进口环节税）。纳税义务人或其代理人持海关专用缴款书向指定银行缴纳税款。自海关向纳税义务人填发海关专用缴款书之日起，应于 15 日之内足额缴纳，否则海关将征收滞纳金。

四、出口关税

与各国普遍征收进口税费不同，为鼓励出口，世界各国一般不征收出口税，或者仅对少数商品征收出口税。出口关税是指以出境货物、物品为课税对象所征收的关税。目的是限制、调控某些商品的过度、无序出口，特别是防止本国一些重要自然资源和原材料的无序出口。目前，我国仅对小部分关系到国计民生的重要出口商品征收出口关税，例如，煤炭、原油等。

我国出口关税主要以从价关税的标准计征。适用出口税率的出口货物有暂定税率的，应当适用暂定税率。除法律法规明确规定可以免征出口关税外，对外商投资企业出口的应税商品，一律照章征收出口关税。

出口关税税款计算公式如下。

应征出口关税税额＝出口货物完税价格×出口从价关税税率

出口货物完税价格＝FOB价格（中国国境价格）÷（1＋出口从价关税税率）

若为其他报价则需换算。

若报价为CFR价格，换算公式如下。

出口货物完税价格＝（CFR价格－运费）÷（1＋出口从价关税税率）

若报价为CIF价格，换算公式如下。

出口货物完税价格＝（CIF价格－运费－保险费）÷（1＋出口从价关税税率）

计算程序如下。

第一步：确定出口货物的完税价格，即确定货物的FOB价格。

第二步：根据汇率适用原则将外币折算为人民币。

第三步：按照公式计算应该征收的税款。

【例8-6】国内某企业从广州出口硅铁一批，申报价格为FOB广州黄埔港8705.5美元。其适用中国银行的外汇折算价为1美元＝6.8396元，要求计算应征出口关税税额（出口税率为25%）。

解：第一步：确定出口货物的完税价格，即确定货物的FOB价格。

审定FOB价格为8705.5美元。

第二步：根据适用原则将外币折算为人民币。折算人民币为59542.14元。

第三步：按照公式计算应该征收的税款。

应征出口关税税额＝出口货物完税价格÷（1＋出口关税税率）×出口关税税率

＝59542.14÷（1＋25%）×25%

≈11908.43（元）

五、滞纳金和滞报金

（一）滞纳金

纳税义务人应当自海关填发海关专用缴款书之日起15日内向海关缴纳有关税费。滞纳金指应纳税的单位或者个人因逾期向海关缴纳税款而依法应缴纳的款项。海关对滞纳金的征收是自缴纳期限届满次日起，至进出口货物的纳税（费）义务人缴纳税费之日止，其中的法定节假日不予扣除。旅客和个人邮递物品不征收滞纳金。

滞纳金按滞纳天数计算。计算公式如下。

滞纳金＝滞纳的关税税额×0.5‰×滞纳天数

进出口环节税滞纳金金额＝滞纳的进出口环节税税额×0.5‰×滞纳天数

一票货物的滞纳金起征额为50元人民币，不足50元的免予征收。在实际计算纳税期限时，应从海关填发税款缴款书之日的第二天起计算，当天不计入。如果关税缴纳期限的最后一日是星期六、星期日或法定假日，则关税缴纳期顺延至双休日或法定假日过后的第一个工作日。假如海关于 2019 年 9 月 6 日（周五）填发税款缴款书，纳税人本应最迟于 2019 年 9 月 21 日缴纳税款，但由于 2019 年 9 月 21 日是星期六，缴纳期限顺延至 2019 年 9 月 23 日（星期一）缴纳税款。如果纳税人于 2019 年 9 月 24 日（周二）缴纳税款，即构成滞纳，滞纳天数为一天。

【例 8－7】国内某公司从中国香港购进日本皇冠牌轿车 10 辆，成交价格为 CIF 国内某口岸 125800 美元。已知该批货物应征进口关税税额为人民币 215105.42 元，应征进口环节消费税税额为人民币 268881.76 元，应征进口环节增值税税额为人民币 228549.51 元。海关于 2007 年 3 月 14 日填发海关专用缴款书，该公司于 2007 年 4 月 9 日缴纳税款，请计算应征滞纳金。

解：第一步：先确定滞纳天数。滞纳天数为 11 天，税款交款期限为 2007 年 3 月 29 日（星期四），3 月 30 日—4 月 9 日为滞纳期。

第二步：进口关税滞纳金＝滞纳的关税税额×0.5‰×滞纳天数

＝215105.42×0.5‰×11

≈1183.08（元）

第三步：进口环节消费税滞纳金＝进口环节消费税税额×0.5‰×滞纳天数

＝268881.76×0.5‰×11

≈1478.85（元）

第四步：进口环节增值税滞纳金＝进口环节增值税税额×0.5‰×滞纳天数

＝228549.51×0.5‰×11

≈1257.02（元）

（二）滞报金

滞报金是海关对未在法定申报期限内向海关申报进口货物的收货人依法征收的制裁性款项。根据《海关法》的有关规定，进口货物的收货人或其代理人应在运输工具申报进境之日起 14 日内向海关申报，逾期海关将依法征收一定数额的滞报金。征收滞报金的目的是促使货主及时报关，加快口岸货物的运输，保证国家应收的财政收入及早入库。滞报金按滞报天数计征。计算公式如下。

滞报金＝进口货物完税价格×0.5‰×滞报天数

滞报金的起征日期为海运、空运、陆运进口货物自运输工具申报进境之日起第 15 日开始；邮运进口货物自收件人收到邮局通知之日起第 15 日开始；转关运输货物自运输工具申报进境之日起第 15 日开始以及货物运抵指运地之日起 15 日开始。如第 15 日为法定节假日（不含调休日），则顺延至其后的第一个工作日计算。

滞报金的日征收金额为进口货物完税价格的 0.5‰，以人民币元为计征单位，不足人民币 50 元的免予计征。

实 训

一、实训目的

了解关税相关概念、计算公式，并能够熟练计算进出口关税及进口环节税。

二、实训内容

首先，每一位学生独立完成下题，并将答案写在纸上。

从韩国进口钢铁盘条100000千克，其成交价格为FOB釜山245820美元，已知单位运费为0.1美元/千克，保险费率为0.25%，请计算应征进口关税税款。

然后，以小组为单位，讨论计算结果。最后，指导老师收集每一个小组的最终答案并进行打分评价。

练习题

一、判断题

1. 海关应当自受理退税申请之日起30日内查实并通知纳税人办理退还手续。纳税人应当自收到通知之日起60日内办理有关退税手续。（　　）

2. 海关发现多征税款的，应当立即通知纳税义务人办理退还手续，纳税义务人应当自海关发出通知之日起3月内办理有关退税手续。（　　）

3. 已征税放行的散装进出口货物发现短卸、短装的，如果该货物的发货人、承运人或者保险公司已对短卸、短装部分退还或者赔偿相应货款的，纳税义务人可以向海关申请退还进口或者出口短卸、短装部分的相应税款。（　　）

4. 经海关调查认定买卖双方有特殊经济关系的，海关拒绝接受进口人的申报价格。（　　）

5. 某单位进口一批货物，海关查验征税放行后，货主在货物入库清点时发现短少，纳税人要求海关退还短少部分货物应缴纳的税款，海关应当退还。（　　）

二、选择题

1. 在我国不属于海关征收的税种是（　　）。

A. 营业税　　B. 关税

C. 进口环节增值税、消费税　　D. 船舶吨税

2. 进口环节增值税的起征额和进口环节消费税的起征额分别为（　　）。

A. 10元；50元　　B. 50元；10元

C. 50元；50元　　D. 100元；100元

3. 海关于2006年4月17日（星期一）填发海关专用缴款书。为避免产生滞纳金，纳税义务人最迟应缴纳税款的日期是（　　）。

A. 4月30日　　B. 5月2日

C. 5月8日　　D. 5月9日

4. 因纳税义务人违反规定造成少征或漏征税款的，海关可以在规定期限内追征税款

并从缴纳税款或者货物放行之日起至海关发现违规行为之日止按日加收少征或漏征税款的滞纳金。其规定期限和滞纳金的征收标准分别为（　　）。

A. 1 年；0.5‰　　　　B. 3 年；0.5‰

C. 1 年；1‰　　　　D. 3 年；1‰

5. 根据《进出口关税条例》的规定，海关对进出口货物征收关税时，应按（　　）实施的税率计征关税。

A. 进出口货物的收发货人办结进出口手续之日

B. 装载进出口货物的运输工具进境之日

C. 进出口货物的收发货人或代理人申报货物进出口之日

D. 海关开列税款缴款书之日

三、简答题

A公司为一外商投资企业，其委托国内的一家有进出口经营权的进出口公司B进口服装加工设备三套，由C公司负责设备的运输，D报关行负责向海关报关进口，作为D公司的报关员，在填写报关单时，“经营单位”栏应该怎样填?

第九章　国际货运代理实务

学习目标

1. 掌握国际货运代理的定义、类别。
2. 掌握国际货运代理的法律地位、法律责任。
3. 了解国际货运代理行业组织。
4. 理解国际货运代理操作流程。
5. 了解国际货运代理发展历程和趋势。

导入案例

中国外运

中国外运股份有限公司（以下简称“中国外运”）成立于2002年11月20日，并于2003年2月13日在中国香港成功上市，是中国外运长航集团有限公司（以下简称“中国外运长航”）控股的H股公司。2015年12月29日，中国外运长航整体并入招商局集团有限公司（以下简称“招商局集团”），成为招商局集团全资子公司。中国外运是招商局集团物流业务统一运营平台和统一品牌。它注入了招商局集团在中国香港、广东、福建、上海、浙江、江苏、湖北、连云港、重庆、江西、安徽、山东、天津、辽宁等国内发展迅速的沿海、沿江地区和其他战略性地区的核心业务、优良资产和专业化的员工队伍，承继了招商局集团50余年从事物流运输服务所积累的丰富经验、强大稳固的客户基础和享誉全球物流运输界的品牌，成为中国外运长航发展综合物流的有力根基。

中国外运长航以海、陆、空国际货运代理业务为主，是集海上运输，航空运输，航空快递，铁路运输，国际多式联运，汽车运输，仓储、船舶经营和管理，船舶租赁，船务代理，综合物流为一体的国际化大型现代综合物流企业集团。中国外运是中国物流标准委员会审定的，我国少数的集团整体5A级（中国最高级）综合服务型物流企业。

中国外运是世界较大的海运代理服务商之一，也是中国领先的无船承运人，能提供从中国各主要口岸到亚洲、欧洲、非洲、北美洲、南美洲和大洋洲等全球主要贸易国家和地区的全程物流运输服务，以高效、可靠、灵活的物流服务应对海运中的各种挑战。服务包括：集装箱海运代理、非集装箱海运代理、多式联运与清关服务。中国外运旗下的中国船务代理有限公司是中国较大的船舶代理公司之一。他们在中国多个主要江海港口为客户提供高效、便捷和周到的船舶代理服务。主要服务项目包括：船舶服务，货运（客运）服务，供应服务，办理船员邀请函，船员遣返、就医等其他事项。

凭借健全的服务网络，中国外运为客户提供高效的公路运输和铁路运输。结合空运、海运服务，中国外运为客户提供门到门的多式联运解决方案。

中国外运提供通达全球200多个国家和地区，1～4天承诺时效的包裹/资料的快捷服务。针对较重货物可通过直航航班提供极具性价比的经济快递服务。

在长期的运营实践中，中国外运不断加深对行业的了解，为客户量身定制优质的供应链解决方案，在能源、基础建设、化工、汽车与零配件、电子与高科技以及快速消费品等行业赢得了客户的普遍赞誉。凭借成熟的项目管理方法、一流的物流信息系统和严谨的流程设计，中国外运不断优化服务流程、提升服务品质，同时为客户带来整个供应链的可视性，创造可持续发展的价值。

中国外运以其业界领先的信息系统为客户提供一流的物流综合解决方案和全程供应链物流信息服务。自2011年以来，中国外运多次被中国物流与采购联合会评为“中国物流杰出企业”。

此外，中国外运拥有丰富的码头和集装箱场站资源。这些资源是提供优质、高效的货运和综合物流服务的重要依托，也是为广大客户提供公共服务的重要平台。

第一节　国际货运代理概述

货物运输就是货物的载运和输送，其目的是要达到货物空间上的位移。最简单的货物运输只需要货主和承运人直接联系即可完成。随着运输业的发展，运输机构的增多，运输距离的延长，以及运输体系的复杂多样，对货主而言，如何选择适当的承运人、运输方式和运输线路变得日益专业和复杂。货主难以自行洽谈并完成全部的托运业务，很多工作需要委托他人代为办理，货运代理人便应运而生。

一、国际货运代理概念

“货运代理”一词最早出现于20世纪的欧洲，国际上没有公认的、统一的定义，各国对之称谓也各不相同，有通关代理行、清关代理人、报关代理人等。在我国名称也不统一，但通常称为“货运代理人”或者“国际货物运输代理企业”，简称为“货代”。

（一）国际上对国际货运代理的定义

国际货运代理协会联合会（FIATA）给国际货运代理所下的定义是：国际货运代理是根据客户的指示，并为客户的利益而揽取货物运输的人，其本身并不是承运人。国际货运代理也可以按照这些条件，从事与运输合同相关的活动，如储货（也包含寄存）、报关、验收和收款等。

该定义没有明确指明“客户”是指承运人还是指托运人、收货人。从运输业务的角度来看，揽取货物并进行运输的人应当是承运人，此处的“客户”似乎指的是承运人。国际货运代理是为承运人的利益提供服务的人，但其后列举的“报关”属于托运人或收货人的业务范围。该定义明确指出了国际货运代理不是承运人。

（二）我国对国际货运代理的定义

我国原对外经济贸易部于1990年7月13日在颁布的《关于国际货物运输代理业管理的若干规定》给国际货运代理所下的定义是：国际货物运输代理是介于货主与承运人之间的中间人，是接受货主或承运人的委托，在授权范围内办理国际货物运输业务的企业。这是中国最早对货运代理的明确定义。

我国国务院于1995年6月29日在批准颁布的《中华人民共和国国际货物运输代理业管理规定》给予国际货运代理业明确定义：国际货运代理业是指接受进出口收货人、发货人的委托，以委托人的名义或者以自己的名义，为委托人办理国际货物运输及相关业务并收取服务报酬的行业。货运代理业务如图9-1所示。

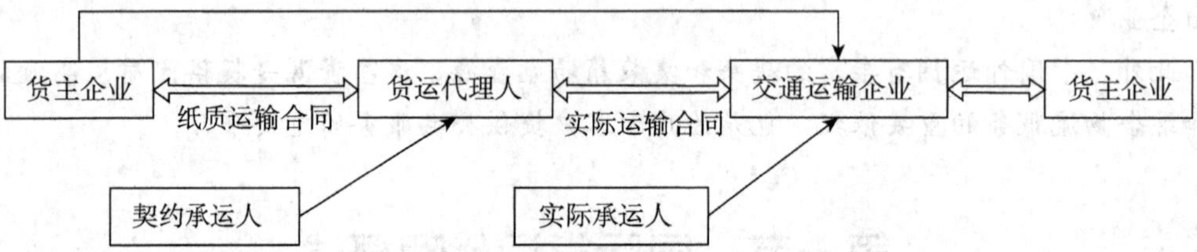

图9-1　货运代理业务

商务部在批准颁布的《中华人民共和国国际货物运输代理业管理规定实施细则（试行）》给予货运代理企业所下的定义是：国际货物运输代理企业（以下简称国际货运代理企业）可以作为进出口货物收货人、发货人的代理人，也可以作为独立经营人，从事国际货运代理业务。国际货运代理企业作为代理人从事国际货运代理业务，是指国际货运代理企业接受进出口货物收货人、发货人或其代理人的委托，以委托人的名义或者以自己的名义办理有关业务，收取代理费或佣金的行为。国际货运代理企业作为独立经营人从事国际货运代理业务，是指国际货运代理企业接受进出口货物收货人、发货人或其代理人的委托，签发运输单证、履行运输合同并收取运费以及服务费的行为。

从该定义可以看出：国际货运代理企业接受的是收货人、发货人或其代理人的委托，而非承运人的委托；国际货运代理企业能够以委托人的名义、也能够以自己的名义从事业务；国际货运代理企业还可以作为“独立经营人”，实质上就是承运人。

从传统意义上讲，货运代理通常是充当代理的角色。他们替发货人或货主安排货物的运输业务，付运费、保险费、包装费、海关税等，然后收取费用（通常是整个费用的一个百分比），所有的成本开支由（或将由）客户承担。

现代货运代理有时已经充当了合同的当事人，且以货运代理人的名义来安排属于发货人或货主的货物运输业务。尤其当货运代理执行多式联运合同时，作为货运代理的“标准交易条件”就不再适应了，它的契约义务受它所签发的多式联运提单条款的制约，此时货运代理已成为无船承运人，也将像承运人一样作为多式联运经营人，承担所负责运输货物的全部责任。

二、国际货运代理的分类

（一）按照国际货运代理企业的背景和经营特点分类

1. 以外贸、工贸公司为背景的货运代理企业

以外贸、工贸公司为背景的货运代理企业如中国五矿集团有限公司、中国中纺集团有限公司等系统所属的国际货运有限公司，其前身一般是为各集团公司履行发货、订舱、仓储、报关报检等职能的储运部、报运部。这类货运代理企业在货源、缮制货运单证等方面有明显优势，但其规模都较小，服务功能欠完善，缺乏网络化的经营条件。

2. 以航运公司、航空公司和铁路部门等实际承运人为背景的货运代理企业

以实际承运人为背景的货运代理企业，与承运人关系密切，不但在运价方面有竞争力，而且在舱位安排、捕捉与反馈航运信息等方面均有优势。

3. 以外运公司为背景的货运代理企业

以外运公司为背景的货运代理企业的典型代表是中国外运股份有限公司，简称中国外运。中国外运股份有限公司是招商局集团物流业务统一运营平台和统一品牌。我国的国际货运代理业务曾经基本上由中国外运一家垄断，独家经营，是我国规模巨大、实力雄厚且十分权威的一家货运代理企业。

4. 以仓储业为背景的专业化货运代理企业

以仓储业为背景的专业化货运代理企业，如上海国际展览运输有限公司。为了增加利润来源、更好地为货主服务，由办理仓储业务的企业发展成为了国际货运代理企业。这类货运代理企业凭借仓储方面的丰富经验，短期内能够揽取货源，并在仓储费用方面给予货主一定的优惠，深得货主信任。

5. 外资货运代理企业

1992 年，我国允许外商以合资、合作的形式在我国经营国际货运代理业务，自 2005 年 12 月 11 日起，允许设立外商独资国际货运代理企业。这些企业促进了我国国际货运代理业的发展，但同时也加剧了国际货运代理市场的竞争。这类货运代理企业经营规模不同，灵活性强，能够为客户提供满意的货运代理服务。

（二）以委托人性质分类

1. 货主的代理

货主的代理指接受进出口货物收发货人（如外贸公司）的委托，为了托运人的利益办理国际货物运输及相关业务，并收取相应报酬的国际货运代理。

2. 承运人的代理

承运人的代理指接受从事国际运输业务的承运人（如铁路公司、航空公司、航运公司等）的委托，为了承运人的利益办理国际货物运输及相关业务，并收取相应报酬的国际货运代理。

（三）按法律地位分类

1. 作为代理人型的货运代理

这种货运代理经营规模小，一般不拥有大型运输工具，仅是接受货主的委托，以货主的名义根据货主的指示安排货物运输。在代表货主向承运人订舱、与承运人签订运输合同时，代为办理货物的装卸、理货、仓储、简单加工、报关、报检、报验、包装、保险等运输辅助工作，其身份是货主的代理人。为完成一些辅助性业务，货运代理可能会拥有自己的仓库和小型车队，其身份是货主的受托人。代理人型的货运代理不承担运输上的风险，不承担承运人的责任，投资运作成本低、风险小、责任轻，但同时利润来源也比较单一、微薄，只能按提供的劳务收取一定的报酬，即代理费（Agency Fee）、佣金（Commission）或手续费（Service Charge），只占总费用的一定百分比。这种货运代理业务在散杂货运输中居多。

2. 作为当事人型的货运代理

18世纪，货运代理便开始使用承运人——铁路部门的车厢进行货物的拼装运输。即先把不同货主的分散的小批货物集中成整个车厢的货载，然后以整厢货向铁路承运人托运，货物到达目的地后，再将整厢货物拆分交付给不同的收货人。这种情况下，货运代理开始公布自己的运价，并赚取向各分散货主收取的运费与向铁路承运人支付的运费之间的差额。这种拼装货物运输方式迅速扩展到了海运业和空运业。这是早期的作为当事人型的货运代理。

作为当事人型的货运代理以自己的名义为委托人办理货运代理业务，除提供传统货运代理业务外，还提供其他服务，如签提单、仓储等物流业务，其经营收入来源主要是运费差价，代表性的有无船承运人、多式联运经营人和第三方物流经营人。这种货运代理业务普遍集中于集装箱运输中，在拼箱货运输和多式联运业务中，货主必须委托这种类型的货运代理。

1）无船承运人业务内容

无船承运人是指以承运人的身份接受托运人提供的货物，签发自己的提单或单证，收取运费，履行运输业务的承运人，但其不拥有船舶，是远洋公共承运人的托运人。

20世纪50年代集装箱运输的出现，便为无船承运人型的货运代理经营货物的拼装运输提供了广阔的空间。无船承运人与船东签订整箱货运输合同，与货主签订拼箱货运输合同，从中赚取运费差价。货运代理作为无船承运人时，在整个运输环节中具有双重身份，分别与货主和实际承运人签订运输合同，如图9-2所示。

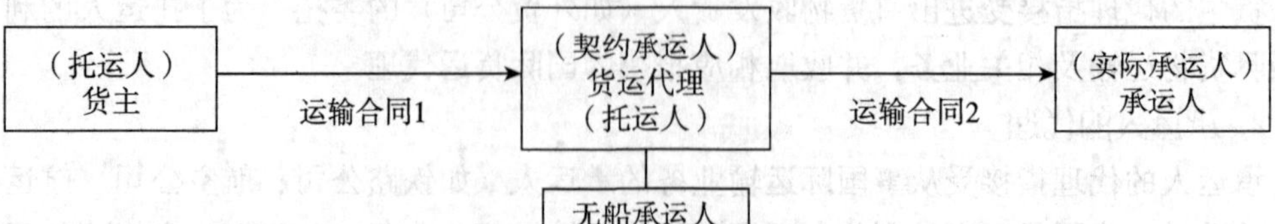

图9-2　无船承运人的双重身份

无船承运人以承运人身份与货物托运人签订运输合同时，签发无船承运人提单，即分提单；根据托运人的具体要求以及货物的实际情况以托运人身份与实际承运人订舱并签订运输合同时，接收实际承运人签发的主提单。无船承运人在接收地安排其分支机构或代理凭主提单向实际承运人提货，收货人凭分提单向无船承运人提货。若是整箱货物拼箱运输，无船承运人负责拼箱货的装箱、拆箱业务。对托运人而言，无船承运人的法律地位为契约承运人，对实际承运人而言，其法律地位为托运人。无船承运人同托运人和实际承运人的责任关系如图 9-3 所示。

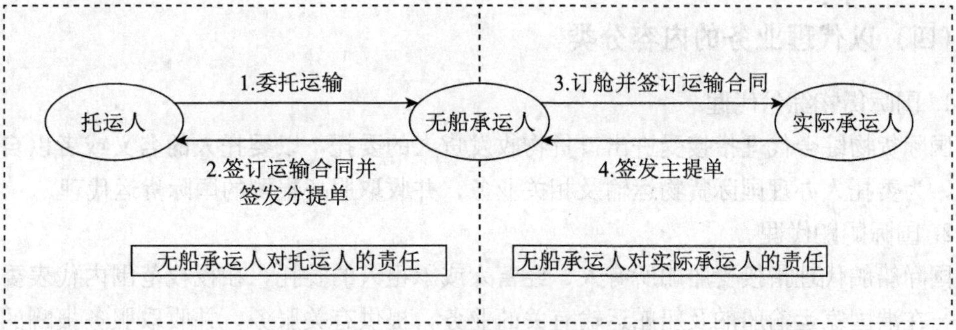

图 9-3　无船承运人的责任关系

2）多式联运经营人业务内容

随着国际贸易的发展和全球商业竞争的日趋激烈，传统的单一运输模式无法满足货物跨国移动这一国际货物运输要求，需要一种简洁、方便、安全、高效、价廉的运输形态，以适应激烈的全球竞争。通过单一运输模式的优化配置、整合而形成的国际货物多式联运便应运而生。随着运输技术的不断改进，20 世纪 70 年代，国际集装箱运输开始逐渐向国际多式联运模式发展。国际货物多式联运是指按照多式联运合同，以至少两种不同的运输方式，由多式联运经营人将货物从一国境内接管货物的地点运到另一国境内指定交付货物的地点。多式联运经营人是指本人或通过其代表与发货人订立多式联运合同的任何人，他是事主，不是发货人的代理人或代表，也不是参加多式联运的承运人的代理人或代表，他负有履行合同的责任。多式联运经营人负责履行或者组织履行多式联运合同，对全程运输享有承运人的权利，承担承运人的义务。

多式联运经营人可以拥有运输工具，也可以不拥有运输工具，当他不拥有运输工具时，他就是契约承运人。当无船承运人既需要通过国际船舶运输经营人完成海上运输，又需要陆运、空运时，无船承运人即转化为多式联运承运人；当他拥有运输工具，但只从事某一区段运输时，他既是契约承运人，又是实际承运人；当货运代理负责多式联运并签发提单时，便成了多式联运经营人，被看作是法律上的承运人。

多式联运经营人作为总承运人，组织货物全程运输，制订全程运输计划，组织各项活动的实施，与货物托运人订立多式联运合同，签发多式联运运单；作为托运人，与实际承运人签订运输合同对货物全程负责，在转运地安排多式联运经营人分支机构负责与实际承运人的接货与发货，以及向收货人放货。

3）第三方物流经营人

第三方物流经营人是相对于第一方，即买卖合同的卖方、运输中的托运人，或第二方即买卖合同的买方、运输中的收货人而言的。他是根据第一方、第二方的委托提供所需要的服务。因此，其定义为："第三方物流经营人不拥有任何商品，但为客户提供运输、储存、加工、装卸等服务，并收取费用。"

第三方物流经营人大多是由国际货运代理人、仓储经营人和运输经营人发展而来的，也可说是货运代理进一步扩大经营范围的结果。货运代理的身份因此更为复杂，其可以作为承运人、保管人、港站经营人甚至是批发商等。

（四）以代理业务的内容分类

1. 国际货物综合代理

国际货物综合代理指接受进出口货物收发货人的委托，以委托人的名义或者以自己的名义，为委托人办理国际货物运输及相关业务，并收取服务报酬的国际货运代理。

2. 国际船舶代理

国际船舶代理指接受船舶所有人、经营人或承租人的委托，在授权范围内代表委托人办理与在港国家运输船舶及船舶运输有关的业务，提供有关服务，并收取服务报酬的国际货运代理。

3. 报关代理

报关代理指接受进出口货物收发货人或国际运输企业的委托，代为办理进出口货物报关、纳税、结关事宜，并收取服务报酬的国际货运代理。

4. 报检代理

报检代理指接受出口商品生产企业，进出口商品发货人、收货人及其代理人或其他贸易关系人的委托，代为办理进出口商品的卫生检验、动植物检疫事宜，并收取服务报酬的国际货运代理。

5. 报验代理

报验代理指接受出口商品生产企业，进出口商品发货人、收货人及其代理人或其他贸易关系人的委托，代为办理进出口商品质量、数量、包装、运输器具、运输工具等的检验事宜，并收取服务报酬的国际货运代理。

（五）以授予代理人权限范围分类

1. 全权代理

全权代理是指委托人委托代理人办理某项国际货物运输业务或相关业务，并授予其根据代理人自己意志灵活处理相关事宜权利的国际货运代理。

2. 一般代理

一般代理是指委托人委托代理人办理某项具体国际货物运输业务或相关业务，如报关、报检等事宜，要求其根据委托人意志处理相关事宜的国际货运代理。

三、国际货运代理的行业组织

（一）国际货运代理协会联合会——世界国际货运代理的行业组织

国际货运代理协会联合会是一个非营利性国际货运代理的行业组织，英文名称为“International Federation of Freight Forwarders Associations”。其法文缩写是“FIATA”，被称为“菲亚塔”，并被用进该组织的标识。

FIATA于1926年5月31日在奥地利维也纳成立，总部设在瑞士苏黎世。

1. FIATA的宗旨

FIATA的宗旨是保障和提高国际货运代理在全球的利益。

2. FIATA的影响力

在运输领域，国际货运代理协会联合会是一个世界级的大型非政府非营利性组织，其成员包括世界各国的国际货运代理组织，具有广泛的国际影响，被许多政府组织、权威机构和非政府的国际组织，如国际铁路联合会、国际航空运输协会、国际道路运输联合会等被一致确认为国际货运代理业的代表。

3. FIATA的成就

（1）制定国际货运代理标准交易条款范本。标准交易条款是为了事先明确委托人与货运代理人双方的权利义务关系而制定的，具有约束双方当事人的法律效力。

FIATA于1996年10月所制定的国际货运代理标准交易条款范本，是关于国际货运代理人与客户之间订立合同的标准条款，并向尚无标准交易条款的各国国际货运代理人推荐，供其在制定本国的该标准交易条款时作为准则参考。

（2）制定了FIATA标准单证。FIATA制定的八套标准格式单证，更为各国货运代理所广泛使用，并在国际上享有良好的声誉，对国际货运代理业的健康发展起了良好的促进作用。

FIATA制定的八套标准格式单证包括：①FIATA运送指示；②FIATA货运代理运输凭证；③FIATA货运代理收货凭证；④FIATA托运人危险品运输证明；⑤FIATA仓库收据；⑥FIATA可转让联运提单；⑦FIATA不可转让联运提单；⑧FIATA发货人联运重量证明。

4. 我国参加FIATA的情况

在中国国际货运代理协会（China International Freight Forwarders Association，CIFA）成立以前，中国外运于1985年以一般会员身份加入了FIATA。中国国际货运代理协会成立于2000年9月，次年作为一般会员加入FIATA。

（二）中国国际货运代理协会——中国国际货运代理的行业组织

随着我国国际货运代理业的发展，为规范行业经营秩序，协调维护行业利益，服务货运代理企业，建立货运代理企业的行业自律组织就显得十分必要。

1992年，上海市国际货运代理行业协会成立，这是我国第一个地方性国际货运代理协会。2000年9月6日，中国国际货运代理协会获准筹备，在北京宣告成立，是一个非营利性的全国性行业组织。

1. CIFA的主要职责

协助政府部门加强对我国国际货代物流行业的管理；维护国际货代物流业的经营秩序；推动会员企业间的横向交流与合作；依法维护本行业利益；保护会员企业界的合法权益；促进对外贸易和国际货运代理业的发展等。

2. CIFA的影响力

CIFA的成立，标志着我国政府对该行业的管理进入政府监管与行业自律并重的阶段。CIFA是由中国境内各地方国际货运代理行业协会、国际货运代理企业、与货运代理相关的企事业单位自愿参加组成的社会团体，亦吸纳在中国货运代理、运输、物流行业有较高影响的个人。CIFA以民间形式代表中国货运代理业参与国际经贸运输事务并开展国际商务往来，与FIATA保持着极为密切的关系。CIFA制定了《中国国际货运代理协会标准交易条件》，规范了国际代理业务当事人的权利、义务关系，促进了中国国际货运代理行业与国际社会的接轨。

第二节　国际货运代理业务操作流程

国际物流将货物从起运地国家运到目的地国家，是跨国的物流活动，中间需要国际运输手段的辅助，需要通过海关，在目的地报关以后才能将货物交到收货人手中。国际货运代理在整个物流活动中起到了衔接的核心枢纽作用。国际货运代理包括国际海上运输代理、国际航空运输代理、国际陆路运输代理。本节从货运代理（简称为货代）角度出发，结合海上运输方式，综合介绍国际货运代理的具体操作流程，如图9-4所示。

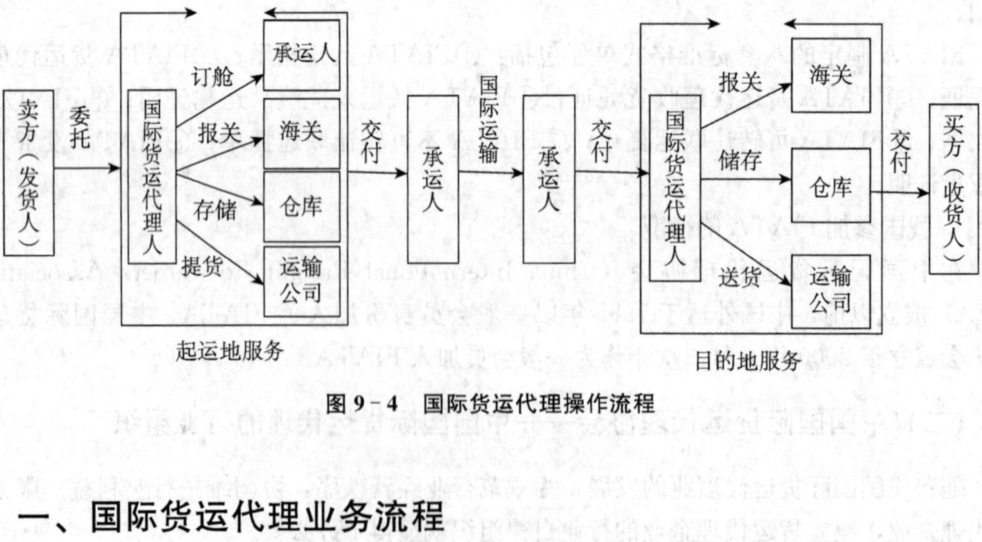

图9-4　国际货运代理操作流程

一、国际货运代理业务流程

（1）接受货主询价。

（2）货代接受货主委托（接单）。

(3) 货代替货主订舱。

(4) 装箱。

(5) 报关(与装箱同时发生或先于装箱)。

(6) 提单确认和修改。

(7) 签单。

(8) 航次费用结算。

(9) 提单、发票发放。

(10) 督促退单。

(11) 海关退税有问题的,需要更改并提供资料。

二、各步骤分述如下

(一) 接受货主询价

1. 海运询价需注意的事项

(1) 货代需掌握发货港至各大洲、各大航线常用的价格,以及货主常需服务的港口的价格,比如天津港到德国汉堡港一个 20 英尺普通集装箱的海运运费估价。

(2) 货代需掌握主要船公司船期信息,如美国总统轮船(APL),一般都是周三截止收货,周五开船,所以最迟装柜时间是周二,周三必须报关结束。

(3) 需要向询价货主问明一些类别信息,如货名、危险级别等。

2. 陆运询价需注意的事项

(1) 需掌握各主要城市里程数和拖箱价格。

(2) 需掌握各港区装箱价格(如上海、宁波、大连、天津、青岛、连云港等港区的收费标准)。

(3) 需掌握各港区报关费、出入境检验检疫收费标准。

若不能及时提供,需请货主留下电话、姓氏等信息,以便在尽可能短的时间内回复货主。

(二) 货代接受货主委托(接单)

接受货主委托后需明确的重点信息如下。

(1) 船期、航班、件数。船期的内容主要包括:航线、船名、航次号、截关日、始发港、中途港、终点港、离港时间、到港时间;收货地点和接货时间;联系电话传真、公司网址、地址。有时会附带其他注意事项。航班内容主要包括:时刻、起点、经停点、航路、机型、班次、班期。

(2) 箱型(拼箱还是整箱,20 英尺还是 40 英尺)、集装箱标准化经历了一个发展过程,国际上通常使用的干货箱尺寸如下。

a. 20 尺干货箱,即 20GP(20 英尺普柜):内尺寸为 5.898 米×2.352 米×2.385 米,配货毛重一般为 18 吨,正常装 28 立方米。

b. 40 尺干货箱,即 40GP(40 英尺普柜):内尺寸为 12.032 米×2.352 米×2.385 米,

配货毛重一般为 26 吨，正常装 58 立方米。

c. 40 尺高干货箱，即 40HQ（40 英尺高柜）：内尺寸为 12.032 米×2.352 米×2.698 米，配货毛重一般为 26 吨，正常装 68 立方米。

（3）毛重。

（4）体积。

（5）付费条款、货主联系方式。

（6）装箱情况。装箱方法分为门到门与内装。门到门是指货代安排集装箱直接到工厂装箱，内装是指工厂自己负责把货物送到指定的仓库，由承运人安排把货交到码头集装箱。

（三）货代替货主订舱

这里的订舱是指货主委托国际货运代理企业在截单日前向承运人或其代理人申请货物运输，承运人或其代理人对该请求进行承诺的行为。货代的主要任务如下。

（1）缮制委托书（十联单）：制单时应最大限度保证原始托单的数据准确性、相符性（单货相符），以减少后续过程的频繁更改。

（2）加盖公司订舱章订舱：需提供订舱附件的（如船公司价格确认件），应一并备齐方能订舱。

（3）取得配舱回单，获取船名、航次、提单号信息。

（四）装箱

（1）门到门装箱计划，事项包括：装箱时间、船名、航次、关单号、中转港、目的港、毛重、件数、体积、门点、联系人、电话等要因，先于截关日（船期前两天）1～2 天排好车班。

（2）内装装箱计划，事项包括：船期船名航次、关单号、中转港、目的港、毛重、件数、体积、进舱编号等要因，先于截关日（船期前两天）1～2 天排好车班。

（3）取得装箱完成后所得的装箱单。

（五）报关（与装箱同时发生或先于装箱）

（1）了解以下进出口货物报关所需单证。

①进出口货物报关单。一般进口货物应填写进口货物报关单一式两份；需要由海关核销的货物，如加工贸易货物和保税货物等，应填写专用报关单一式三份；货物出口后需国内退税的，应另填一份退税专用报关单。

②货物发票。要求份数比报关单少一份，对货物出口委托国外销售，结算方式是待货物销售后按实销金额向出口单位结汇的，出口报关时可准予免交。

③陆运单、空运单和海运进口的提货单及海运出口的装货单。海关在审单和验货后，在正本货运单上签章放行退还报关单，凭此提货或装运货物。

④货物装箱单。其份数同发票份数。但是散装货物或单一品种且包装内容一致的件装货物可免交。

⑤出口收汇核销单。一切出口货物报关时，应交验外汇管理部门加盖“监督收汇”章的出口收汇核销单，并将核销编号填在每张出口报关单的右上角处。

⑥海关认为必要时，还应交验贸易合同、货物产地证书等。

⑦其它有关单证。诸如，经海关批准准予减税、免税的货物，应交海关签章的减免税证明，北京地区的外资企业需另交验海关核发的进口设备清单；已向海关备案的加工贸易合同进出口的货物，应交验海关核发的登记手册。

（2）填写报关单，填妥船名航次、提单号、对应装箱单号，发票所显示货物的毛重和净重、件数、包装种类、金额、体积，审核报关单的正确性（单证一致）。

（3）根据报关单所列货物的中文品名，对照海关编码大全，查阅商品编码，审核两者是否相符，按编码确定计量单位，并根据海关所列监管条件点阅所缺报关要件。

（4）备妥报关委托书、报关单、登记手册、发票、装箱单、核销单、配舱回单和其他所需资料，于截关日前一天通关。

（5）跟踪场站收据，确保配载上船。

（6）凡是退关、改配至下个航次的货物，出运仍然需要诸如许可证、出入境检验检疫证明之类的文件资料，退关、改配通知应先于该配置船期一个星期到达，以便报运部顺利抽回资料，重新利用。否则只会顺延船期，造成麻烦。

（六）提单确认和修改

（1）确认提单的发放形式。

①电放：需货主先提供正本电放保函（留底），后出具该保函到船公司进行电放。

②预借（如可行）：需货主提供正本预借保函（留底），后出具该保函到船公司预借。

③倒签（如可行）：需货主提供正本倒签保函（留底），后出具该保函到船公司倒签。

④分单：应等船开以后3～4天（候舱单送达海关，以保证退税），再将一票关单拆成多票关单。

⑤并单：应等船开以后3～4天（候舱单送达海关，以保证退税），再将多票关单合成一票关单。

⑥异地放单：须经船公司同意，并取得货主保函和异地接单联系人以及电话、传真、公司名、地址等资料方可放单。

（2）依据原始资料，传真于货主确认，并根据回传确立提单正确内容。

（七）签单

（1）查看每张正本提单签章是否齐全。

（2）确认是否需要手签。

（八）航次费用结算

1. 海运费

（1）预付。在国际贸易中，一般采用CIF或CFR价格条件，在签发提单前由卖方在装货港支付运费，以便交易双方尽早结汇。

（2）到付。运费由收货人支付，在换取提货单之前应支付运费。

2. 陆运费

（1）订舱费用。

（2）报关费（包括返关之前已经报关的费用）。

（3）装箱费（内装/门到门）。

（4）其他应考虑的费用：冲港费、出入境检验检疫费、提货费、快递费、电放费等费用。

（九）提单、发票发放

（1）货主亲自来取件的，需签收。

（2）通过EMS（中国邮政速递）和其他快递送达的，应在“名址单”上标明“提单号”“发票号”“核销单号”“许可证号”“配额号”等要素，以备日后查证。

（十）督促退单

货代应在一个月内督促航次费用的清算并及时返还货主核销单。

（十一）海关退税有问题的，需更改并要提供资料

1. 报关数据正确、舱单不正确的提交资料

（1）经预录后的（海关返还的）报关单复印件。

（2）场站收据复印件。

（3）提单正本复印件。

（4）装箱单复印件。

（5）更正单（三联、正本）。

2. 短装（多报少出）、溢装（少报多出）的提交资料

（1）船开5天（工作日）没能及时更正的：先缴纳罚款3000～5000元；货主重新提供发票、装箱单、报关单、提单副本复印件（加盖提单副本确认章）。

（2）船开5天（工作日）内更改的：货主重新提供提单副本复印件（加盖提单副本确认章）；正确的报关单；正确的发票、装箱单。

第三节　国际货运代理的发展

一、国际货运代理的发展历程

（一）世界国际货运代理发展历史概况

国际货运代理从公元10世纪起开始出现，国际货运代理业的发展是随着公共仓库在港口及城市的建立，以及海上贸易的扩大和欧洲交易会的举办逐步实现的。起初，国际货

运代理依附于供货方，并作为厂家、商人或进出口商的佣金代理人，进行装卸、仓储、结关、运输、销售和收取货款等业务。此时大多数国际货运代理拥有了自己的仓库或拥有了能够支配的仓库，能够选择最佳的运输方式、运输路线，懂得如何按照要求储存货物、管理货物，并具有各种通信条件。12～13世纪，欧洲手工业和商品交换日益繁荣，海上贸易发展起来，首先是地中海沿岸航运便利的意大利城邦，之后逐渐扩展到西欧等地，不同的商品所有者通过各种契约关系组成专门经营海上运输的组织。由于海上贸易的特点，商人们往往不亲自出海，而将货物或业务交给其代表或代理人经营。到了16世纪，许多国际货运代理公司扩展业务，已经能够签发自己的运单、提单及仓储收据等。18世纪，国际货运代理开始拓展集拼业务，把几家托运人运往同一目的地的分散货物集中起来托运，并办理投保，后逐步发展成了服务性的独立行业，并将代收货款等业务转为向商业银行办理。

蒸汽机时代的到来，受到国际货运代理的极大欢迎，铁路货运代理开始出现。1850年以后，铁路运输以其速度快、运费低的优势几乎垄断了整个陆运货物，并开始同沿海、内河航运竞争。蒸汽机的到来也使得建造用于装卸笨重货物的大船和起重机成为可能，因此海上运输也发生了较大的变革。此时的货运代理不仅是运输专家，而且能为出口客户找到相对而言最快、最经济的路线。

进入20世纪20年代，国际货运代理的国际合作有了较大的发展。1926年5月31日，在奥地利首都维也纳成立了国际货运代理协会联合会，即FIATA。

第二次世界大战以后，国际货运代理开始从事定期航班空运业务，不久发展成了世界航空运输网。各国相继出现了专门从事空运的代理，并开展集运业务。直到20世纪50年代，公路运输赶上了铁路运输，有了空前规模的发展。国际货运代理在公路运输中不仅提供设施设备，如托盘、折叠式集装箱等，在货物合理装运方面也做出了许多努力。

（二）不同国家的货运代理的发展特色

国际货运代理要想发挥其国际作用、就需要在国外建立业务关系，即在世界各个地区设置/建立联络员、代理或分支机构的网点。发达国家在发展自己的国际货运代理业务中通常有四种做法：①设置/建立由商务代表团控制的联络员、代理；②在国外的国际货运公司中入股；③在国外设立自己的分支机构；④与国外的国际货运代理机构相互签订协议。

一般来说，较小规模的国际货运代理使用第一种做法；中等规模的国际货运代理使用第二、第三种做法；大规模的公司可同时使用这三种做法，但趋向于不采用第一种而采用第二、第三种做法；欧洲多数公司采用第四种做法。发展中国家的国际货运代理因其发展程度及政府制度不一样而不尽相同，所以规模一般较小，它们的业务活动往往集中于国内的货运，实质上与发达国家中的报关代理类似，但未达到发达国家的国际货运代理水平。

发达国家的国际货运代理水平较高，一些在国外设有代理或分支机构网点的大公司，正在逐渐地将那些小公司排挤掉。国际货运代理向大企业发展，数量逐渐减少。发展中国家的国际货运代理在国际市场上并不具备竞争优势，多数只限于从事本国的货运代理活动。由此可以看出，发达国家和发展中国家的国际货运代理是不同的，当前世界的国际货运代理业务为经济发达国家的公司所控制。

（三）我国国际货运代理发展历史概况

国际货运代理是国际贸易的桥梁和纽带，国际贸易促进了国际货运代理行业的发展。从国际贸易方面来看，商品要进行远距离运输，涉及装卸、储存、订舱、报关、商检、卫检、保险等环节。由于专业技能、精力等条件限制，如果每个环节都由买卖双方亲力亲为，往往造成事倍功半的结果。因此就需要国际货运代理去辅助买方或卖方完成这些环节。可见，国际货运代理从属于并服务于国际贸易，随着国际贸易的发展而发展，二者之间互相推动，形成良性循环。

1. 1949年新中国成立以前阶段

尽管我国的海上贸易发展较早，但国际货运代理行业的出现却是在资本主义列强变我国为半殖民地的背景下产生的。从1840年鸦片战争后，殖民主义入侵者在我国建立起了贸易、海关、航运、保险等行业，国际货运代理行业也逐渐形成。直到1949年新中国成立前，我国的国际货运代理行业几乎全部被帝国主义和资本主义国家的洋行控制和垄断，主要是英商太古轮船公司和怡和洋行，民族资本的货运代理企业无法形成有影响力的独立行业。

2. 专营阶段

新中国成立初期，我国就建立了国营的对外贸易运输企业——中国对外贸易运输（集团）总公司（以下简称中外运）。1956年全行业实行公私合营，新中国成立以前的旧报关行和运输行经过社会主义改造，都并入到各地外运分公司，中外运在该阶段成为我国唯一的外贸进出口专业公司的货运总代理。这是由我国当时实行的对外贸易统制政策所决定的。

3. 初步放开阶段

改革开放后，我国的外贸体制和货运代理体制都已暴露出不适应新形势要求的问题，客观上需要以中国远洋运输（集团）总公司（以下简称中远）为主体的承运人和以中外运为主体的货运代理人建立新型的业务合作关系。1983年，国务院曾试图合并中远与中外运，但没有成功。从1984年开始，中远与中外运互相竞争，打破了中外运一家独大的局面。此外，国际货运代理行业的管理也有明显改善，货运代理市场整顿初见成效，国际货运代理行业管理规定及其实施细则以及外商投资货运代理企业审批办法等一系列法规出台。1988年以后，中国政府允许国际货运代理业务逐步放开，实行多家经营。1992年以后，中国政府允许外商以合资、合作的形式在我国经营国际货运代理业务，我国的国际货运代理行业得以迅速发展。

4. 进一步放开阶段

中国加入WTO之后，各行各业都加大了对内开放的深度和广度。2005年政府允许外商在我国独资设立国际货运代理企业，使得我国货运代理市场竞争加剧。2008年中国的进出口经营权全面放开，凡注册资本在100万元的流通企业，无论是何种经济性质，都可以申请进出口资格，政府实行核准制。面对全球经济一体化，国际货运代理企业不断提供增值服务，为货主提供一条龙服务，增强其在国际市场的竞争力。

二、我国国际货运代理的发展趋势

1. 经营信息化

我国的国际货运代理企业几乎没有一家拥有完善的全球业务网络，绝大多数国际货运代理企业缺乏国际业务网络，多数国际货运代理企业甚至没有国内业务网络。若想实现信息化经营，除了加强企业内部信息处理，还要能与国外代理商、分支机构、相关政府部门的资源以及其他物流合作伙伴等各个环节联网，实现信息共享和实时数据交换传递。电子交换技术、全球定位系统、无线射频技术、智能运输系统（Intelligent Transportation System，ITS）的出现使得供应链中的货物运输变得越来越“可视化”，大大提高了物流作业效率。对于国际货运代理企业，经营信息不仅仅包括单纯的与运输、包装、装卸、储存等活动有关的信息，还包括与其他流通活动有关的信息，如商品交易的信息和市场信息等。只有充分掌握有关的信息，重新整合软件、硬件，国际货运代理企业才能利用这些信息以及现有仓库、码头、车队和船队对物流过程中的各个活动进行有效的计划、控制、协调和管理。通过信息的不断传递，一方面把不同层次的经济行为协调起来，另一方面把各部门、各岗位的经济行为协调起来，通过信息技术处理人、财、物之间的关系，强化核心竞争力，实现信息化经营。

2. 经营规模化

我国国际货运代理行业历史较短，绝大多数国际货运代理企业成立时间较短，长期以来独家经营，服务项目单调，资产规模、经营规模较小，专业人才匮乏，不能全面提供有关法规和规章允许的服务。

对于我国的国际货运代理企业而言，规模化经营是发展的一项基本战略，是合理配置其现有资源、推动其长久经营的必由之路。中国对外贸易运输（集团）总公司作为中国国际货运代理企业发展的代表，面对国内和国际市场出现的变化，自1988年以来就推进重组战略，规模效应初步显现。我国的国际货运代理企业实现规模化经营的途径有：规模较大的企业通过参股、控股、全球范围内兼并、收购、联营等方式加强货运代理企业之间的合作，取长补短，发挥集团优势，或者与国际跨国公司建立良好的战略联盟关系，大量引进合作项目，形成全球性货运代理公司的联营体，建立全球的营销网络，开展全球化的综合物流服务。规模较小、管理较差的中小型货运代理企业，应由政府引导，通过联合、合并、控股等形式实现规模化经营。具体做法有：以资产和效益为纽带，打破地域、行业、企业等界限，在业务上通过海运订舱代理、空运销售代理等经营方式，促进货源的集约化、规模化；在财务上，通过集中融资、吸纳外资和私营等民间资本，从资金上为推动战略联盟提供保障；在管理上，通过职工内部持股、竞聘上岗等机制创新，加大货运代理企业横向之间联合、兼并、重组的步伐，整合企业固有资源，推动其发展壮大。

3. 模式新型化

我国国际货运代理企业在开展现代物流方面可以选择以下几种模式。

（1）在提供基础物流服务的基础上提高服务附加值。运输、仓储、包装、分拣是物流服务的基本环节，也是物流产业的基本需求。目前我国在运输、仓储、包装等环节，基本上处于分散经营的状态，还没有进行系统整合。我国的国际货运代理企业应抓住机会，利用国内劳动力成本较低的有利条件，充分发挥区域优势，大力开发以基本的流通服务和劳动附加值为主的基础物流服务，抢占物流第一市场。这样一方面可为客户直接提供服务，另一方面又可作为国际物流经营者的分包商，为发展全方位物流服务打下基础。

（2）培养新的客户群。中小型客户其自身的商务功能有限，对物流服务的要求具有多样性，需求更具有特殊性，这对于国际货运代理企业而言是一个巨大的潜在客户群。为这些客户提供个性化的运输、仓储、商务等附加服务的灵活物流服务，不仅可有效地支撑主业，还可以增加附加收入。

（3）制定相应的竞争策略。对于中小型国际货运代理企业来说，现有行业内的竞争者是同地区内经营方式相同的大型国有、中外合资的国际货运代理企业，它们有较完善的全国性网络，规模大，资金实力雄厚，大多都在向第三方、第四方物流企业转型，积极开展综合物流服务。对此，我国中小型国际货运代理企业可以针对客户的需求，在货运代理服务的基础上，以较低的服务费提供高层次的增值服务，如提供物流方案设计服务等，立足国内并赢得市场。

（4）以实现产业更新为目标的第三方物流服务业务外包。首先确定企业的核心竞争力，并把企业内部的技术和资源集中在那些有核心竞争优势的活动上，然后将剩余的其他企业活动外包给专业的公司。业务外包这一概念对于国际货运代理企业是非常重要的。国际货运代理企业经营的是服务的代理活动，业务内容比较广泛。较低层次的活动有订舱、包舱、租船、仓储、集装箱拼箱拆箱、编制单证、签发提单、报关、报检等，较高层次的活动有各种物流方案的设计，如仓储方案和运输方案的设计等。这些业务不可能由一个企业进行。因此，将部分业务外包是不可避免的。

（5）投资主体多元化。大多数外国企业是以中外合资的形式进入中国市场的，即使政策允许外资独资，他们也不会放弃中国的合作伙伴，如DHL与中外运合作成立中外运敦豪，DHL利用中外运在中国的营运网点为其揽货；有的合资企业已转变成独资企业。中外合资企业、外方控股企业和外商独资企业成为中国市场一道亮丽的风景线，国有国际货运代理企业将是中国市场的主力军。中外运、中远海（中国远洋海运集团有限公司）、中铁（中国国家铁路集团有限公司）、中邮（中国邮政集团有限公司）等大型国有企业正努力抓住市场经济发展机遇，由传统的国际货运代理企业向现代物流企业转型，努力打造出具有国际竞争能力的国家队。民营企业是极具活力的新生力量，中国市场上涌现出一大批民营货运代理企业和物流企业，产权清晰、轻装上阵、体制灵活，具有强大的生命力。外资企业、国有企业和民营企业发展成为三支劲旅，在中国的货运代理和物流市场强烈角逐，逐渐形成三足鼎立之势。

实　训

一、实训目的

在实训中，通过角色转换练习，使学生了解与货运代理业务有关的职能机构及其职责，熟悉海上运输出口货运代理流程。

二、实训内容

学生根据国际物流实务操作中关于出口货运代理的资料，按流程独自完成国际货物海上运输方式出口货运代理流程各环节业务，并提交操作结果；要求学生缮制相关的单据，老师在过程中给予指导。

练习题

一、判断题

1. 由于货运服务提供者个体的差异，必然导致货运服务质量的差异。（ ）

2. 无船承运人属于当事人型货运代理。（ ）

3. 在我国，国际货运代理企业既可以作为代理人从事国际货运代理业务，也可以作为独立经营人从事国际货运代理业务。（ ）

4. 国际货运代理人本身既是运输关系的实际当事人，又是运输关系中实际当事人的代理人。（ ）

5. 国际货运代理企业申请代理报关由所在地海关审核办理。（ ）

二、选择题

1. 接受货主委托，处理与货物有关的报关、交接、仓储、检验、包装、租船、订舱等业务的人是（ ）。

A. 咨询代理　　B. 货运代理

C. 船务代理　　D. 租船代理

2. 国际货运代理人签发自己的提单时，他的角色是（ ）。

A. 货主代理　　B. 托运人代理

C. 收货人代理　　D. 承运人

3. 国际货运代理人与货主之间的关系是（ ）。

A. 委托代理关系　　B. 承托关系

C. 运输合同关系　　D. 买卖合同关系

4. 托运人是指（ ）。

A. 船务代理人　　B. 货运代理人

C. 交货的人　　D. 与承运人签订合同的人

5. （ ）是我国国际货运代理行业的主管部门。

A. 交通运输部　　B. 国务院

C. 商务部　　D. 全国人民代表大会

三、简答题

1. 简述国际货运代理业务的特点。

2. 简述国际货运代理业务操作流程。

四、论述题

试述国际货运代理的职责和所负责的业务。

第十章　跨境贸易电子商务物流

学习目标

1. 了解跨境贸易兴起的背景和跨境贸易在我国的发展情况。
2. 理解物流对于跨境贸易的意义。
3. 掌握跨境贸易的运作方式。
4. 理解跨境贸易第三方物流的模式。

导入案例

郑州"E贸易"激活大物流

2013年，郑欧国际货运班列正式开通，郑州机场货运量达到25.60万吨，同比增长69.10%。2018年，郑州货邮吞吐量51.49万吨，同比增长2.43%。这些都得益于"E贸易"试点项目的有力支撑。"E贸易"指的是跨境贸易电子商务，简称为"E贸易"。

郑州"E贸易"是以郑州的河南保税物流中心的特殊功能为前提要件，结合河南中部内陆区域的物流特性、企业的强烈需求，参考国家的相关政策，研究利用保税中心的平台功能而搭建的一个跨境贸易电子商务综合服务平台。

2012年9月12日，国家从30个电子商务示范城市中甄选出5个发展程度较高的跨境贸易电子商务服务试点城市。上海、杭州、郑州、宁波、重庆一起成为跨境贸易国家试点城市，同时，郑州还成为全国唯一一个综合性"E贸易"试点。河南保税物流中心作为试点项目运营主体，搭建了多方交易的信息化监管平台，并在全国率先上线运营，初步实现了电子商务的交易，物流在郑州集聚，打通了物流和信息流的各个环节。

郑州"E贸易"70%的出口业务所采用的物流方式是邮政物流。同时，保税中心还实现了邮件进出口业务与"E贸易"功能的叠加，为扩大出口业务创造了有利条件。

位于郑州圃田的铁路中心站货物进出繁忙，是全国规模巨大的铁路集装箱到发站。在向南接近郑州机场的20千米区域内，不仅有郑州东站、郑州出口加工区、郑州航空港经济综合实验区等外贸服务配套设施，还集聚了众多的物流企业和大型仓储设施。此外，郑欧返程班列常态化运行，班次号经"80601次"调整为"80001次"后，可享受中国境内行驶全程"绿灯"待遇。该班列从郑州铁路集装箱中心站发车后，不停靠、不让车，一站直达新疆阿拉山口口岸，运行时间由原先的89小时缩短至63小时，为客户节省了26小时的物流时间，全程运行时间缩短了1天，比海运节约20天左右，比空运节约资金80%。2015年，除了郑欧国际货运班列，郑州还实现了到哈萨克斯坦第一大城市阿拉木图和俄罗斯莫斯科两条铁路货运线路的常态化开行。

国际线按照“一带三”模式，即一条郑州至汉堡线，带动郑州到阿拉木图、郑州到莫斯科、郑州到克莱佩达等三条线路。

2018年10月24日，比利时列日至郑州中欧班列正式开通，这是中国与比利时的第三条中欧班列。郑州至列日中欧班列前期开行计划为每周去程一班、回程一班，之后班次将逐渐增加。班列除为比利时企业提供服务外，还服务于法国、荷兰、德国、卢森堡、意大利等周边国家，促进中欧贸易大通道进一步融通。

以前货运都是“站到站”的运输，而郑欧国际铁路货运班列率先推出门到门的新理念，普通货物打个电话就能解决问题。以前，客户需要把货送到车站，再通过铁路物流运输。郑州陆港已经建立了一个物流网络，详细记录客户的出口量、目的地、货物类型。客户拨打电话后，车队便会拉着空集装箱上门。货物到目的地后，国外的合作公司通过他们精细的物流网络送货上门。虽然客户要为此专门支付一笔费用，但客户的总体成本降低了。

第一节 跨境贸易电子商务物流概述

一、跨境贸易电子商务的概念

跨境贸易电子商务，又称为“E贸易”、跨境电商或跨境电子商务。它是电子商务应用过程中一种较为高级的形式，是指不同国家或地区的交易双方通过电子商务平台达成交易，进行支付结算，将传统贸易中的展示、洽谈和成交环节数字化，通过跨境物流送达商品并实现商品进出口的新型贸易方式。目前，中国的电子商务正处于蓬勃发展时期，而以中小企业为主体的中国跨境贸易电子商务市场也呈现出良好的发展前景。

近年来，受经济全球化和网络信息技术快速发展的影响，电子商务在全球贸易中的地位和作用日益显著，已经成为中国对外贸易的发展趋势。与此同时，国家也出台相关政策大力发展跨境贸易电子商务。跨境贸易电子商务作为一种具有前瞻性的新型跨境贸易模式，引领着电子商务的发展潮流。

二、跨境贸易电子商务的兴起

1. 电子商务的兴起

由于经济发展和技术普及情况的差异，欧美国家在全球电子商务中一直处于领先地位，而在亚洲，新加坡明显领先东南亚其他各国。2008年以来，世界经济的发展一直处于低迷状态，受金融危机影响，一些国家的贸易保护主义有所抬头，与我国的贸易摩擦和贸易争端不断增加。不过，近年来随着跨境贸易电子商务的飞速发展，这种危机在一定程度上变成了转机，长期以来，“集装箱”式的大额交易逐步被数额小、速度快、次数多的订单所取代，跨境贸易电子商务也因此获得了生存和发展的契机。

跨境贸易电子商务主要是和不同国家或地区的客户进行电子交易，虽然在地域和形式上存在一定差异，但是国内电子商务的发展对跨境贸易电子商务起到了先行者的作用，其中很多经验都是跨境贸易电子商务可以直接借鉴的。同时，信息交流的日益方便与快捷，也为实现跨境贸易电子商务提供了有利的条件。

跨境贸易电子商务是电子商务在跨境贸易上的成功应用，和传统跨境贸易相比，它有着明显的优势。首先，成本较低，交易双方通过互联网直接进行交易，不但省去了很多中间环节，也在很大程度上节省了传统跨境贸易货物几经周转所带来的附加成本。其次，贸易效率有所提高，随着网络的不断发展，信息逐渐透明化，借助互联网上的各种交易平台，买方可以轻松、便捷地在全球范围内找到物美价廉、信誉良好、货源稳定的供应商，而卖方也可以在更短的时间内找到合适的买家。

2. 政策支持

近年来跨境贸易电子商务的发展吸引了社会各界的关注，政府部门也高度关注我国跨境贸易电子商务的未来发展。为了营造一个有利于发展的环境，各部门纷纷出台相关措施，旨在建立和完善电子商务发展的公共基础设施，积极引导企业参与跨境贸易电子商务。

2005年4月，《中华人民共和国电子签名法》开始实施；2007年12月，商务部发布《商务部关于促进电子商务规范发展的意见》，对如何规范发展电子商务提出了针对性意见；2009年11月，《商务部关于加快流通领域电子商务发展的意见》由商务部发布并实施；2010年，国务院出台了《国务院关于加快培育和发展战略性新兴产业的决定》；2012年3月，商务部发布《商务部关于利用电子商务平台开展对外贸易的若干意见》，对增强我国电子商务平台的对外贸易能力和水平提出相关指导意见；2013年2月，国家税务总局发布《网络发票管理办法》，规范了网络发票的开具和使用规则，并表明在一定条件下可开具电子发票，并于2018年对23部税务部门规章部分条款予以修改。2018年8月31日，第十三届全国人民代表大会常务委员会第五次会议通过了《中华人民共和国电子商务法》，于2019年1月1日正式实施，这是我国电子商务领域首部综合性法律。2018年我国还连续发布了《财政部 海关总署 税务总局关于完善跨境电子商务零售进口税收政策的通知》《关于调整跨境电商零售进口商品清单的公告》以及《关于完善跨境电子商务零售进口监管有关工作的通知》。2019年8月，根据国务院26日公布的相关方案，我国新设的6个自由贸易试验区花落山东、江苏、广西、河北、云南、黑龙江六省区，至此，我国自贸区数量增至18个。2013年，国务院批准《中国（上海）自由贸易试验区总体方案》，试点建立与之相适应的海关监管、检验检疫、退税、跨境支付、物流等支撑系统。在随后的近6年里，通过几次扩围，形成了12个自由贸易区覆盖东西南北中的改革开放创新格局，通过在投资贸易自由化便利化、金融服务实体经济、政府职能转变等领域探索，已累计形成200多项得以复制推广的制度创新成果，成为改革开放的新高地。

三、跨境贸易电子商务的发展

1. 发展现状

中国跨境电商运营模式可分为传统跨境大宗交易平台（大宗 B2B）模式、综合门户类跨境小额批发零售平台（小宗 B2B 或 C2C）模式、垂直类跨境小额批发零售平台（独立 B2C）模式和专业第三方服务平台（代运营）模式四种不同类型［B 和 C 分别指代 Business（企业）和 Customer（个人）］。当前跨境电子商务行业仍以传统的提供信息服务为主体，随着产业链各环节的合作，行业将呈现出多层次服务体系并行的趋势，同时小额跨境电商交易也将实现爆发式增长。

跨境贸易电子商务的快速发展将对中国整体国民经济以及进出口贸易产生深远的影响。据海关统计，2021 年一季度，海关全口径跨境电商进出口 4195 亿元，同比增长 46. 5%，对同期进出口增长贡献率为 7%。其中出口 2808 亿元，进口 1387 亿元。新增 100 多个海外仓，平均面积 1. 5 万平方米。对丰富国内产品供给、促进新业态新模式发展、吸引消费回流、更好满足居民需求发挥了积极作用。跨境电子商务企业平台现已超过 5000 家，境内通过各类平台开展跨境电子商务业务的外贸企业已超过 20 万家。2016—2020 年中国进出口贸易总体情况和跨境电子商务交易规模的具体数据如表 10 - 1、图 10 - 1 所示。

表 10 - 1　　2016—2020 年中国进出口总体情况　　金额单位：亿美元

年份	进出口		出口		进口		差额
	总额	增速（%）	总额	增速（%）	总额	增速（%）	
2016	36855.6	−6.8	20976.3	−7.7	15879.3	−5.5	5097.1
2017	41071.4	11.4	22633.5	7.9	18437.9	16.1	4195.5
2018	46224.2	12.5	24866.8	9.9	21357.3	15.8	3509.5
2019	45778.9	−1.0	24994.8	0.5	20784.1	−2.7	4210.7
2020	46559.1	1.7	25899.5	3.6	20659.6	−0.6	5239.9

资料来源：国家统计局。

2017 年，在跨境电子商务平台上注册的新经营主体中，中小企业和个体商户已经占到 90%以上。另外，巴西、俄罗斯、印度等新兴市场交易额的大幅提升，推动了境内跨境电子商务平台的发展。我国跨境贸易电子商务的进口规模小、出口规模大。进口商品主要包括奶粉等食品和化妆品等奢侈品，规模较小；出口商品主要包括服装、饰品、小家电、数码产品等日用消费品，规模较大，每年增速很快。

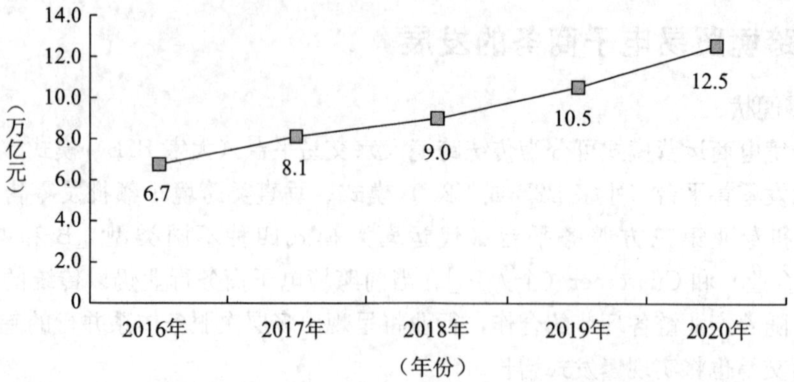

图 10－1　2016—2020 年跨境电子商务交易规模

资料来源：商务部。

2020 年 1 月 17 日，商务部等六部门进一步扩大跨境电商零售进口试点范围，将石家庄等 50 个城市（地区）和海南全岛纳入跨境电商零售进口试点范围。至此，可以说覆盖了全国重点区域。

在已经覆盖的试点城市中，跨境贸易电子商务的发展总体情况良好，其中跨境物流及跨境第三方支付仍在试验探索阶段，尚未跟上跨境电子商务的步伐。以下选取 8 个试点城市详细介绍其业务进度，如表 10－2 所示。

表 10－2　　部分试点城市的跨境电子商务业务进度

城市	跨境电子商务业务
上海	上海自由贸易试验区内的税收政策实行“7＋2”，即 7 项明确实行的税收政策和 2 项探索实行的税收政策。致力于引进大型龙头企业
重庆	与海关、口岸等部门联手，在两路寸滩保税港区内规划建设跨境贸易电子商务园区，打造“跨境通”电子商务平台。引进或培育 2～3 家全球领先的在线跨境贸易电子商务平台企业，扶持小型电子商务企业
杭州	小商品城旗下“义乌购”开通跨境贸易电子商务平台。杭州跨境电子商务整体情况良好，中小企业、传统企业借助跨境电商实现外贸转型的绩效不断提升，相关部门大力推进跨境电商产业集聚以及生态圈优化，出台产业扶持政策，完善服务支撑体系建设。正在致力于解决物流方面的问题
宁波	宁波港口拥有得天独厚的地理位置、发达的海陆交通网、良好的营商环境。现在，很多大型跨境电子商务公司纷纷把其最大的仓储转运中心设在宁波。“井喷式”发展，已基本形成了以宁波保税区为核心，以杭州湾新区、空港物流园区、栎社保税物流中心、梅山保税港区为支撑的“一点多极”的跨境电商零售进口发展格局

续　表

城市	跨境电子商务业务
郑州	国家级跨境贸易电子商务服务试点项目——郑州“E 贸易”业务在河南保税物流中心启动试运行。该项目将建立一个以郑州为核心的河南电子商务全球物流供应链服务体系。郑州地理位置辐射整个华北、东北区域，而且作为连接欧亚的内陆空港枢纽，区位优势明显。不过跨境物流的发展没有跟上节奏，相关政策还是无法“落地”，且人才缺口巨大
广州	广州成为跨境电子商务试点城市后，对 B2C 一般出口（邮件/快件）实行“清单核放，汇总申报”的通关模式，让企业可以享受快速、便捷的通关、免退税和收结汇服务，同时实现将企业跨境电子商务零售出口额纳入海关贸易统计范围
北京	北京市获批成为第三批跨境电子商务综合试验区以及第二批跨境电子商务零售进口监管政策适用城市，北京是服务业扩大开放综合试点城市，已形成全国首创或效果极佳的开放举措。跨境进口货物在机场附近的天竺综合保税区通关，成了北京跨境电子商务发展的历史性时刻
天津	天津位于环渤海地区的中心位置，是北方贸易中心和商品集散地，天津发展跨境电子商务的优势体现在区位上。天津自由贸易试验区的成立无疑让天津跨境电子商务企业实现规模化发展。另外，天津还拥有在仓储运营和金融方面等诸多政策方面的支持，但政策优势转化成行业优势还需要一些时间、跨境电子商务企业人才缺口亟待解决

跨境贸易电子商务的商家和消费者遍布全球，拥有强大的市场潜力，而在中国政府和企业的大力推动下，市场规模逐渐扩大，已围绕整个跨境贸易形成了一条从营销到支付、物流和金融服务的清晰、完整的产业链。

2. 存在问题

尽管跨境贸易电子商务具有诸多优势，但依然存在许多不和谐的因素，阻碍和制约着跨境贸易电子商务的发展，具体表现在通关效率、物流与电子支付及退税三个方面。

（1）通关效率。所谓传统贸易一般是指货物贸易，通常具有批量大、周期长、频率低的特点。而电子商务的供应商与客户是直接见面的，这种变化会引发整个跨境贸易电子商务产业链或者环节上的变化。所以，单个供应商的单个客户的货物批量很小，相对应的频率也发生变化，由过去的低频变成高频。这样的频率变换降低了通关效率，对海关的监管提出了新的挑战。

跨境贸易电子商务在交易的过程中不可避免地会涉及海关通关监管与征税。大量的货物通过快件渠道和邮递渠道进境，对海关的监管方式与征税条件提出了更高的要求。而面对跨境货物的邮递与退换等问题，现行的海关监管模式仍不能很好地解决。一些电子商务企业在跨境贸易方面已经出现了一些问题，特别是难以快速通关与规范结汇。因此，相关企业强烈要求海关进一步提高通关效率。

（2）物流与电子支付。物流通常包括仓储、分拣、包装和配送等服务，它作为连通买家和卖家的一根纽带，在电子商务交易中占据着重要位置。在我国，电子商务的发展带动了整个物流行业的飞速发展，催生了上海韵达货运有限公司（以下简称韵达）、深圳顺丰快运股份有限公司（以下简称顺丰）、申通快递股份有限公司（以下简称申通）等一大批民营物流企业。物流行业不断完善，使国内电子商务交易更加便捷，物流风险和成本降低。然而刚刚起步的跨境物流却存在很多的困难与问题。首先，跨境物流成本偏高，跨境物流多依靠空运，这无疑增加了物流成本。其次，跨境物流尚未跟上跨境贸易电子商务的步伐，存在一定的滞后性，而且体系建设不合理，基础设施不完善，满足不了爆发式增长的跨境贸易电子商务的交易需求，严重制约了跨境贸易电子商务的发展。中国香港邮政小包，即通过香港邮政发送到国外客户手中的国际小包，曾因业务量过大而引起货物堆积，并造成了迟交货物的后果，而遭受客户投诉。

跨境电子支付涉及交易双方资金转账安全，是跨境贸易电子商务的核心环节。但是目前电子支付也存在着一定的风险。一方面，在信息传输过程中，可能因系统故障而造成支付信息丢失；另一方面，存在一些外部人员非法利用计算机技术盗取支付信息，对交易的一方造成损失的情况。艾瑞调研数据显示，2012—2013 年中国网民在决定是否使用跨境支付方式时主要考虑的影响因素有安全性、手续费、支付效率和便捷性以及个人习惯等。其中，单选时，安全性占比最高，为 36.1%，如图 10－2 所示。

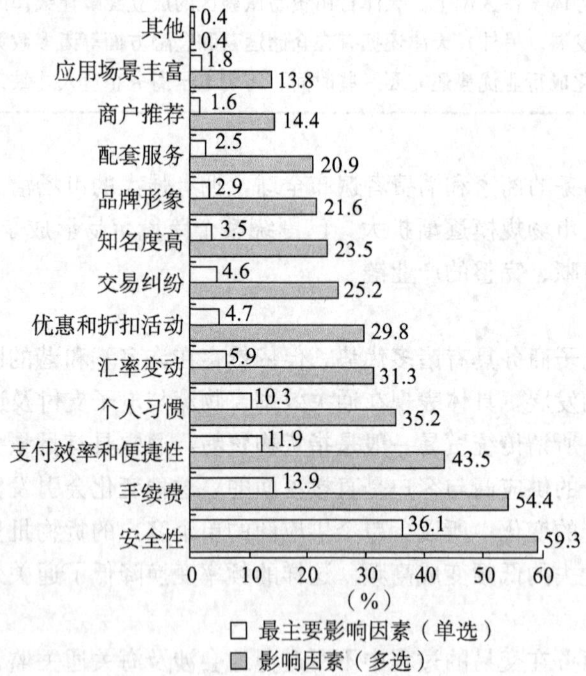

图 10－2　2012—2013 年影响中国网民使用跨境支付的因素

注：单选数据因四舍五人，存在和不为 100%的情况。

在跨境贸易电子商务过程中，人民币由于不能自由兑换。中国人民银行、国家外汇管理局、国家税务总局相配套的制度尚在完善当中，办理相关的跨境贸易电子商务支付业务缺乏系统的管理办法及实施细则。同时，人民币汇率的上升会对劳动密集型的出口企业成本产生较大的影响。另外，一些跨境贸易电子商务平台目前还不能提供高效的售后服务和纠纷解决方案，没有牢靠的诚信体系，规模成本减少的效益还没有完全体现出来。

从目前支付业务发展来看，我国跨境贸易电子商务支付机构主要有第三方支付机构（境内外）、中国银联和银行。其中，第三方支付机构的影响力最强。诸如 Alipay（支付宝）、WinToPay（赢支付）成了国内跨境支付布局海外的典型代表。在国际市场中，中国第三方支付平台国际化的进程有待进一步加快。

纵观全球跨境支付行业，PayPal（国际贝宝）凭借其先入优势，在全球进行布局，雄踞美国，目前是全球范围使用极为广泛的国际贸易支付工具。MOL（东南亚最大的在线商品和服务电子支付商），主要产品为 MOL 点卡、MOLPoints（可购买在线游戏内容）、MOLPay（在线内容支付解决方案）与 MOLWallet（在线手机支付系统）。Sofortbanking（欧洲在线转账支付方式）成为欧洲地区首选的在线支付方式。Qiwi Wallet（Qiwi 钱包）是俄罗斯主要的第三方支付工具。

（3）退税。出口退税是指对出口货物退还其在国内生产和流通环节实际缴纳的产品税、增值税、营业税和特别消费税。出口退税制度是一个国家税收制度的重要组成部分，主要是通过退还出口货物的国内已纳税款，使本国产品以不含税成本进入国际市场，与国外产品在同等条件下竞争，增强竞争力，扩大出口创汇规模。目前，跨境贸易电子商务主要是以快件为主，卖家无法提供报关单，大部分卖家无法享受到退税政策。

义乌是规模巨大的小商品市场，产品销往世界各地。义乌的跨境贸易电子商务发展很快，已成为战略性产业。但是这些货物都是以航空小包、邮寄、快递等方式出境，没有纳入海关的货物贸易监管体系，回避了报检、退税等问题，因此加大了出口退税的难度。

第二节 跨境贸易电子商务物流运作方式

一、物流对跨境贸易电子商务的意义

从人们的日常生活来看，越来越多的消费者开始用网络来收集外国的产品和服务，并且会从海外购货，这种消费观念的改变大大促进了跨境贸易电子商务的发展。而货物是否按时到达，是否安全到达，包装是否合适，质量是否有保证等是消费者所要考虑的因素，即涉及电子商务物流。而电子商务物流是信息化、现代化、社会化的物流，也就是说，物流企业不仅仅是像以前一样依靠传统的人力、物力和通信方式，而是采用网络化的计算机技术和现代化的硬件设备、软件系统及先进的管理手段，严格地、高效地、守信用地按用户的订货要求，进行一系列分类、编码、整理、分工、配货等理货工作，逐步定时、定点、定量地交给没有范围限度的各类用户，满足其对商品的需求。

1. 物流是跨境贸易电子商务的重要环节

众所周知，电子商务的过程由网上信息传递、网上交易、网上结算和物流配送四个部分组成。其动态的完整运行必须通过信息流、商流、资金流、物流四个流动过程有机构成。不同于传统商务活动，电子商务的特殊性就在于，信息流、商流、资金流都是可以在

虚拟环境下通过互联网实现的，而电子商务的物流是不能完全通过网络实现的，它的发展易被国境所阻碍。只有四个流动过程保持畅通无阻，才能使跨境贸易电子商务保持速度与效率的一致性，促进其发展。

2. 物流是跨境贸易电子商务所具优势正常发挥的基础

物流包括仓储、分拣、包装和配送等服务，电子商务的开展能够有效缩短供货时间和生产周期，简化订单程序，降低库存水平，同时使得客户关系管理更加富有成效。物流水平的高效、畅通将会使跨境电子商务得到更好的发展，更易得到顾客的青睐和好评。

3. 物流系统升级直接促进跨境贸易电子商务的效率与效益的提高

跨境贸易电子商务独有的特征，使得许多中小企业无力承担海外仓储或运输的巨额费用，如果在物流政策上存在弊端的话，则会给企业带大巨大的成本，减少利润，降低效益。因此许多先进技术在物流运行系统中被采用，如射频识别系统、电子数据交换系统、全球定位系统、地理信息系统等，甚至我国自主研发的北斗卫星定位系统，也可用于物流运输系统中。物流技术不断发展，物流系统不断升级，致使物流业的迅速发展，直接的效果便是能够更快地满足顾客对商品的需求，从而使交易量大幅增加，提高电子商务的效率，同时，也使得我国企业的效益得以增加。

二、跨境贸易电子商务物流运作方式

目前我国的跨境贸易电子商务物流主要运作方式包括：中国邮政国际包裹、国际快递、国内快递、海外仓储和专线物流。

1. 中国邮政国际包裹

邮政小包主要通过邮政渠道，运用个人邮件形式进行递送。市面上主要使用的有中国邮政国际包裹、中国香港邮政小包、荷兰邮政小包，还有在特殊的情况下使用其他一些国家的邮政小包。邮政小包的优点是价格便宜、清关方便。

中国邮政国际包裹，是中国邮政集团有限公司（以下简称“中国邮政”）开展的一项国际邮政小包业务服务，属于标准类直发物品寄递服务的范畴，是一项经济实惠的国际快件服务项目。可寄达全球200多个国家和地区各个邮政网点。

中国邮政国际包裹作为跨境物流的模式之一，它的优势在于：①价格实惠，中国邮政国际包裹相对于其他国际快递（如DHL、UPS、FedEx等）来说有绝对的价格优势；②邮寄方便，可以寄达全球各地，只要有邮局的地方都可以送到（极少数国家和地区除外）；③安全性高、掉包率低，挂号可全程跟踪；④速度较快，直接交接中国邮政，无须中转中国香港，包裹交邮局的当天可在中国邮政官网查到包裹状态。

中国邮政国际包裹到亚洲邻国一般需要5～10天；到欧美主要国家需要7～15天；到其他国家和地区需要7～30天。

中国邮政国际包裹禁运物品包括：①危险品：由货物本身的物理、化学性质所决定，在运输过程中会对人身安全造成威胁的物品。如生化制品、麻醉品、化肥、汽油类物品、液体类物品、油漆等。②运输风险大的物品：货物本身的物理、化学性质对人身安全不造成任何威胁，但由于快递运输的方式会造成货物本身的危险，如丢失、损坏，而给委托人或承运人造成重大损失的物品，如空白发票、现金、珠宝、邮票等。③国家明令禁止运输的物品：色情物品、武器等。④仿牌、侵权产品。⑤动物、植物等生物。

2. 国际快递

国际快递，即大家熟知的 UPS（美国联合包裹运送服务公司）、FedEx（联邦快递）、TNT（总部位于荷兰的快递公司）、DHL（敦豪航空货运公司）等传统商业快递，2016 年 FedEx 收购了 TNT，自此全球四大快递巨头正式变为三大巨头。针对不同的客户群体，如国家（地区）、货物重量、体积大小可以选用不同的渠道进行货物递送。总体上来说，国际快递时效性、专业性上都有所保证，丢包率低。但是当前此类递送渠道的物流运费是比较高的，即使是企业能够拿到很好的折扣价，价格也比其他类型的递送方式的价格高出很多。举个例子，2 千克的包裹递送到美国，根据递送方式的不同，市面上较低的运送价格为 200～260 元，而如果使用中国邮政国际包裹只需要 160 元左右，两者之间价格至少相差 20%，试想在当前跨境电商比拼价格的年代，除非客户有特殊需求，使用此类递送渠道的商家会非常少，毕竟用 20%的纯利润作为物流成本，不是每个商家都能够承担得起的。快递的渠道对于产品要求高，含电、特殊类产品基本上都不能递送，也导致国际快递渠道目前只占很小的一部分市场份额。

（1）UPS。UPS，美国联合包裹运送服务公司，是一家全球性的公司，也是世界上极为知名、且值得景仰的公司之一。作为世界上规模巨大的快递承运商与包裹递送公司，同时也是专业的运输、物流、资本与电子商务服务的领导性的提供者。该公司的主要业务是在美国国内并遍及其他 220 多个国家和地区。该公司已经建立规模庞大、可信度高的全球运输基础设施，开发出全面、富有竞争力且有担保的服务，并不断利用先进技术支持这些服务。该公司提供物流服务，其中包括一体化的供应链管理。

UPS 的业务收入按照地区和产品呈现出不同的特点。根据 UPS 的 2021 年第二季度财报，了解到该季度其美国国内业务收入为 144.02 亿美元，营业利润为 15.67 亿美元；国际业务收入为 48.17 亿美元，营业利润为 11.84 亿美元；供应链与货运业务收入为 42.05 亿美元，营业利润为 5.07 亿美元。该季度美国国内业务收入占比约为 77.40%，国际业务收入占比约为 22.60%。

（2）FedEx。FedEx 公司是一家环球运输、物流、电子商务和供应链管理服务供应商。该公司通过各子公司的独立网络，向客户提供一体化的业务解决方案。其子公司包括 FedEx Express（经营速递业务）、FedEx Service（为 FedEx Express 与 FedEx Ground 提供信息技术、销售及营销支持）、FedEx Ground（经营包装与地面送货服务）、FedEx Freight（为美国西部市场提供零担货运）、FedEx Office（提供订单与工作流程管理）以及 FedEx Logistics（提供运输、报关及贸易管理等全套供应链方案）。

2001 年 1 月 11 日，根据一项能够产生 63 亿美元收益的合约，FedEx 在各机场间为美国邮政服务系统运送特急件和快递信件。FedEx 支付 1.26 亿～1.32 亿美元给邮局，作为在 10000 家邮局内设立收件箱的费用并保留在其余 38000 家邮局设立收件箱的权利。

从产品分类看，根据 FedEx 财务报表所示，2021 年 6 月 1 日至 2021 年 8 月 31 日，FedEx 经营速递业务收入 109.70 亿美元，占比约为 49.84%；地面送货服务收入 76.77 亿美元，占比约为 34.89%；货运业务收入 22.51 亿美元，占比约为 10.23%；服务收入 3500 万美元，占比约为 0.16%；其他业务收入 10.74 亿美元，占比约为 4.88%，收入共计 220.07 亿美元。

（3）DHL。DHL 公司于 1969 年在加利福尼亚成立。目前主要包括以下几个业务单元：Post and Paket Deutschland（提供邮政和包裹服务，客户自行决定如何发送和接收包裹），DHL Express（提供快递包裹和货物服务，以及满足客户对快件跟踪服务的需求），DHL Global Forwarding（提供全球货运服务和附加服务帮助客户灵活地满足特定的物流需求），DHL Freight（为国内和国际货运提供拼箱、拼车或整车陆运，包括欧洲全境的公路、铁路及联运解决方案），DHL Supply Chain（为多行业企业客户提供卓越的集成供应链解决方案），DHL eCommerce Solutions（为商务客户提供国际标准包裹派送服务）。DHL 在亚洲被 Asia Freight Industry Awards（亚洲货运业奖）评为最好的运输公司，同时被全球美运通公司评为最好的承运人。

DHL 总部在比利时的布鲁塞尔，采用的是门到门服务，商品将直接送到客户手中，但不排除收件人本人不在，由他人和收发室签收的可能（每票货物签收均有签字）。如货物在收件人所在地海关产生关税，DHL 将为客户免费清关，并和收件人确认关税金额；产生的关税由收件人支付。DHL 是全球领先的快递和物流公司，致力于不断向客户提供富有创新和满足客户不同需求的解决方案。

三大国际快递优势比较如表 10－3 所示。

表 10－3　　三大国际快递优势比较

国际商业快递	UPS	FedEx	DHL
总部	美国	美国	德国
特点	到美国速度极快，6～21 千克物品发往美洲、英国有价格优势	整体而言价格偏高，但如果是运输到东南亚各国、日本、韩国等国，50 千克以上的大货价格较优惠	5.5 千克以下物品发往美洲、英国有价格优势，21 千克以上物品有单独的大货价格优势

3. 国内快递

国内快递主要指 EMS、顺丰和“四通一达”。在跨境物流方面，“四通一达”中申通、圆通（圆通速递股份有限公司）布局较早，但也是近期才发力拓展，比如美国申通 2014 年 3 月才上线，圆通也是 2014 年 4 月才与大韩通运展开合作，而中通（中通快递股份有限公司）、百世（百世集团）、韵达则是刚刚开始启动跨境物流业务。顺丰的国际化业务则要成熟些，目前快递服务已经开通到美国、澳大利亚、韩国、日本、新加坡、马来西亚、泰国、越南等国家，发往亚洲国家的快件一般 2～3 天可以送达。在国内快递中，EMS 的国际化业务是较为完善的。依托邮政渠道，EMS 可以直达全球诸多国家，费用相对较低，中国境内的出关能力很强。

4. 海外仓储

在海外国家建立的海外仓库，一般用于电子商务。货物从本国出口通过海运、陆运、空运的形式储存到海外仓库，买家通过网上下单购买所需物品，卖家只需在网上操作，对海外的仓库下达指令完成订单履行。货物从买家所在国发出，大大缩短了从出口国发货时物流所需要的时间。

仓库是现代物流中连接买卖双方的一个关键节点，将这个节点置于海外不仅有利于海外市场的拓展，同时还能降低物流成本。拥有自己的海外仓库，便可从买家所在国本土发货，从而缩短订单周期，完善用户体验，提升重复购买率，让销售额突破瓶颈，更上一个台阶。

简单来说，针对广大中国电子商务卖家的需求，为卖家提供仓储、分拣、包装、派送等项目的一站式服务。卖家将货物储存到国外仓库，当买家有需求时，卖家可以第一时间做出快速响应，及时通知海外仓库进行货物的分拣、包装，并且从该国仓库运送到其他地区或者国家，提升了物流响应效率。同时，结合海外仓库当地的物流特点，可以确保货物安全、准确、及时、低成本地到达终端买家手中。

海外仓是结合电子商务的特点，在专线物流方式上的延伸，同时还能提供海外的快速递送专业渠道、精准的海外库存管理、灵活的销售策略以及决策支持。对于1～3千克的单件产品，海外仓的头程运费加上海外递送运费的成本低于邮政小包的成本；同时由于海外仓是从海外仓库发货，而海外本地的递送渠道一般情况下只需要1～3天，物流成本也相对较低，使跨境电商客户可以享受很低的物流渠道价格，还能享受到高速的物流服务。对于跨境贸易电子商务的客户来说，下完订单要等半个月到货和海外仓3天到货的体验相比，绝大多数客户都会选择海外仓。

随着国外对于中国出口产品监管的加强，海外仓将会是未来跨境贸易电子商务的物流渠道首选。目前市面上做海外仓的公司，整体实力还不够强大，并且收费还都很高。不过随着海外仓市场竞争的日益激烈和跨境贸易电子商务刚性需求不断增长，海外仓将在未来几年得到长足的发展。部分国内大型跨境贸易电子商务企业，如速卖通、大龙网（Osell）等早已意识到海外仓发货优势，提前运筹布局。据消息透露，大龙网全球平台在俄罗斯地区已建立起海外仓和云仓储管理系统，蓄势冲击俄罗斯电商市场。虽然受俄罗斯当地政治局面和清关政策影响，但其在物流发货领域已领先一小步，可预见未来海外仓发展完善后，势必对传统外贸物流形式带来巨大冲击。

5. 专线物流

专线物流是一种面向对方国家的专线递送方式，它的特点是货物送达时间基本固定，运输费用较快递物流便宜，同时保证“双清”。专线物流对于针对某一国家或者地区的跨境贸易电子商务来说是比较好的物流解决方案。由于国内线路可以控制在物流公司手中，故能够保证时效，但货物到国外以后，如果使用的还是邮政小包，同时货物头程到达城市离客户地址较远的话，也会出现递送延迟。并且专线物流的服务水平不如快递物流，整个服务体系还不是很成熟。

整体来说，专线物流比快递物流有优势，同时时效也算不错，拥有清关方面的专家。如果电商只做某地市场，同时清关方面也有一定要求的话，专线物流是不错的选择。

以上是当前跨境贸易电子商务物流运作方式，每一种方式都有自己的特点，如表10-4所示。

表 10-4　　跨境贸易电子商务物流运作方式对比

方式	优点	缺点
中国邮政国际包裹	邮政网络基本覆盖全球，比其他方式渠道广，价格便宜	重量（限重2千克）尺寸限制；不便于海关统计，也无法享受出口退税；速度较慢；丢包率高
国际快递	速度快、服务好、丢包率低，适合高附加值、体积小的产品，发往欧美发达国家非常方便	价格昂贵，且价格波动大
国内快递	速度较快，费用低于国际快递	对市场的把握能力有待提高，路线有限
海外仓储	物流成本低；可提供灵活可靠的退换货方案，提升海外客户的购买意愿；发货周期较短	有库存压力；对卖家在供应链管理、库存管理、动销管理等方面提出了更高的要求
专线物流	集中大批量货物发往目的地，通过规模效应降低成本	相比中国邮政国际包裹而言，运费较高，且在国内的揽收范围相对有限

第三节　跨境贸易电子商务第三方物流模式

第三方物流则是指由物流劳务的供方和需方之外的第三方去完成物流服务的物流运作方式。第三方就是指提供物流交易双方的部分或全部物流功能的外部服务提供者。在某种意义上，可以说它是专业物流的一种形式。第三方物流实现了物流的专业化、社会化，其重要性在世界范围内得到了越来越多企业的认可。

一、跨境贸易电子商务第三方物流的优势

国内外电子商务的实践表明，与电子商务建立联系并为电子商务服务的物流绝大部分是第三方物流［如美国的 eBay（易贝）和中国的淘宝］。据美国田纳西州大学的研究，美国大多数企业使用第三方物流服务后可以获得的好处包括：作业成本降低、服务水平提高、核心业务集中、雇员减少。具体来说，第三方物流主要有以下几个方面的优势。

1. 有效降低物流成本

跨境贸易电子商务的交易范围覆盖全球，要求企业具备很强的货物集散能力，但作为一个新兴企业是很难做到的。第三方物流企业具有经营跨境贸易电子商务企业所不具备的规模经营优势和专业优势，使第三方物流企业从物流业务获益的同时为跨境贸易电子商务企业提供运输、仓储和配送等服务，从而可以使跨境贸易电子商务企业的物流成本得到大幅度降低。例如，在敦煌网，买家可以根据卖家提供的信息来生成订单，可以选择直接批量采购，或选择先小量购买样品，再大量采购。这种线上小额批发业务，敦煌网一般是与DHL、UPS等国际物流巨头保持密切合作。以网站庞大的业务量为基础，可使其物流成

本至少下降 50%。

2. 保障企业致力于主营业务

跨境贸易电子商务企业将物流业务以合同方式委托给第三方物流企业，可以减少库存占用资金以及固定资金的投入，合理使用有限资源，集中财力、人力、物力发展本企业的主营业务，增强自身核心竞争力，从而更快地构建覆盖全球的商业营销体系，取得在全球同行业业务中的竞争优势。

3. 节约社会资源

跨境贸易电子商务业务运输距离远、货物运量大，各个企业自成一家的物流体系会形成物流资源的浪费，而将所有物流需求集中于专业化的第三方物流企业，可以有效整合社会物流资源，更便捷地在全球市场中实现资源的跨国传递和信息共享。与此同时，这种集中化的物流还能够减少海、陆、空三种运输方式所带来的环境污染，有助于提高单次运输的边际效用。

二、跨境贸易电子商务第三方物流模式

根据第三方物流主体不同，外贸 B2C 物流模式又可以分为以下模式。

1. 国际物流公司集中运输

国际物流公司集中运输是国内仓储中心通过与海外合作伙伴合作，满足国外消费者需求的模式，该模式是国际物流公司通过在国内出口较为集中的城市设立大型仓储中心来实现的。主要是发挥规模经济的作用，在互惠互利的基础上，通过协商合作，改进物流流程，对原有的海外货物配送进行改革，进而提高配送效率。国际物流公司通过与外贸 B2C 企业、海外合作伙伴签订契约，建立国际运输联盟，例如，国际知名的 UPS、FedEx 等，所有联盟内部的外贸 B2C 企业发往海外的货物先由外贸 B2C 企业直接发往国际物流公司在国内的仓储中心，然后由国际物流公司根据货物性质和去向统一订购航空舱位，集中运送至目的国。由消费者所在国的海外合作伙伴继续处理，将货物投递给最终消费者。现在一般消费者所进行的海外购买都是由这一物流过程实现的，此运输过程可以由一家物流公司实现，也可由多家物流公司整合后实现。这种模式对于卖家来说，能够节省时间和成本，是多数卖家的选择，其物流运输模式如图 10－3 所示。

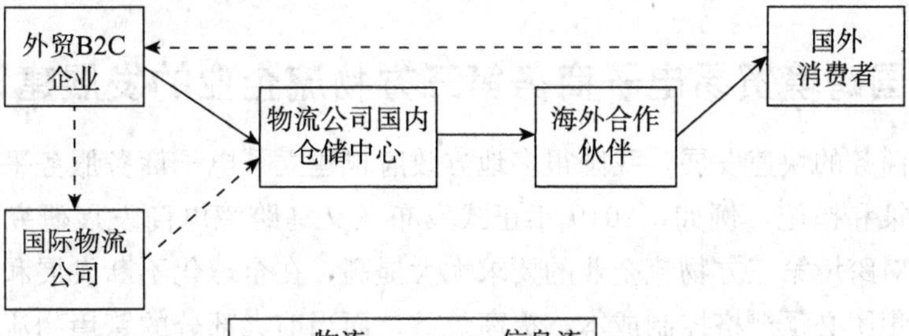

图 10－3 国际物流公司集中运输模式示意

2. 外贸B2C电子商务平台集中运输

该模式是指外贸B2C电子商务平台建立国际物流配送体系。随着外贸B2C电子商务平台的飞速发展，现有的物流配送基础设施和流程在外贸B2C业务中的瓶颈制约作用也越发明显，快捷高效而低价的物流配送服务成为众多网上卖家的迫切需求。为了适应这一需求，许多企业开始寻求解决方法，例如，一些外贸B2C电子商务平台开始自建物流配送体系，或通过与第三方国际物流公司联盟的方式，为平台卖家提供更为完善的物流配送服务。这些外贸B2C电子商务平台既有投资于仓储物流的，如阿里巴巴集团自建的“全球速卖通”；也有投资于部分快递业务的，如亚马逊公司的“跨境通”等。这种模式的主要思路为：外贸B2C电子商务平台在全国选择一个或几个城市建立大型仓储中心，然后将货物发至平台指定的仓储中心，当海外消费者通过外贸B2C电子商务平台下单后，平台直接将订单传递给仓储中心，由仓储中心进行整理、分拣、配货、包装，编码有序的货物通过平台的合作物流商发送至目标国家或地区，然后运送到消费者手中。具体步骤是：消费者下单后，平台上的外贸B2C企业将货物通过国内快递运送至该电子商务平台指定的仓储中心，然后由仓储中心根据货物性质和去向通过自己的合作物流商将货物发送至目的国，然后快递给最终的消费者。这种模式对于外贸B2C电子商务平台而言，省去了货物的仓储、整理、分拣等手续，减少了自己在物流配送上的精力投入，可以强化核心业务，发展重点业务，因而对外贸B2C电子商务平台的吸引力越来越大，该物流运输模式如图10-4所示。

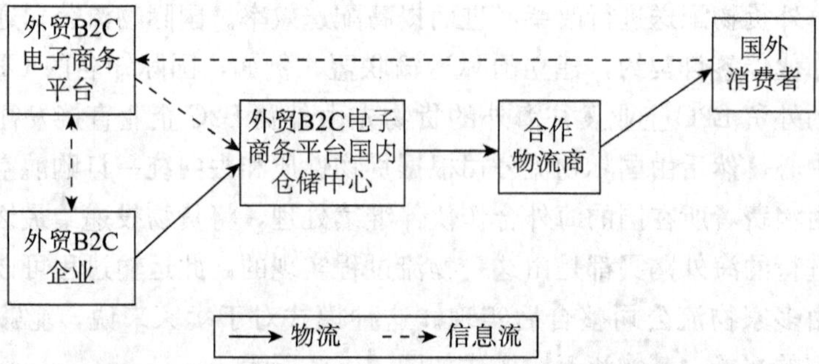

图10-4 外贸B2C电子商务平台集中运输模式示意

三、我国跨境贸易电子商务第三方物流企业的发展建议

随着电子商务的快速发展，我国很多地方政府也建立了电子商务服务平台，并制定了相应的促进政策和措施，例如，2019年正式发布《义乌跨境电商发展研究报告》等。大量的外贸业务对跨境第三方物流企业的要求大大提高，在全球化不断发展和激烈的市场竞争中，企业或集团必须严格控制成本，提高效益，而当前大部分的跨境物流都是被国外大型物流企业所垄断，例如，美国联邦快递、日本佐川急便等，它们的收费往往是比较高的。我国的第三方物流产业尚处于起步阶段，仍然需要做出较大的努力来发展，具体措施有以下三点。

1. 政府加大政策扶持，积极引导和发展第三方物流企业

政府应该加强物流基础设施建设，规划物流发展蓝图，制定促进、推动第三方物流发展的相关政策，从资金、政策、结构等多方面给予支持和指导，帮助企业排忧解难。并从宏观方面入手，做好总体的物流规划，例如，重视对中心城市、交通枢纽、物资集散地、港口和口岸地区大型物流基础设施的建设和统筹规划，利用集群特点，充分考虑物资集散通道、各种运输方式衔接能力以及物流功能设施的合理配套，兼顾近期运作和长远发展的需要，自身特点和周边环境设施的匹配并注重硬件建设与软件管理相结合。如今，跨境电子商务已经得到国家高度重视，2020 年，国务院印发了《国务院关于同意在雄安新区等 46 个城市和地区设立跨境电子商务综合试验区的批复》等一系列政策文件，并在国务院常务会议、稳定外贸工作座谈会上多次强调推动跨境电商发展。此外，为了应对新冠肺炎疫情全球蔓延带来的冲击，国家相关部门出台了零售进口试点城市扩容、鼓励新业态新模式发展、创新优化监管措施，拓宽物流通道、结汇市场放开等跨境电商相关政策文件。

2. 企业加大信息化和标准化建设力度，提高服务水平

当前我们已经进入信息化时代，计算机科学技术高度发展，加大物流信息基础建设、扶持电子商务发展是物流信息化发展的重要途径。信息系统所储存的信息，是物流运输中必不可少的，它必须具有易得性、灵活性和准确性，这就需要信息系统必须能够快速而准确地将众多书面信息转化为电子信息，并向信息需求方提供简易、快捷、准确的信息获取方式。例如，可以建立物流运输流程信息公开网站，使企业和客户可以随时查看和监测自己的物品运输情况。除此之外，第三方物流企业还要做好物流服务标准化、规范化工作。标准化是指物流服务要正规，这对于提高物流速度、效率至关重要。规范化是要求第三方物流企业在运输工具、包装、装卸、仓储、信息公开，甚至资金结算等方面采用统一标准，以达到物流效率的最大化。企业还需要建设和完善基础设施和设备、信息系统、仓储技术、自动化与智能化的立体仓库、增值服务设施等现代物流系统，提升服务水平。

3. 探索新的跨境贸易电子商务第三方物流企业模式

第三方物流企业一般要求具有一定规模的物流设施设备，如库房、站台、车辆、吊车等，还必须不断地更新维护其信息系统等，建立之初的投入往往是非常大的，其实目前国内专业化的物流企业主要是一些原来的国家大型仓储运输企业和中外合资企业，例如，中外运、敦豪、EMS 等，在探索建立和发展第三方物流企业的时候，我们应该充分利用当今资本市场和金融市场相对发达的背景，加强与外资企业的合作，或者是通过资产重组、并购、收购、委托代理等形式创新管理方式，运用已经成熟的物流管理经验与技术提高物流管理水平，为客户提供高质量的服务，探索新的跨境第三方物流新模式。

知识链接

当前全球新冠肺炎疫情蔓延，由于各国贸易政策变动、国际物流运力缩减等，传统外贸受到严重冲击，跨境电商进一步成为外贸发展的重要方式。全国政协委员、天津大学管理与经济学部教授张水波接受《中国贸易报》记者采访时表示，跨境电商具备在线营销、在线交易等独特优势，能够突破时空限制，避免物理接触，减少中间环节，是境外防疫物

资传递、贸易市场开拓的重要渠道。

跨境电商平台的快速发展得益于政策红利，特别是疫情发生以来，中央和地方政府出台了一系列帮扶政策。商务部出台支持外贸新业态、新模式发展等举措，各地海关加快清关、检验速度，为促进跨境电商发展提供支撑。上海出台包括支持企业开拓国际市场等 11 条具体政策措施，其中包括支持企业积极利用跨境电商平台，加大国际市场开拓力度，扩大全球采购规模。

中央提出的“六稳”“六保”都与跨境电商相关。疫情期间，在稳定外贸方面，跨境电商作为新业态，显示了对外贸创新发展的引领作用。跨境电商企业近年来形成的渠道优势在物资采购、端到端配送等方面得到了有力发挥，将跨越关境的供求两端高效连接起来，保证了供应链的完整。国家为“稳外贸”将继续推行跨境电商利好政策。

2020 年 6 月 13 日，海关总署 75 号政策的公布使跨境圈沸腾：增列海关监管方式代码“9710”“9810”，跨境电商 B2B 出口货物适用全国通关一体化，也可采用“跨境电商”模式进行转关。该政策于 2020 年 7 月 1 日起在北京海关、天津海关、南京海关、杭州海关、宁波海关、厦门海关、郑州海关、广州海关、深圳海关、黄埔海关开展跨境电商 B2B 出口监管试点，根据试点情况及时在全国海关复制推广。

在我国外贸领域，跨境电商绝对可以算是“闪耀之星”。即便在新冠肺炎疫情背景之下，发展依然抢眼。

实际上，我国之前推出了一系列支持跨境电商发展的举措。只是，不少企业反映，现有措施主要集中在零售进出口领域，希望增设 B2B 出口监管方式代码，实行简化申报和便利通关。

2020 年《政府工作报告》中也明确提出加快跨境电商等新业态发展。海关总署出台新规，正是回应市场关切、落实《政府工作报告》的务实举措。

世界海关组织跨境电商工作组联合主席孙向阳表示，此次海关总署 75 号政策，对跨境 B2B 出口利好明显，并传递出了三大信号。

(1) 支持跨境电商发展，扩大跨境电商企业业务范围。此前的跨境电商企业业务主要是 B2C，海关总署 75 号政策出台意味着，不仅是 B2C，包括大批量出口货物的 B2B 也归入跨境电商范畴，有利于电商企业扩大业务。

(2) 支持出口。帮助更多地出口企业，从而更好地应对疫情之下出口销售危机。

(3) 支持跨境电子商务海外仓业务发展。此前 B2C 模式下的出口，只能直接到消费者，大批量商品出口必须作为一般贸易处理，因此海外仓模式无法纳入跨境电商政策管理下。在跨境 B2B 政策支持和海外仓模式纳入跨境电商政策管理下，对于帮助企业进一步解决清关、运输、退税等问题有重要作用。

实 训

一、实训目的

跨境物流一直是制约整个跨境贸易电子商务行业发展的关键性因素。面对各式各样的物流方案与物流服务商，请学生站在消费者角度，选择“适合自己”的跨境物流方式，从而解决跨境贸易电子商务中的物流问题并提高服务水平。

二、实训内容

将学生分组，每组同学从电商平台上选择一件需要的商品，购买时请注意选择不同物流方式与不同快递运营商。商品到货后，各组同学对选择的快递运营商做出评价，然后小组之间进行对比。每组对快递运营商的评价内容至少包括以下几个方面。

(1) 时效性。

(2) 包装质量。

(3) 是否送货上门。

(4) 价格。

(5) 服务态度。

(6) 社会认可度。

(7) 破损率。

(8) 快递人员着装、操作是否统一规范。

(9) 车辆颜色是否醒目，是否有公司标语。

讨论不限于以上 9 个方面，还可以从其他方面进行挖掘，要求内容翔实，讨论结果以 PPT 形式在课堂上进行汇报。

练习题

一、判断题

1. 尽管跨境贸易电子商务具有诸多优势，但依然存在许多不和谐的因素，阻碍和制约着跨境贸易电子商务的发展，具体表现在通关效率、物流与电子支付及退税三个方面。（　　）

2. 货物从本国出口通过海运、陆运、空运的形式储存到海外仓库，买家通过网上下单购买所需物品，卖家只需在网上操作，对海外的仓库下达指令完成订单履行。这种运作方式称为海外仓储。（　　）

3. 电子商务的物流是不能完全通过网络实现的，它的发展易被国境所阻碍，只有信息流、商流、资金流、物流四个流动过程保持畅通无阻，才能使跨境贸易电子商务保持速度与效率的一致性，促进其发展。（　　）

4. 外贸 B2C 电子商务平台集中运输是国内仓储中心通过与海外合作伙伴合作，满足国外消费者需求的模式。该模式是国际物流公司通过在国内出口较为集中的城市设立大型仓储中心来实现的。（　　）

5. 国内外电子商务的实践表明，与电子商务建立联系并为电子商务服务的物流绝大部分是国际快递。（　　）

二、选择题

1. 以下四个跨境电子商务支付机构中影响力最强的是（　　）。

A. 中国银联　　B. 第三方支付机构

C. 银行　　D. 人民币跨境支付系统

2. 不属于跨境贸易电子商务活动的是（ ）。

A. 日本代购通过直邮方式将代购的化妆品从日本寄回

B. 通过天猫超市购买进口食品，食品从宁波保税区发货

C. 通过淘宝购买尿不湿，尿不湿从宁波保税区发货

D. 在英国购物网站下单购买服装，在英国通过 DHL 发货至中国

3. 中国邮政推出的邮政物流产品中，通邮范围最广的是（ ）。

A. e 邮宝　　B. e 包裹

C. 中国邮政国际包裹　　D. e 速宝

4. 国际快递的特点包括（ ）。

A. 丢包率高　　B. 价格低

C. 适合低附加值的产品　　D. 速度快

5. 海外仓不仅是国际运输的重要节点，也是国内运输与配送的起点，其功能不包括（ ）。

A. 代收货款　　B. 拆包拼装

C. 保税　　D. 运输资源整合

三、简答题

1. 试介绍跨境贸易电子商务发展的背景。

2. 物流对跨境贸易电子商务的意义是什么？

3. 跨境贸易电子商务第三方物流有哪些优势？

4. 简要阐述跨境贸易电子商务第三方物流的模式。

5. 简要阐述中国邮政国际包裹的特点。

参考文献

[1] 张良卫．国际物流实务［M］．3 版．北京：电子工业出版社，2017.
[2] 苑春林．国际物流［M］．北京：中国经济出版社，2018.
[3] 王任祥．国际物流［M］．2 版．杭州：浙江大学出版社，2013.
[4] 李金龙．国际多式联运理论与实务［M］．北京：清华大学出版社，2016.
[5] 佚名．《中国集装箱与多式联运发展报告（2018）》发布［J］．物流科技，2019，42（6）：3.
[6] 冉春艳，龚英．我国多式联运发展的现状与趋势［J］．重庆电力高等专科学校学报，2019，24（2）：59-62.
[7] 李国梁，高建华，刘丙章．郑州航空港经济综合实验区产业发展效率的 DEA 分析［J］．地域研究与开发，2018，37（2）：78-82，88.
[8] 栾笑天．航空物流战略联盟稳定性管理［M］．北京：清华大学出版社，2019.
[9] 田雪，王丹丹，王晨．航空地面物流服务质量评价模型研究——以首都国际机场为例［J］．价格月刊，2018（12）：50-56.
[10] 宓泽锋，曾刚．不同尺度下长江经济带物流联系格局、特征及影响因素研究［J］．地理科学，2018，38（7）：1079-1088.
[11] 薛依晨，杨新涅，王兴隆，等．跨境电商环境下的航空服务能力评价［J］．河南科学，2019，37（11）：1879-1886.
[12] 周叶．航空物流管理［M］．2 版．北京：北京大学出版社，2019.
[13] 杨鹏强．航空货运代理实务［M］．2 版．北京：中国海关出版社，2019.
[14] 孙家庆，姚景芳．国际货运代理实务［M］．2 版．北京：中国人民大学出版社，2019.
[15] 羊英，陈建，吴翠红．跨境电商物流实用教程［M］．北京：中国海关出版社，2019.
[16] 陆端．跨境电子商务物流［M］．北京：人民邮电出版社，2019.
[17] 宗会明，杜瑜．重庆市物流业基本—非基本经济活动的变化分析——基于三次经济普查数据［J］．西南大学学报（自然科学版），2019，41（10）：79-87.
[18] 陈军，黄光球．基于模糊 Petri 网的航空物流区块链应用路径设计［J］．统计与决策，2019，35（15）：181-184.
[19] 尚猛，李辉，申容昊．空港经济区航空物流产业发展水平测评指标的探索性研究［J］．商业经济研究，2019（3）：87-89.
[20] 胡伟．供给侧结构性改革下航空物流供应链创新攻略与实施路径［J］．价格月刊，2020（3）：63-71.
[21] 陈宸．国际物流与国际贸易的相互促进关系研究［J］．物流技术，2014，33（1）：223-225.
[22] 尹征．现代国际物流对国际贸易的影响及对策研究［J］．中国商贸，2011（8）：141-142.
[23] 鲁丹萍．跨境电子商务［M］．北京：中国商务出版社，2015.
[24] 中国国际货运代理协会．国际海上货运代理理论与实务［M］．北京：中国商务出版社，2010.
[25] 李贺．国际货物运输与保险［M］．上海：上海财经大学出版社，2013.

［26］李秀华．国际物流报关与报检［M］．北京：清华大学出版社，2013.
［27］刘文歌，刘丽艳．国际物流与货运代理［M］．北京：清华大学出版社，2012.
［28］邹小平．国际物流单证缮制［M］．北京：清华大学出版社，2014.
［29］陈长彬．保税区国际物流运作模式与管理机制研究［J］．商业研究，2012（9）：81-85.
［30］姚大伟，杨露．国际货代实务与操作［M］．北京：清华大学出版社，2012.
［31］徐秦．国际船舶代理实务［M］．武汉：武汉大学出版社，2012.
［32］宣玲玲．国际货运代理实务［M］．北京：电子工业出版社，2012.
［33］刘小卉．国际货运代理［M］.2版．上海：上海财经大学出版社，2011.
［34］张炳达，余静．国际货运代理实务［M］．上海：上海财经大学出版社，2011.
［35］张继业．国际货运代理实务［M］．北京：对外经济贸易大学出版社，2011.
［36］郭晓晶，广银芳，朱玉赢．外贸单证实务［M］.2版．北京：高等教育出版社，2014.
［37］马朝阳，丛凤英．外贸单证实务［M］．北京：科学出版社，2007.
［38］邓传红．国际货运代理实务［M］.2版．大连：大连理工大学出版社，2014.
［39］陈文汉．国际货运代理［M］.2版．北京：人民邮电出版社，2014.